JN252136

中世史研究叢書29

常陸中世武士団の史的考察

糸賀茂男 著

岩田書院

目　次

第三部　常陸中世武士団と史料

序　章

一　石母田史学の意味

今日、日本史研究はおよそ前近代史（古代・中世・近世）と近現代史に分離された感が深く、いわゆる文学部系列の史学科を中心とした前者と法学部系列ないし経済学部系列の政治史・経済史専攻の中で、対象とされる後者との間に残念ながらかなりの方法論的隔絶がみられる。そして前者でも考古学と文献史学間の距離はなお狭まりきっていない。民俗学および民族学との学際的交流も、近年の日本史の社会史的アプローチによって急浮上したとはいえまだ流動的であるといえる。このような傾向は日本史研究の一本化を否定するものと受容されても仕方がない。しかしこれは研究の単なる多様化・多極化とは思われず、まさに歴史学的宿命の所産とみたいのである。

日本史学が現在負っている歴史学的宿命とは何か。それはとりも直さず国家権力との対応の中から探究しなくてはならない認識である。この場合の国家権力とは他ならぬ近代のそれである。この権力によって期待された特殊な歴史理解こそ研究の一本化を促進させた。多くの学徒がこの線上に並んだのである。この現実が日本史研究（国史研究）にある種の枠組を形成させ、現在でもそれは「文献史学」などと呼ばれている。この方法論が半ば揶揄的に指摘されることもあるが、必ずしもそうでないことは後述の通りである。

本書はかつて伊賀国南部の山間地に存在した荘園の歴史である。一つの荘園の歴史をたどりながらそこに大きな歴史の潮流をさぐりたいということは、久しい間の私の念願であった。日本の歴史の大きな流れをその全体性において把握し叙述するということはいうまでもなく、その発展の諸特質についてさえ明確な観念をもつにいたらなかった私には、まず一つの狭い土地に起こった歴史を丹念に調べることよりほかに全体に近づく方法はないように思われた。(中略)荘園の歴史は私にとって何よりもまず人間が生き、闘い、かくして歴史を形成してきた一箇の世界でなければならなかった。いかに関係古文書が豊富であっても、所詮それは断片的な記録にすぎず、荘園の歴史を一箇の人間的世界の歴史として組立てるためには、遺された歯の一片から死滅した過去の動物の全体を復元して見せる古生物学者の大胆さが必要である。この大胆さは歴史学に必須の精神である。しかしこの大胆さを学問上の単なる冒険から救うものは、資料の導くところにしたがって事物の連関を忠実にたどってゆく対象への沈潜と従来の学問上の達成に対する尊敬以外にはない。(中略)かかる不調和な叙述ではあるが、私がこの荘園の歴史の研究から多くのものを学び得た如く、年少の友人が本書によってわれわれの祖国の古い歴史がけっしてそれほど貧困なものではないことを学んでくれることを希望している。

昭和十九年十月

長文の引用になったが、これは石母田正(一九一二―一九八六)著『中世的世界の形成』[1]の序文の抄出である。灯火管制の下で一ヶ月で書き下されたという本書であるが、含蓄ある日本史学への示唆である。

そして同時に本書の跋文も見逃し得ない。

本書は自分にとってあらゆる意味で戦争時代のものである。本書の主題となった黒田庄の歴史のように暗い世界においてわれわれが学問のために努力して来た一つの成果である。われわれの精神が次の世代によって継承され発展される日が来るであろうことは一日といえども疑わなかったが、しかし暗黒のなかで眼をみひらき、自己を確乎と支えてゆくためにはわれわれ学問の力にたよるほかになかった。古い秩序が音をたてて崩れ去ろうとし、学問の自由がはじめてこの国に開かれようとしている今、われわれの学問はもはや単に頽廃と流れに抗して自己を支える如き消極的なものであってはならぬ。私も本書を過去の世界の記念としてそのまま世に出し、時代とともに新しい仕事にとりかからねばならぬ。

　　昭和二十一年三月

一九三〇年代の東京帝国大学で哲学と国史学を学んだ著者であるが、それは同時に人間の思想形成期の重要な時期を帝国主義を国是とする近代日本の国家権力の下に置く日々でもあった。本書執筆に際して、跋文にいう「古い秩序」とはいうまでもなくこの権力のことであり、また「過去の世界」もそうである。この著者が本書で分析した東大寺領伊賀国黒田荘の歴史的展開については特殊専門的日本史学上の課題であるので言及は避けるが、この作業にかけた著者の姿勢は余すところなく序文と跋文に語り尽くされているとみてよい。そしてその言辞は驚く程今日の日本史研究の現状に通じるものであり、研究自体が内包する課題とも何ら乖離するものではない。

「一つの荘園の歴史をたどりながらそこに大きな歴史の潮流をさぐ」ることは今日盛行している地域史研究の基礎的視点であり、「一つの狭い土地に起こった歴史を丹念に調べること」より「全体に近づく」と明記された手法が今程真剣に問われている時は過去になかった。全体の枠を決定して、その枠内に該当する歴史的徴証を申し訳程度に限られた地域に見出すという近代の日本史学とは方法論的に全く逆転するわけである。この立論を称して「領主制理論」と呼び、日本中世社会把握の基本理念としてなお健在である。

一九六〇年代以降、歴史学における世界史認識の基本法則が模索され、経済史上の特殊アジア的生産様式が追求される中で、この日本中世領主制理論の展開は確実にこの国の歴史的構造をえぐり出すことになった。律令国家と捉えられる日本古代国家もこの理論から逆照射されてその地域支配の在り方が問い直され、幕藩体制と指摘される近世社会（江戸時代）も日本の封建制度の展開過程の中で（中世の封建的諸関係との対応の中で）改めて位置付けられることとなった。そしていずれもその分析として共通するテーマは、階級と身分・領主権力と農民・村落構造と人民闘争など際立って国民諸階層の日常性を求めてやまない研究視点である。石母田氏が「人間的世界」と捉えて離さないものこそ、まさに貧困ではないわれわれの祖国の歴史の実相であり、それをこの国の次代を背負う人々にしっかりと認識させようとしたことは感動的ですらある。

国是・国策に見合った歴史解釈の非合理さはかくして日本近代教育の体験から問い直され、打破された。この一学徒の強靱な言動は深く日本史研究の未来を見定めたのである。歴史学はすぐれて政治的課題であるとも述べた(2)氏が、一貫して民族と国家の関係を問い続けた背景には少なからず近代日本の犯した修正し難いまでの歴史解釈と歴史教育の誤謬があったのである。

このような氏の想念はまた、「資料の導くところにしたがって事物の連関を忠実にたどってゆく対象への沈潜」によって支えられ、氏は「従来の学問上の達成」を尊敬して止まなかった。前述した「文献史学」の中核に相当するが、特に近代日本の中で発達したこの手法の踏襲には従順である。ただ問題は「対象への沈潜」の度合いがより深くより以上である。黒田荘に生きた人々に関していかに『東大寺文書』に沈潜したかは本書が証明するところである。『東大寺文書』を用いた東大寺領荘園の本格的研究は全て本書以後に位置し、総じて荘園を「人間的世界」と意識してその場における領主と農民の対立・協調関係を日本史研究に加えた作業は、七〇年程の歴史しかもたないのである。中世の武士を在地領主と規定し、武士と農民によって構成される村落共同体（荘園であることもあり、公領であることもある）を中世日本の政治史的・経済史的基本的単位と認めた上で展開した戦後の日本史研究は、その前提に石母田氏に代表される如き視座があったのである。

従って、今日の日本史研究の一見多様化・多極化現象と思われる様相は、近代国家の足枷をはずした結果として生起した研究上の模索の所為であり、日本史の全体に近づくための自在な屈伸とみられるのである。

東京大学史料編纂所における史料蒐集・公刊の作業は、すでに『大日本古文書』『大日本史料』『大日本古記録』『大日本近世史料』『大日本維新史料』『史料綜覧』などとして結実の過程にある。これらはいずれも近代日本の事業を継受しているが、日本史研究の現状を支える最大の成果といってよく、石母田氏が「学問上の達成」と述べるものと符合する。史料のもつ価値はやはり重く、「文献史学」とのみ放言し得ない日本史研究の指標である。この史料を共通の研究材料とする動きが今日特に顕著である。「古文書学」（学会としては日本古文書学会が五〇年余の活動歴をもつ）と呼ばれて、明治初年以来一世紀を経た学問領域が現在特に活性化していることは注目に値する。そして上述した東京大学史料編纂所の先駆が明治政府の内閣修史局であることからも自明の如く、近代日本では地方の史料は全て東京（中央）に吸い込まれている。特に中世関係史料の場合、近世における藩や篤志家の各地域に根ざした史料蒐集事業も空しく中央で再編されることになった。これが今日、改めて古文書・古記録共にその縁故の地域で蒐集・分析・刊行がなされていることは日本史研究の現状に豊かな成果を期待されるものとなっている。個より全体を見通すという石母田史学の継承がかかる形で本格化しているのである。

加えて、「地方史研究協議会」を中心として問い続けられている地域史・自治体史編纂の流行は、たとえそれが明治百年記念を念頭に置きつつ盛況の域に突入したとはいえ、もはや記念事業としての地域史回顧ではすまされないという段階に入っていると認識してよいと思われる。この間、史料在地主義が標榜され、歴史資料館・歴史博物館・歴史民俗博物館などの名称で呼ばれる施設とともに、文書館が独立して建設され、「公文書館法」も立法化された（一九八七年他）。その限りでは国民的日本史研究の土壌が、ようやく整いつつあるといえよう。

近代日本がモデルにした権力集中の政治形態は西洋のみならず、わが国古代の天皇制国家自体であることを見落としてはならない。それに比してわが国中世の場合（近世も同様）には天皇の権力に一貫した明瞭な主導権が認められないため、近代日本の、否、帝国憲法の骨格にそぐわないものとされたことは今日誰も否定し得ないことである。いわば、近代日本ではこの時期の研究は一種のタブーなのである。しかし、貧困でないわが国の歴史の実態は、実はこの時期にみごとな成長を遂げているのであって、その成長こそが天皇権力をむしろ不要のものにしたとも理解される。

こうした日本中世の内容豊かな歴史的存在の探究は、まさに石母田氏に代表される如く戦後日本史学の所産なのである。中世の村における農民の労働および土地保有、そして貢納の義務にも解析の手が伸び、村落共同体（郷や村）の維持と領主階級の支配の論理にも言及がなされるようになった。あるいは「絵画を読み」つつ、社会の通念を会得したり、歴史考古学は現実に中世人の生活遺構を掘り当てている。権力の下で物言わぬ中世人ではなく、権力の存立を左右した中世人の言動が、地域単位（小さな個としての人間関係）での内部告発によって明らかにされつつある。一見して分散化の傾向にあると思われる日本史研究の現状は、実は個別の検討を通して全体を組み上げてゆこうとする途次にあるといえるのである。しかしこれらはすこぶる時間を要する作業である。確かに限られた断片的な史料ではあるが、その解釈と利用は永久的にこの作業の一環として吟味され続けるであろうし、歴史学の手法と目的がこのように明示される限り不可避の手続きであろう。

既に言及したように、日本史研究が負っているその学問的かつ国民的課題は、個別研究によって組み上げられた日本全史の構築にある。しかしこの課題実現への過程は迂遠としかいいようがなく、「個別」の把握こそが問題である。

以下、この点を意識しつつ研究の課題に触れてみたい。

全史構築とはいえ、時代を遡及する程にこの作業の進捗は困難を伴う。現在、もはや『古事記』『風土記』『日本書紀』『万葉集』などに代表される文献のみで古代史が解明される状況にはなく、むしろ無文字社会をも含めて列島の各地から報告される地下（埋蔵）遺構の発掘成果が語る事実が注目され続けている。列島の大地の上下に残存する遺物・遺構は全時代にわたって重要であるが、考古学が特に重点を置く原始・古代の分野では今後何を確認し得るのか予測がつかない（埼玉県稲荷山古墳の発掘や佐賀県吉野ヶ里遺跡の発掘はその代表的事例）。中国法の移入によって成立したと理解しているこの国の古代社会であるが、立法国家の虚像と実像の見極めという根本的課題について、例えば「歴史学研究会」などで論究されているテーマは注目される。

つまり近年の傾向として、「古代における律令制支配の特質と展開」（一九七三年度大会古代史部会テーマ）、「在地首長制と律令国家論」（一九七五年度大会古代史部会テーマ）、「東アジアにおける律令制と社会構成」（一九七六～七年度古代史部会テーマ）、「古代における法と共同体」（一九七八～八二年度大会古代史部会テーマ）などがあげられるが、これらが同時に中世社会理解と密接に関連していることを見逃してはならない。同研究会が「鎌倉幕府の成立と荘園制」（一九五九年）、「領主制の諸段階」（一九六二年度）、「日本における領主制の展開と構造」（一九六三年度）、「領主制の再検討」（一九六四年度）、「室町・戦国時代の階級構成をめぐって」（一九六六年度）、「古代・中世における階級支配の特質と民衆意識」（一九七一年度）、「「職」の権力体系と村落領主の歴史的位置」（一九七二年度）、「中世国家と農民身分」（一九七六年度）などのテーマを中世史部会の共通論題として設定している中で、古代社会の変容と中世社会の独自性を意識的に把握しようとしていることは疑いなく、総じて日本の古代中世社会の内的構造の実態に迫ろうとしているのである。

さらに「中世国家と地域史研究の課題」(一九七九年度)、「中世社会における地域社会と権力」(一九八〇年度)、「中世における地域と民衆」(一九八一年度)といったテーマが後続していることは、日本史研究(古代・中世史)が直面する課題の一端を如実に示すものである。この分野の各領域で展開している個別研究は種々であり、今、近世・近現代にまで言及する紙幅も能力もないが、在地領主制や社会構成、あるいは共同体、そして領主制・民衆意識・村落領主などへの注目は、国家構造の理解を地域からの分析によって組み上げようとする姿勢に他ならない。既述のように「個」より「全体」を見通す石母田氏の方法論は、その基幹においてこのように踏襲されていると思われる。

宗教史・美術史・交通史等々の領域でもみられるように、地域史を基底に据えない「個」の理解は、その評価を不安定なものとせざるを得ず、都(中央)とて地方(田舎)と対置して理解されるべき地域の一所なのである。都が中央として政治的・経済的・文化的などの面で地方に優越する場である要因は見出せるとしても、地方が都によって完全に管理・支配された歴史的徴証はない。もしそうである(管理・支配された)との理解が成立するのであれば、その日本史研究は既に求むべき課題を放棄しているのであり、研究成果としてさびしい国家構造を所有するのみである。

日本史研究の課題として、古代天皇制国家の政策・中世幕府の全国支配・近世幕府の村落統治・明治政府の近代化策などを解明し続けることはもとより必要であるが、日本全史を多少とも実現させるためには、今こそ地域史の丹念な分析を蓄積しなくてはならない。中央史の堆積のみでは真の全史にはなり得ず、中央からの政治的指令が地方に誤りなく到達したことを確認しても、受容した地方におけるその後の動態を見極めなければこのこと自体、全史の一部を構成する歴史的要素とはいい難いのである。

中・近世史上、武士の問題は不可避であるが、この武士による独自的権力を単に日本封建制度を説く際の金科玉条的要素として位置付ける時は過ぎ去った。例えば、国土の開発や農業の維持を軸にこの一次産業を支えた武士と農民の立場は、共に在地(村)に生活の場を共有した中世社会においてのみそのエネルギーの実態に迫り得る。この関係を封建制と捉えることは自由だが、日本の村落共同体の事実を様々な地域の場合を点検することなしに総括することは許されないであろう。

県市町村単位を守備して刊行されているいわゆる自治体史がある。これはまさに地域史である。日本史研究の課題を上記のように考えるとき、これらの地域史研究のもつ意義は重い。前述したように、既にこれらの事業の中に自治体の記念誌作成の域を脱して日本全史編纂の一翼を担い得るまでに緻密化しているものもある。「領主制理論」なども十分に取り入れられ、その他現今の各領域に及ぶ方法論が地域史を深く掘り下げている。そして関係者は直面する地域のもつ歴史性に、新たな驚きと関心を禁じ得ない。中央史偏重の思索があえなく崩れ去るか、その思索が通用しない局面は多々ある。第二次大戦前後の変動期に、一学徒の体験した孤独な作業は今やこの国の研究者の多くがその渦中にあるといえる。そして課題を共有しつつ、個別体験と個別報告を学会にも提示している。

日本史研究の課題が、日本全史の構築と民族国家展開過程の総合的評価にあることは間違いないであろうが、そのための道は遠く、そこに行き着く諸段階で問われなければならない諸種の課題は不測としか言い様がない。

二　常陸中世史研究の現状

以下、本書の検討対象とする常陸国域を含む茨城県域における中世史研究の現状について、その概略を回顧してみたい。

常陸国域(茨城県)に関わる中世史研究は一九六〇年代に画期的様相を呈したことは注目に値する。『日本歴史』(一九

○、一九六四年）所載の杉山博「地方史研究の現状―関東㈢　千葉・茨城・栃木―」、日本歴史学会編『地方史研究の現状―北海道・東北・関東編―』（吉川弘文館、一九七九年）、秋山高志『茨城県史の研究』（常陸書房、一九八〇年）などを参照しても研究史的状況は明瞭である。まずは三期に分けて、約三〇年にわたる研究史を回顧する。

【一期】

一九六四年の茨城県史編纂事業の開始は、やがて『茨城県史研究』の発行を実現し、その四（一九六六年）に①網野善彦「常陸国信太荘について―東寺領時代を中心に―」を得た。荘園史としては既に一九六〇年代前半に、例えば②内田実「東国における在地領主制の成立」（東京教育大学昭史会編『日本歴史論究』二宮書店、一九六三年）で常陸国内の荘園・公領体制出現過程の基本的分析がなされたが、東寺領信太荘を分析した網野氏の所論はすこぶる計画的なものであった。『県史研究』二三、二四（一九七二年）所載の③網野「常陸国における荘園・公領と諸勢力の消長（上）（下）」は古代末～中世前期の常陸国の史的構造を浮上させて余りある。国内諸地域を荘園・公領と把握し、かつ在地支配の主体としての諸領主の系譜とありさまを総覧したこの作業は、単に当時重要視されていた領主制論の導入のみではなく、いかにして地域を中世史研究の対象とするか、との試論ともいえる。ここに氏の計画性を感じる。以下に述べる諸説の発表例も含めて、茨城県域の中世史研究にとって『茨城県史研究』誌上のこの時期の所論は刺激的である。

①③の他に、④網野「常陸国南郡惣地頭職の成立と展開」（『茨城県史研究』一一、一九六八年）は下河辺氏の惣地頭職補任を通して鎌倉幕府による常陸国支配の在り方をみようとする意欲作であり、⑤石井進「鎌倉時代の常陸国における北条氏所領の研究」（『茨城県史研究』一五、一九六九年）とともに県域の鎌倉時代史研究の基本的視点となった。さらに⑥鴨志田昌夫「常陸国弘安二年「作田惣勘文」の一考察」（『茨城県史研究』一九、一九七一年）は県域関係中世史古文書の本格的分析であり、単なる紹介ではない。同様に同誌上にはこの時期、⑦宮田俊彦「加茂部神社蔵大般若経につ

いて」(『茨城県史研究』一六、一九七〇年)、⑧新田英治「鹿島神宮文書雑感」(『茨城県史研究』一八、一九七〇年)、⑨永原慶二「法雲寺荘主寮年貢目録について―室町期の村落構造と農民経済理解のためのノート―」(『茨城県史研究』二二、一九七二年)が発表され、新たな中世史料論が展開するが、史料論の根源となる⑩『茨城県史料　中世編Ⅰ』(一九七〇年)、⑪『茨城県史料　中世編Ⅱ』(一九七四年)の刊行をみたことは特記すべきことである。県南半分を除く県域内の中世古文書が活字化紹介されたのである。①~⑨の如き所論で啓発された中世史研究の材料がすべて網羅されているわけではないが、⑩⑪の二書は少なからず県域の中世史研究の基本として、『鹿島神宮文書』以下、『税所文書』『常陸国総社宮文書』に代表される国府文書、および武家文書・寺院文書などその実態が報告されたことは貴重である。

一方、⑫島津久紀「中世常陸の国衙」(『歴史』三二、一九六六年)は、初めて常陸国府の在庁組織に言及した好論であり、国府研究の意義を明示した。そして在地領主制論の高まりでの中で、真壁郡(荘)と真壁氏が注目され、⑬小山靖憲「鎌倉時代の東国農村と在地領主制―常陸国真壁郡を中心に―」(『日本史研究』九九、一九六九年)、⑭高田実「在地領主制の成立過程と歴史的条件」(『古代郷土史研究法』朝倉書店、一九七〇年)、⑮山﨑勇「鎌倉時代の東国における公田」(『慶応志木高校紀要』四、一九七四年)が得られた。①とともに常陸国内の荘園研究の典型というべきである。

宗教史でも⑯菊地勇次郎「常陸の時宗」(『茨城県史研究』七、一九六七年)が新局面を提示し、従来の浄土真宗・真言律宗研究の系譜に加わった。また⑰和島芳男「常陸三村寺と忍性」(『金沢文庫研究』一八―一、一九七二年)は三村寺への注目を一層明確化し、⑱重松明久「親鸞二十四輩伝承の成立(一)(二)」(『金沢文庫研究』一九―四、五、一九七三年)も⑲櫻井武雄「常陸の親鸞(一)~(四)」(『茨城県史研究』一~四、一九六五~六年)と対照して興味深い。他に⑳小川知二「西光寺薬師如来座像について」(『茨城県立歴史館報』一、一九七三年)は県内所在中世仏像研究の一つであるが、茨城県立歴史館発足(一九七三年)による中世史研究の所産ともみられる。この点からも県史編纂事業と県立歴史館発足は確かに県域を対象とする中世史研究に拍車をかけたといえる。

最後にこの時期の注目すべき成果として㉑石井進『日本の歴史12　中世武士団』（小学館、一九七四年）をあげておく。本書中に展開された平安中期～鎌倉末期の常陸平氏族の実態ほど、県域の中世社会を立体的に浮上させる所論はない。筆者の現地踏査の成果としても評価されるが、ここにも「歩く中世史研究」がこの時期の県域でもみられるのである。

【二期】

この時期の研究動向を限られた紙数で総覧するにはあまりにも多彩である。その背景を問うのも困難であるが、全国的傾向ともいえよう。その一が市町村における自治体史編纂に伴う中世地域史研究の深化である。しかし、この成果も多様である。前代を画期的とすれば、この時期を何と評すべきかその用意はない。膨大な成果の個別紹介はできないが、簡単な分野別の特徴をみておきたい。

〔政治・経済〕㉒佐藤博信「戦国期における東国国家論の一視点―古河公方足利氏と後北条氏を中心として―」（『歴史学研究』別冊、一九七〇年）、㉓市村高男「東国における戦国期在地領主の結合形態」（『歴史学研究』四九九、一九八一年）はいずれも両氏による後続所論があり、その体系的かつ発展的蓄積の中で評価されるべきであるが、特に留意したいのは領主論と権力論が結城氏・佐竹氏などの在地支配の実態を踏まえつつ、しかも古河公方の再評価を通して戦国期東国国家論を意識する手法である。そして新たな戦国史研究ともいうべき右の如き視点が㉔佐藤博信編『東国大名の研究』（吉川弘文館、一九八三年）で示されている。

一方、一九六〇年代後半に注目された在地領主研究も継続されている。㉕市村高男「東国における在地領主の存在形態―鎌倉・南北朝時代の結城氏について―」（『茨城県史研究』三一、一九七五年）、㉖峰岸純夫「相撲人大方五郎政家とその子孫たち」（『関城町の歴史』三、一九八三年）、㉗岡田清一『中世相馬氏の基礎的研究』（崙書房、一九八二年）などの旧下総域の諸領主に関する諸論考も見逃せず、旧常陸域でも佐竹氏・常陸平氏流（吉田氏、真壁氏、大掾氏など）・江戸氏・小田氏・多賀谷氏・土岐原氏などの所領支配の基礎構造が、その系譜とともに考えられるようになった。この中には㉘網野善彦「桐村家所蔵『大中臣氏略系図』について」（『茨城県史研究』四八、一九八二年）で確認された中郡荘の中郡氏の場合の如き新たにその系譜が明らかになった領主もいる。

荘園研究は、㉙服部英雄他「消えゆく中世の常陸―真壁郡（庄）長岡郷の故地を歩く―」（『茨城県史研究』四一、一九七九年。同誌四八に続編〈一九八二年〉あり）を得て、細緻な歴史地理学的復原作業の要と、故地景観の保全とが印象深く説かれた。この方法論は県域唯一の実施例として深く認識されるべきである。そして荘園故地に限定されるべきではないが、この時期県域内の中世地名がほぼ網羅的に、しかも政治・経済史的描写でその出典を明記して公表されたことは、かの中山信名編・栗田寛増補『新編常陸国誌』上・下（一九〇二年。一冊に合冊された復刻版は一九六四年刊）を完璧に乗り越えたといえよう㉚瀬谷義彦監修『茨城県の地名　日本歴史地名大系』平凡社、一九八二年、㉛『角川日本地名大辞典8　茨城県』角川書店、一九八二年）。

〔宗教・信仰〕　仏教諸流派・諸教団の動向が、時宗・真宗・真言宗の場合を例として論究されている。この分野では㉜今井雅晴「佐竹氏と時宗教団」（『茨城県史研究』四六、一九八一年）のように中世的領主支配と教線の拡大は相互に関連するとの捉え方が重要であり、これは㉝堤禎子「無住と常陸北ノ郡」（『日本仏教史学』一七、一九八一年）などからも窺える。しかし、かかる観点からの宗教史研究はこの時期を草創とみないわけにいかず、その展開の可能性を模索している状況である。㉞高井悌三郎「常陸・下野の中世瓦瞥見」（『茨城県史研究』四三、一九七九年）は中世三村山なる宗教的聖地のもつ種々の意味を改めて問う所論であり、㉟千々和到「茨城県南部の中世金石文資料」（『茨城県史研究』五二、一九八四年）が新出する中世庶民信仰の世界とともに、中世宗教史研究に新たな課題と気運を提示した。

〔史料集と史料論〕前代の『茨城県史料　中世編Ⅰ・Ⅱ』に次いで、㊱結城市史編纂委員会編『結城市史第一巻　古代中世史料編』(結城市、一九七七年)、㊲古河市史編纂委員会編『古河市史資料　中世編』(古河市、一九八一年)、㊳真壁町史編纂委員会編『真壁町史料　中世編Ⅰ』(真壁町、一九八三年)、㊴筑波町史編纂委員会編『筑波町史料集　第八篇(中世編Ⅰ)』(筑波町、一九八四年)などが発刊され、編集方針の差こそあれ、本格的史料集の編纂体制が出現した。ただかかる現象が県南域に集中していることは気になることであり、佐竹氏関係史料の史料集化がみられない。㊵中野栄夫「嘉元四年常陸国田文のテキストについて」(『岡山大学教育学部研究集録』五二、一九七七年)、㊶糸賀茂男「常陸国田文の史料的性格」(『茨城県史研究』五三、一九八四年)などは中世史料の伝来背景と文言の微細な吟味といういわゆる史料論であり、史料集とともにその研究視点が留意されなくてはならない。

【三期】

県域の中世史研究の主軸(基本的条件)として位置付けられるべき史料(古文書、古記録、金石文など)の発掘・集成はこの時期も続行されている。地味な作業工程ではあるが研究土壌の整備の上からは重要である。㊷関城町史編纂委員会編『関城町史　中世関係史料』(関城町、一九八五年)、㊸取手市史編纂委員会編『取手市史　古代中世史料』(取手市、一九八六年)、㊹『真壁町史料　中世編Ⅱ』(一九八六年)、㊺『茨城県史料　中世編Ⅲ』(一九九〇年)、㊻『茨城県史料　中世編Ⅳ』(一九九一年)が刊行されたことは意義深い。特に㊺で県内所在主要中世文書が殆ど活字化されたことは喜びである。そして㊻では悲願であった『秋田藩家蔵文書』(秋田県公文書館所蔵)の活字化が実現し、多くの佐竹氏関係文書が座右で利用できるようになった。県外所在中世史料の蒐集は継続中であるが、県市町村単位の史料集編纂はまだその終息とみるべきではない。従って史料集編纂との対応関係で㊼『茨城県史　中世編』(一九八六年)が刊行されたことは単純には喜べない。市町村史の中世叙述が矢継早になされるのもこの時期の特色であるが、㊼は史料集編纂途次の所産となってしまったのは残念である。

個別論考として㊽小森正明「「安得虎子」についての一考察」（『茨城県史研究』五四、一九八五年）、㊾同「『常陸志料』所収の「真家氏文書」について」（『日本史学集録』四、一九八七年）、㊿山田邦明「常陸真壁氏の系図に関する一考察」（『中世東国史の研究』東京大学出版会、一九八八年）、51堤禎子「秋田藩家蔵文書と阿保文書―石神小野崎氏家伝の文書について―」（『遡源東海』四、一九九〇年）など、着実な史料論が展開されている。一見総花的ともなっている県域の中世史研究の中でこのような史料論のいっそうの前進が望まれる。

52義江彰夫「中世前期の国衙―常陸国府を中心に―」（『国立歴史民俗博物館研究報告』八、一九八五年）は中世国府研究の可能性と重要性を説く。あるいは53木村礎編『村落景観の史的研究』（八木書店、一九八八年）は県南域を例とした地域史研究への新たな方法論を投じて刺戟的である。54龍ヶ崎市教育委員会『龍ヶ崎市史　別編Ⅱ　龍ヶ崎の中世城郭跡』（龍ヶ崎市、一九八七年）もこの関係類書とともに中世の遺構に迫る方法を確立した。そして、前述㉞論文と前後して県域宗教史研究に不断の注目を集めている三村山（寺）について、55松尾剛次「結界の作法」（『日本歴史』五三四、一九九二年）が得られ、北関東における真言律宗の拠点の構造的把握が進められている。

以上、三期に分けて常陸中世史研究の現状を概観した。

ところで、一九九〇年代以降、著書や研究論文は増加し、大幅な研究の進展をみる。また、県内の市町村史などの自治体による歴史編纂事業もほぼ収束し、その成果も陸続と公刊されるところとなる。そのような膨大な成果について、言及・検討することは甚だ困難であり、ここでは本書の視点に関わる点にのみ、以下に言及しておく。(3)

この時期の収穫は市村高男氏の一連の業績が、一九九四年に『戦国期東国の都市と権力』としてまとめられたことである。市村氏の研究の出発点は、在地領主（武士団としての性格もつ）としての下総国結城氏の研究であり、やがてその関心は常陸・下総・下野国を主たる舞台とする佐竹・結城・小山など諸豪族の戦国期の様相を明らかにすることに力点が置かれていったのである。しかし、その通底にあるのは、やはり研究の出発点にあった中世成立期の結城氏などの武士団へのまなざしであると推測できる。また、同じく戦国期の佐竹氏の分析を行い、二〇一一年に『戦国期権力佐竹氏の研究』(4)を上梓した佐々木倫朗氏の研究も常陸中世史研究にとって注目すべき収穫の一つである。

本書は、「常陸中世武士団」研究を標榜していても、その分析対象は、常陸平氏一族と、のちに小田氏へと展開する八田氏一族に限定されており、常陸北部に盤踞し戦国大名→近世大名へと変貌を遂げる佐竹氏権力の中世成立期の在り方については、残念ながら検討の射程には入っていない。その意味でも、市村・佐々木両氏の業績は、戦国期を中心とするものであるにも拘らず筆者の関心とする「常陸中世武士団」への関心に通ずるものである。

また、近年の高橋修氏を中心とする一連の研究は、常陸平氏などの常陸中世武士団研究の再考を迫るものである。二〇一五年に上梓された『常陸平氏』(5)は、既刊の論文を集成したものではあるが、こうした機運が高まっているのは「常陸平氏」の研究が一つの区切りを迎えた証左ともいえようか。

本書に集成した拙稿の数々は、永きにわたる年月の中で個々に執筆されたものである。近年、若手・中堅研究者による新たな在地領主制論の問題提起もされ(6)、これらの問題が改めて関心をよびつつあるが、本書にはそうした成果は反映させられていない。また、記述の重複など内心忸怩たるものがあるが、訂正等は最小限にとどめたことを御海容いただきたい。

今後の研究の進展によって、書き換えられるべきことは誠に多いといわなければならないが、本書の刊行が常陸中世武士団研究のための一助となれば幸いである。

三　本書の構成

筆者は、前述のように石母田正氏が提唱した「領主制理論」の影響を強くうけ、且つ地域における歴史像構築についてささやかな試みを行ってきた。本書に集成した拙稿はそうした成果である。考察の対象とする地域は、主に常陸国という限られた地域ではあるが、「領主制理論」をもとに常陸国という地域での在地領主という性格を帯びた中世武士団の成立・展開過程を考察することが、本書を貫く関心である。

第一部では、平安～鎌倉初期の常陸平氏の問題を中心に、その系譜や在地基盤について考察し、併せて八田氏より族的展開をみせた小田氏の成立を論じる。

第二部では、鎌倉期以降、常陸平氏の中核であった大掾氏の本拠常陸国府の変質について考察するとともに、陸奥国に展開した常陸平氏や八田氏一族発展の動向を考察し、併せて小田一族の宍戸氏支配の展開を論じる。

第三部では、常陸中世武士団研究に関わる系図・大田文・在地領主文書・棟札などの史料の活用について論じる。

また、本書のもととなった諸論考は、以下の通りである（所収にあたっては、体裁を整えるために、節の新設や加除を行っている）。

序　章

「日本史研究の現状と課題」（常磐大学『人間科学』七―一、一九九〇年）・「地方史研究の現状　茨城県（中世担当）」（『日本歴史』五六四、一九九五年）をもとに補訂執筆（一部新稿）。

第一部　成立期の常陸中世武士団
第一章　成立期の常陸平氏
原題「常陸平氏論序説」(慶応義塾大学三田史学会『史学』五〇、一九八〇年)
第二章　常陸平氏の任官と所伝(慶応義塾大学国史研究会『国史研究会年報』三、一九八二年)
第三章　常陸中世武士団の在地基盤(茨城県『茨城県史研究』六一、一九八八年)
第四章　常陸守護と小田氏
原題「鎌倉時代の筑波」(茨城県筑波町『筑波町史　上巻』一九八九年)をもとに補訂執筆。
第二部　常陸中世武士団の展開
第一章　大掾氏本拠としての常陸国府
原題「中世国府の盛衰と大掾氏」(茨城県石岡市『常府　石岡の歴史』一九九七年)をもとに補訂執筆。
第二章　中世陸奥の常陸平氏(茨城地方史研究会『茨城史林』一一、一九八七年)
第三章　八田知重と陸奥国小田保(茨城地方史研究会『茨城史林』一六、一九九二年)
第四章　宍戸氏支配の展開
原題「鎌倉時代の友部地方」(茨城県友部町『友部町史』一九九〇年)・「小鶴荘と宍戸氏」(茨城県岩間町『岩間町史』二〇〇二年)をもとに補訂執筆。
第三部　常陸中世武士団と史料
第一章　常陸平氏の系譜をめぐって
原題「常陸平氏の系譜について」(茨城地方史研究会『茨城史林』一〇、一九八二年)

第二章　常陸国田文の史料的性格（茨城県『茨城県史研究』五三、一九八四年）
第三章　『真壁文書』と真壁氏
　原題「『真壁文書』の周縁」（関東地域史研究会『関東地域史研究』一、一九九八年）
第四章　中世棟札と武士団
　原題「史料としての中世棟札について」（郷土ひたち文化研究会『郷土ひたち』四二、一九九二年）
終章
　「常総武士の系譜」「鎌倉幕府政権下の常陸国」（『茨城県の歴史』山川出版社、一九九七年）をもとに補訂執筆。

註

（1）石母田正『中世的世界の形成』（伊藤書店、一九四六年。のち東京大学出版会、一九七〇年再刊。また岩波文庫版、一九八五年、石井進の校訂）。
（2）石母田正「政治史の対象について」（『思想』三九五、一九五七年）。
（3）市村高男『戦国期東国の都市と権力』（思文閣出版、一九九四年）。
（4）佐々木倫朗『戦国期権力佐竹氏の研究』（思文閣出版、二〇一一年）。
（5）高橋修編著『シリーズ・中世関東武士の研究第一六巻　常陸平氏』（戎光祥出版、二〇一五年）。同書において高橋氏は「総論　常陸平氏成立史の現在」を執筆し、研究の現状と課題とについて論じている。
（6）『歴史評論』六七四（二〇〇六年）では、在地領主制論研究の現状と課題が特集されている。
なお、本書中の市・町・村名表示は、各論考作成時の名称による場合もある。

第一部　成立期の常陸中世武士団

第一章　成立期の常陸平氏

はじめに

本論をまとめようとした動機は、卒業論文[1]・修士論文[2]を通じ、かたくなに「将門の乱」に対して拙い関心を寄せてきたにも拘わらず、必ずしも納得のいく論旨が得られずにいる焦躁に起因する。加えて、高橋昌明氏が「伊勢平氏の成立と展開(上)(下)」(『日本史研究』一五七・一五八、一九七五年)で試みられた伊勢平氏の復元的研究は、現在、私が直面している「将門の乱」、および将門が帰属していた常陸平氏の氏族論とも少なからず同じ視点をもっと認められるものである。この二点を意識の背後に保ちながら、本論が成り立っているといえよう。

「将門の乱」[3]についての論文群は枚挙にいとまがない。学問的研究の嚆矢といわれる星野恒「将門記考」(『史学会雑誌』一―二、一八九〇年)以来、一〇〇年以上の長期にわたり、しかも、関係論文の公表されない年度は絶えて無く、歴史学、国文学の両界より凝視され続けている「将門の乱」及び『将門記』には驚愕の外ない。この点からも「将門の乱」の歴史学上の研究価値は、なお以て高いと判断することは正論であろうし、私もまた、そのような知見を得ている。特に既に指摘されている通り、石母田正「中世成立史の二、三の問題」(『増補中世的世界の形成』伊藤書店、一九五〇年。のち、『中世的世界の形成』として東京大学出版会より一九五七年再刊)、「古代の転換期としての十世紀」(『古代末期政治史序説』未来社、一九五六年）によって、当該研究の視点の転換が余儀なくされ、戦後歴史学の科学的展開をリードしつつ進行する中で、多くの論文が生まれたのである。(4)

領主制概念の定立は、私営田領主平将門像を浮き彫りにし、十世紀における坂東の大乱といわれている「将門の乱」の発端、展開、終息、歴史的評価等の各面を、きわめて冷静に把握できたという点で、その成果は大きい。そして、この成果のなかで特記すべきは、律令的支配体制という古代国家の行政機構との関連において、十世紀前後の東国に分析の対象が設定されたということであろう。日本史研究の歴史からみて、地域ごとの対象化は、その歴史性の濃淡によりかなりばらつきがある。

常陸国の場合、考古学的調査研究も含め、『風土記』の存在が大きく投影し、七～八世紀までの古代史の研究はかなり進展しているものの、平安期となると研究史を語る程の成果は無い。鎌倉期に入っての東国武家政権の論証過程で随時言及されてはいるが、満足できる状況ではない。つまり、律令支配解体期から鎌倉幕府政治の確立期に至る中世成立期の様相は、かなり研究の遅れを認めないわけにはいかないのである。(5)この意味で「将門の乱」が群を抜いて長い研究歴を有してきたことは、たとえ十世紀に限られた事象であるにせよ、一点を長期間凝視してきた意義は相当に深いと思われる。今日到達し得た「将門の乱」論が絶対的定説と考えないまでも、その過程で論証された諸問題は深く中世初期の東国史に関わるものであり、これらを除いて、当該期の東国史の進展は考えられないともいえるのである。

常陸平氏論の起稿も、このような中世初期東国史の研究状況を踏まえての結果である。実は、「将門の乱」への関心を保留する中で、将門の帰属する氏族、つまり、東国への入部、土着の道を辿った桓武平氏流高望王系氏族について、改めて考える要を感ずるに至った。将門の出自、および乱の経過を解説する諸論を通して得られている既知の事実ではあるが、いずれも『将門記』を中心に置き、そして諸系図より構成された平氏系図の周辺を点検する作業に終始している感が強い。もちろん、新出の史料に恵まれたわけでもなく、新しい理解ができたわけでもない。ただ、視点を変えることにより、「将門の乱」への再評価なり、あるいは、研究過程での一種の停滞現象を克服する動機が見つけられるような気がするのである。現行の軍制史的視点、兵（つわもの）論的視点をも十分に意識しながら、且つ氏族論を展開することにより、「将門の乱」は、常陸平氏（常総平氏として意識するべきであるとも思うが、当面、常陸国を中心とした論証であるため、便宜上常陸平氏とする）[6]の氏族論的展開の中でどのように評価を与えることが可能か。あるいは、「将門の乱」をその展開の過程で経験しなければならなかった常陸平氏の氏族的性格とはいかなるものか。この相互的な二点を考えることによって、十世紀前後の東国史研究に参画できるのではないかと考えている。

そして、本論では、「将門の乱」の分析に入ることを意図的に避けている。「将門の乱」をむしろ傍観する立場といった方が当るかもしれない。もちろん、これまでの「将門の乱」についての所論を無視するのではなく、当分、客観的に眺めながら、将門をも内包する常陸平氏の動向を追ってみたいのである。国家史という大局の場からすれば、東国の一区に勢力を保持した平氏族の系譜的動向よりも、一時的にせよ、反国家的闘争の様相を呈した将門らの行動にこそ力点が注がれて、律令的支配体制の内外的矛盾が指摘されるという論証方法が一般的であり、石母田説以来の研究史が明示するところである。そして近年、石母田氏も既に指摘済みの、延喜国政改革の再評価[7]、王朝国家体制の提言等で主張されている十世紀転換期説は抗し難い歴史的成果であり、また、その類証として扱われている将門、純友の反乱は、殆ど研究史の中に定着した感が強い。[8]

しかし、定着はしていても、さらに別な角度から理解しようとする研究意欲は、先述の軍制論[9]・兵論[10]を産み、中世成立期の重要命題となっていることも見逃し得ない。本論は、「将門の乱」を意識するものの、常陸平氏の氏族論を展開するわけで、「将門の乱」研究にとっては迂回路を進むことになる。この迂回措置が、やがては私なりの将門論に及ぶことを意識している。

以上、冗長な前書きを述べたが、次に、平氏の東国への関わり方、および氏族の土着経緯などを眺めてみたい(11)。そして、常陸平氏論が、どの程度中世成立期の東国史に有効性をもち得るかを検証できれば幸いである。

一　常陸平氏成立の背景

桓武系皇孫族の東国入部が、結果として常陸平氏族の成立をみる点に関しての所論には、大別して次の如く二段階論がある。

まず従来、『将門記』冒頭の記事とされている「夫レ聞ク、彼ノ将門ハ、昔天国押撥御宇柏原天皇五代苗裔、三世高望王ノ孫ナリ。其ノ父ハ陸奥鎮守府将軍平朝臣良持ナリ。舎弟下総介平良兼朝臣ハ将門ガ伯父ナリ(12)」による将門の桓武系五世孫説であり、加えて、『尊卑分脈』所載『桓武平氏系図』、『続群書類従』所収『桓武平氏系図』『尊卑分脈脱漏平氏系図』『常陸大掾伝記』『常陸大掾系図』『千葉系図(13)』『相馬系図(14)』等の諸系図によってその傍証が得られる。

つまり、従来指摘されてきた、系図から確認し得る賜姓皇族の東国入部である。入部の動機としては、諸系図中の各人物の注による限り、例えば、平朝臣の氏姓を得、上総介に任官した高望王、常陸大掾・鎮守府将軍の平国香(良望)、下総介平良兼、鎮守府将軍平良将(持)、上総介・鎮守府将軍の平良孫らのように、いずれも律令官職を負っての入部であった。特に、高望王の臣籍への降下と上総介任官については、桓武系三世孫としての、いわゆる皇親族の官僚化策との関連で注目されてきた。天長三年(八二六)に、上総・常陸・上野の三国が、国内支配の長たる国守に親王を以て補任するという律令国家の行政策が発表された。
太政官符[15]
応親王任国守事、
上総国、常陸国、上野国
右検中納言従三位兼行右兵衛督清原真人夏野奏状偁、設置八省職寮相隷、百官守職庶務倶成、一事有闕万事皆緩、今親王任八省卿、此人地望素高、不得就職、無知碎務、仍官事自懈政迹日蕪、非是庸愚之所致、因地勢使之然也、凡官人遷代必署解由、至有欠物不免償物、居此之費見其如此、望請、点定数国為親王国、迭任彼国身留京都、意欲居京官者一両人将聴、若有守闕者、不補他人、其料物者納置別倉支无品親王之要、(中略)号称太守、限一代、不可永例、
天長三年九月六日
この官符の言うように、天長三年に東国三国は、親王を国守(太守)に任ずる親王任国になり、桓武天皇の三親王、仲野親王(上総)、賀陽親王(常陸)、葛井親王(上野)が国守にあてられた[16]。しかも、これらの処置は、官符中、清原夏野の主張の如く、淳和期における、あるいは、平安初期政治過程での官僚体制の制度的調整のあらわれであり、その中でみられた皇親族処遇の一端でもあった。平安前期までの政治体制が皇親政治ともいわれた、いわば皇族主導型の政治体制とみられる点も否定できず、体制内的内乱の故に、政治機能の円滑化を停滞させる側面を併せもったともいわれる。そのような状況の中から、藤原氏中心の貴族政治(官僚政治)に転換する歴史的経緯を生み出し、桓武期の都城移遷をきっかけにして、改めて律令機構の制度的改変を創出する必然性がみられた。
そして、この場合、すでに主導的存在となりつつあった藤原氏によっておよその策が打ち出されたといえる。これ

に対し、他氏族は、その個別の技能を政策の上に便乗させることによって、自らの政界での地位が温存・保障されたのであり、清原氏らもその例外ではなかった。いずれにしても、前述のような政治制度改変の中で処理された親王層の在り方が官符にあらわれているといえよう。太政官機構の枢機整備を根幹とした中央国家体制の改変強化を意図いるものであり、換言すれば、親王をも含め、高級皇族の実務官僚化であった。ただ、親王については「此人地望素高、不得就職、無知碎務」という現実認識を示しており、律令体制内での官僚への形式的参与を把握せねばならず、彼らが得た地位は八省の卿や大宰帥であり、また、地方官僚としての国守であった。且つ在京のままの遥任であったのである。恩典は、従来の国守の場合、最高の位階が大国で従五位上であるのを、親王に限り正四位下とし、呼称を「太守」としたことである。任期は不定であるが一代を限り、「其料物者納置別倉支无品親王之要」というように、親王的皇族の形式的官僚化の後続にも注意したい。

以上が、高望王東国入部を説明するための前提として取り上げられてきた。しかし、これでは、上総介任官の理由としては何か焦点が定まらない。まして、後述のように内乱の連続した九世紀末の上総国への関与は、単なる皇族の官僚化の線上で実行にうつされたとは考えにくい。そこで、さらに特殊な事情があったとみるのが、第二段階の論証である。それは、高田実[17]、戸田芳実[18]、そして高橋昌明各氏の説である。特に高橋氏は、高田・戸田両氏の論をうけて、高望王の東国入部を「群党蜂起鎮圧」の大任を負ったものと断定し、かつ、一族の「任鎮守府将軍」にも言及し、群党鎮圧の功として任官に浴したとしている[19]。そして、高望王のかかる大任の背景には特殊な事情があるとの憶測を立て、『平家勘文録』[20]、『常陸大掾伝記』所引の民部卿宗章討伐譚を以て、高望王周辺の事件を予想している。そしてこれを、寛平元年（八八九）の平朝臣の氏姓を賜わる因と結びつけてみる[21]。もちろん、真偽を言う前に、勘文録の史料性をみれば、かなり漠とした伝承といえるとも断っている。

事実、高望王の所伝は、これ以外になく、それでいて『常陸大掾伝記』の如く、常陸平氏の遠祖高望王にまつわるこのような伝承を貴重視した態度は一考に値するとの高橋説は捨て切れないと思われる。賜姓→任官が一般的な事歴だとしても、内乱の渦中にあった上総介への任官は異例とさえいえる。ここに高望王へ付与された国家の配慮があったとみるからには、今少し高望王の所伝が欲しいところであるが、さらに検討の時間をもつ以外に術はない。このような見方が出ていることは研究の進展といえるであろう。

さて、上総国の内乱を略述しておく。諸史料によれば、度々紹介されているように、貞観九年（八六七）の国検非違使一人の設置は、凶猾群党の横行を予測せしめ、[22] さらに、貞観十二年（八七〇）、[23] 元慶七年（八八三）[24] の両度にわたって俘囚の反乱が起きている。翌元慶八年頃には、前司子弟や富豪浪人の国務対捍が目立つという具合[25] に、上総国内の治安はかなり動揺していたことが確認されている。これは、上総一国に集中していたわけでなく、武蔵国なども含め、東国社会全体に関わる現象であった。東国の九世紀末から十世紀初頭のかかる状況は、ひいては全国に類例のあった国郡支配体制の動揺と危機であったわけであるが、高橋氏も指摘するように、東国において顕著であったといえるのである。[26] この東国の情勢をふまえて、高橋説はより一層強まるのであり、高望王の上総介任官は、群党蜂起鎮圧、郡内治安強化策の体現であったとする。右の二段階論の中で、後者がきわめて説得的であることはいうをまたないであろう。常陸平氏の成立を考える時、この後者の説は誠に好ましい論証として受けとめていきたい。

高望王の上総介任官は遥任ではなく、事実、下向したと思われる。任務の性格上、またその後の平氏勢力の基盤生成からもそうみないわけにはいかない。「将門の乱」発生時、既に一族の分布状況は、半ば定着した所領経営に立脚しており、むしろ四〇年に至る経緯の中で急速に高望王系氏族の東国定住が進められたようである。[27] この氏族の定住についても高橋氏は、「土着」という概念規定の再考を力説している。氏によれば、群党鎮圧を成就し、その功として鎮守府将軍の栄誉を取得した高望王の一族は、国司職田、鎮守府将軍職田を踏み台にし、さらに、鎮圧のため再編導入された在京の「不善之輩」等の鎮兵に加え、俘囚、群党（富豪浪人）らの被鎮圧者もまた、自己の支配下に組み込み、平時の営田労働力、戦時の武力と巧みに再編成していったと、先学の説を加味して整理している。氏は言う。「従来の学説史が様々な形で論じてきた、従類が軍事指揮官に忠実な雑兵、伴類が忠誠関係の薄弱な農奴主の率いる小集団というコントラストは、賜姓皇族と傭兵達による群党蜂起の鎮圧、及び彼等による群党の再編成という歴史的事情を介在させてはじめてより鮮明に理解されるのである」と。[28]

この高橋氏の諸説の整理方法は、私の意識する、「将門の乱」を内包する常陸平氏論との関わりにおいて、すこぶる魅力的といえるのである。つまり、かかる「土着」概念を解説する後に、有勢氏族として常陸南部より下総域にかけて、勢力を発動することができた東国平氏像が明らかに浮上するのである。この有勢氏族を常陸平氏として考察の対象にしているのである。

高望王（平高望）の上総群党鎮圧は、所期の大任を果したらしく、[29]鎮圧活動に随伴したと思われる彼の嫡庶子のうち、嫡子国香は常陸大掾に、良兼は下総介に、良孫は上総介に任官し、国香（良望）・良将（持）・良孫らは鎮守府将軍も歴任したとされている。少なくとも、高望の勢力基盤となった上総国をはじめ、下総国、常陸国への関わり様がいずれも国司としての進出であったことは重要である。高望に代表される平氏族への評価が、群党鎮圧に功のあった武的有能集団とみられたのか、それとも、武力の編成、指揮に長じた側面を評価されたのか分別は困難であるが、一定度の統率力を認められたのであろう。そしてそれは、持続して彼の次代の者にも期待され、前記の如き任官が実現されたとみることは余りに短絡視であろうか。[30]高望の没後、氏族の本宗的立場は長子国香（良望）に集中し、同時に大掾職にあった常陸へと移行したようである。常陸大掾としての国香の政治的・経済的基盤がどの程度のものであったかは判然としない。

しかし、高望王より国香への指揮権交替の中で、嫡庶の氏族内的整序がかなり進行していたらしく、『将門記』の記事でみる如く、国香の族長的存在は明らかである。常陸大掾という律令官職によって、自らの勢力的基盤を正当なものとし、かつ、下総・上総両国にあって自立して国務に従事した同族弟を氏族内統制下に置いた平国香の周辺は、群党鎮圧を主眼とした高望王の上総介任官時よりはるかに安定した段階に入ったといえるであろう。常陸南部域に広大な営田を有したといわれる国香こそ、[31]常陸平氏の基礎を定めたといえるのではなかろうか。従来、将門によって暗殺された伯父平国香との印象が強すぎて、このような観点に立ってみることがなく、余りにも過小に評価されてきたといえる。東国平氏本宗としての国香を再評価する所以である。

常陸南西部、筑波山の西側の台地は、『将門記』に「其四日ヲ以テ、野本、石田、大串、取木等ノ宅ヨリ始メテ、与力ノ人々ノ小宅ニ至ルマデ、皆悉ク焼キ巡ル」として将門の襲撃をうけた常陸平氏本宗平国香の本領であった。[32]このうち石田が「石田庄」として『将門記』にみえるが、常陸では最古の荘園名であり、素直に受けとめるならば、国府所在地（現石岡市石岡）より隔たった、常陸南西部での、しかも大掾の任にある平氏本宗家の特異な経済的立場が考えられ、常陸平氏の成立にとっては有益な徴証となり得る。平国香の再評価を主張することにより、常陸平氏成立への予見としたい。

二　常陸平氏展開の要因

前節では、常陸国司（大掾）として、また、鎮守府将軍として常陸南西部における経済的基盤を所有した平国香に至る氏族の動向を分析してみた。本節では国香により、氏族内統制をうけた常陸平氏一族がどのように権力の保持・拡大を図ったのかを眺めてみたい。

『将門記』承平七年（九三七）八月条は、将門軍と伯父良兼軍との常陸下総の国境子飼の渡での対戦場面である。この時、良兼軍の陣頭を飾ったのは、遠祖高望と将門に殺された高望の嫡子良望（国香）の霊像であったという[33]。この象徴的な記事は、どう理解すべきであろうか。単に霊力による戦功の期待措置とみてはあまりにも文学的すぎよう。極言するならば、「将門の乱」の抑々の動機が、この一光景に如実にあらわれているといえないであろうか。従来、女論・所領相続争いなどの背景がかなり真剣に考えられてきたのであるが、高望王、国香と連続する平氏族の動向を先述のように受けとめるならば、この良兼、将門の対戦にみられる霊像問題は、平氏族の東国土着過程で見逃し得ない象徴的事件といえるのではないか。もう一度、高望王の行歴を復習しておこう。上総介として国内群党蜂起鎮圧に当たった後、その功により嫡庶子の鎮守府任官を得た段階の平氏族は、まさに国家的要請によって東国入部を果した。

そして、氏族内的統制力が機能する中で、国香・良兼・良孫らの国司任官が成就し、特に国香・良兼に代表されるように律令官人的性格が助長される反面、一族庶子の国衙傭兵化が望まれるようになったのではあるまいか。つまり、群党鎮圧という国家的要請が現実に作用していた高望王存生時は、少なくとも要請答申型の一族の氏族内的結合は幸いにも均衡状態が保たれていたが、国家的要請の後退と、恩典として氏族の国司任官が画されて、国香・良兼の主導が本格化した段階では、国司という公権を意識しての新たな族的結合が必要となってきた。骨肉・肉親による紐帯が必要十分ではなくなっていったのである。だからといって、不必要というのではない。むしろ、庶子族の従属が傭兵として必要なのであり、場合によっては氏族外との結合も有効な手段となっていった。因縁・外縁が婚姻によって成立していったことも既に指摘されている。従来の骨肉的ともいえる一族内氏族結合は大きく弛緩する余地があった。

常陸平氏の動向も、国司任官にみられるように、順次、国衙支配体制への同化が図られたわけで、その際、氏族内的結合の改変現象が伴ったといえる。将門は、この結合の改変に抗さざるを得なくなり、反氏族的行動に出た。「将門の乱」の本質がかかる中に存していたとみたい[34]。

次に、国衙体制への同化を進行させることにより、後退した国家的要請に代わる権力発動の基盤を保持しようとした常陸平氏にとり、常陸土着の過程で考えておくべき他氏族との対応について述べる。

常陸平氏の成立は、政事的無風の地に新たに樹立されたわけではない。国郡支配に関与する他氏族の存在には、かなり留意しなくてはなるまい。国司系譜勢力との対応、郡司系旧勢力との在地での勢力交替は不可避的試練であった筈である。これらの徴証を得る史料は少ないが、『将門記』記載の他氏族で、まず、源護があげられる。「前大掾」というから、国香に先立って常陸国司を歴任し、そのまま土着した氏族といわれている。しかし、氏族の実態は、一字名よりして嵯峨源氏ともいわれるが明確ではない。国香・良兼との関係は「因縁」によって結ばれているらしく、婚姻を通じての氏族的友好関係と考えられている。他に「外縁」の語とも併せて、旧勢力と新勢力の両族が、婚姻というきわめて通俗的関係により、勢力の均衡を図り、土着の動機をより深く進行させる現象には注意を払う要がある。在地旧勢力の既成権力機構に十分接近することによって、現任官としての優位さを利用しつつ、より強力な支配権力を達成しようとする新入部氏族の画策とみてよいであろう。『将門記』にみえる源氏の場合、かろうじてこの関係がはっきり浮き彫りにされた例である。

しかし、実際には、これ程無難に進行したとは思われない。かなりの対立の果てに、新勢力の前に没落を遂げた場合も多い。試みに延暦期以後の常陸国南部域の郡司系氏族についてみてみよう[35]。

系統立った郡司系氏族は把握できないが、徴証なりとも紹介すると次の如くである。常陸平氏（国香）の勢力基盤であったという新治・真壁・筑波三郡のうち、新治郡では、確実な記事として、『続日本紀』神護景雲元年（七六七）三月乙亥条に、新治直子公、同書延暦九年（七九〇）十二月庚午条に、新治直大直、『類聚国史』巻五十四、人部、節婦の項、天長二年（八二五）三月甲子条に、新治直（郡司と断定できないが郡司新治直氏系の人物とみてよいだろう）らが確認できる。新治郡では、この新治直氏が八〜九世紀にかけて郡務（大領として）を左右する勢力を有した在地旧豪族とみられるが、他の郡司系氏族は不明である。真壁郡については、新治郡の支郡として、新治国造家の支族が真髪部氏として郡務に当ったとする説(36)もあるが、確証は得られていない。

筑波郡では、『常陸風土記』に言う「紀国」（筑波郡の旧称）国造筑簟命の後裔、阿閉色命の存在が知られ（『国造本紀』）、郡司系氏族としては、天平宝字二年（七五八）十月付の正倉院御物黄絁袷幡鎮袋墨書より、丈部□佐弥万呂（少領）が確認できる。さらに、天平宝字七年十月付の同前白布墨書より、疑主帳中臣部広敷が、『続日本紀』神護景雲元年三月癸亥条、同二年戊寅条に、壬生宿禰小家主が筑波国造に任ぜられた記事があり、筑波国造、即ち、筑波郡司系氏族であったことがわかる。

そして、『類聚国史』巻五十四、人部、節婦項、天長二年三月甲子条に丈部子氏女がみえ、先の丈部□弥万呂（少領）の末葉と思われる。また、『続日本紀』天長十年二月丙子条に、筑波郡人丈部長道がみえ、他の三人の丈部氏（一品式部卿親王家令、下総少目、左近衛府官人）とともに、有道宿禰の氏姓を得ているが、これも、筑波郡司系氏族丈部氏と同族とみられている。他に信太郡司としては、一貫して物部氏系信太連氏が延暦年間まで確認できる。

以上、常陸南部域の四郡に限り、七〜九世紀間での各郡司系氏族を列挙してみた。常陸平氏成立時（九世紀末〜十世紀初頭）、これらの氏族が郡支配の上で如何なる変転を辿ったのかを明らかにする史料はない。しかしながら、新勢力としての平氏族との間に、何らかの対応策は避けられなかったであろう。『将門記』中、武蔵国足立郡司武蔵武芝の特例を除き、常総各郡の、特に郡司級在地旧勢力の動向が見当たらないのは奇異と言わざるを得ないが、あるいは九世紀末までに、彼ら氏族の退転はかなりの速度で進行していたのか。郡司勢力の弱体化を逆用し、「土着」の効果を最大限に高めたのが、常陸平氏であったとみてよいのか。この問題は、新旧勢力交替の重要な課題である。将門の駆使丈部子春丸の存在は、かかる旧勢力の動向を憶測することができる唯一の記事である。駆使身分より脱却することにより、新勢力下での新たな処遇の中で、旧族丈部氏の浮上・存続を思う焦躁ぶりは、劇的な程、旧郡司系氏族の動静を活写している。常陸平氏の成立から展開への過程では、右のように退転は否定できないのであって、源護との「因縁」形成とともに、相反する二大要因といえよう。

おわりに

平高望・良望（国香）、そして良望の兄弟たち（下総介良兼、鎮守府将軍良将、上総介・鎮守府将軍良孫等）は、少なくとも群党鎮圧という国家的要請に応える中で、氏族の統制を図ったことは既に述べた。常陸・上総・下総と近接する東国諸国の国司権力を、半ば氏族世襲の公権とする程の在地有力氏族となり、やがて、分流氏族が自立した権力基盤を創出して、東国各地に拡大していくことになる。下総千葉氏などは、それらの氏族中、最強の氏族として成長し、鎌倉幕府成立に多大な役割を果したことは周知の如くである。このように、常陸平氏は、その系譜の進行の過程で、坂東平氏と総称されるように、支流の生成・発展の上から活発化していった。その中にあって、平高望・平国香・平貞盛などのいわゆる常陸平氏は、東国土着の桓武系平氏族の本宗であり、十世紀前半の「将門の乱」を、およそ一〇年の争乱の後に収拾し、以後、十二世紀末に至る間の二〇〇年余にわたって、常陸国南半部を基点とした在地有力武士

団の形成に邁進したのであった。(37)

この間、やはり、常陸国内にあって、有力氏族の分出がみられ、国司職(大掾)を世襲した本宗家を軸として、幾多の歴史的意義を内包する有力氏族に成長したのである。これら常陸平氏の歴史を順次復元的に述べる紙幅はなくなった。他日、数回に分けて、各論を展開する中で分析を加えたい。第一節で留意した、高橋・野口両氏の論文に支えられての起稿ではあるが、十一～十二世紀の常陸平氏については別稿に委ね、若干の予察を加えて本論のむすびとしたい。

以上の論証の筋道からは、「将門の乱」は常陸平氏の氏族勢力展開の中では特例的な事件であり、幸いにして、この大乱による氏族の崩壊は免れ得、本宗権力の持続を可能にしたとも受けとめられる。大筋においてはそうであるといえるのであるが、そのような結論を導く前に、やはり、注意を要する問題がある。例えば、国香の嫡子平貞盛の場合である。高望・国香・貞盛と続けて常陸平氏の系譜を追うのは自然であるが、この貞盛の身辺の事情は、かなり再検討の必要がある。諸系図により、貞盛に付された注記を列記すると次の通りである。

(a)『桓武平氏系図(尊卑)』鎮守府将軍、陸奥守、(丹波守)、左馬助、号平将軍、従四位下
(b)『尊卑分脈脱漏平氏系図(続群)』字常平太、左馬助、武蔵守、左衛門大尉、常陸介、陸奥守、鎮守府将軍、従四位
(c)『桓武平氏系図(続群)』平将軍、右馬助、征夷大将軍
(d)『常陸大掾伝記(続群)』平将軍、陸奥守、従四位上
(e)『常陸大掾系図(続群)〔村上本〕』平将軍、陸奥守
(f)『常陸大掾系図(続群)』陸奥守、鎮守府将軍、世号平将軍
(g)『石川系図(続群)』常陸大掾

(h)『北条系図（続群）』平将軍
(i)『伊勢系図（続群）』鎮守府将軍、常陸掾、従五位上
(j)『勢州系図（続群）』陸奥守、鎮守府将軍、号平将軍、従四位下
(k)『伊勢系図　別本（続群）』陸奥守、鎮守府将軍、従五位下
(l)『千葉系図（続群）』〈貞盛不載〉
(m)『相馬系図　甲（続群）』〈貞盛不載〉
(n)『相馬系図　乙（続群）』〈貞盛不載〉

そしてさらに『将門記』より貞盛の記事を抽出すると次の通りである。

(1)「就中貞盛ハ、身ヲ公ニ進メ、事発ル以前ニ花ノ城ニ参上シ、経廻ルノ程ニ、具ニ由ヲ京都ニシテ聞ク（中略）厳父国香ガ舎宅ハ、皆悉ク殄ビ滅シヌ、其ノ身モ死去シヌル者ナリ、迥ニ此ノ由ヲ聆キテ、心中ニ嗟嘆ス」
(2)「貞盛ハ哀慕ノ至リニ任エズシテ、暇ヲ公ニ申シテ旧郷ニ帰ル（中略）幸ヒニ司馬ノ級ニ預ルト雖モ、還リテ別鶴ノ伝ニ吟ブ」
(3)「凡ソ将門ハ本意ノ敵ニ非ズ（中略）苟クモ貞盛守器ノ職ニ在リ、須ク官都ニ帰リテ官勇ヲ増スベシ」
(4)「厥ノ後、同年十一月五日ヲ以テ、介良兼、掾源護并ビニ掾平貞盛、公雅、公連、秦清文、凡ソ常陸国ノ敵等ヲ将軍ニ追捕スベキ官符ヲ（中略）下サレヌ」
(5)「此ノ後、掾貞盛三タビ己ガ身ヲ顧ラク（中略）花門ニ出テ以テ花城ニ上リ、以テ身ヲ達セムニハト、加之、一生ハ只ダ隙ノ如シ、千歳誰カ栄エム（中略）苟クモ貞盛ハ身ヲ公ニ奉ヘテ幸ニ司馬ノ烈ニ領レリ、況ムヤ労ヲ朝家ニ積ミテ、弥ヨ朱紫ノ衣ヲ拝スベシ（中略）承平八年二月中旬ヲ以テ、山道ヨリ京ニ上ル」

(6)「爰ニ貞盛ハ(中略)僅カニ京洛ニ届ル、便チ度々ノ愁ノ由ヲ録シテ、太政官ニ奉ス、糺シ行フベキノ天判ヲ、在地ノ国ニ賜フ」

(7)「新皇勅シテ曰ク「藤氏等、掾貞盛并ビニ為憲ガ所在ヲ指シ申スベシ」ト」

(8)「僅カニ吉田ノ郡蒜間ノ江ノ辺ニ、掾貞盛、源扶ノ妻ヲ拘へ得タリ」

(9)「此ノ事ヲ伝へ聞キテ、貞盛并ビニ押領使藤原秀郷等ハ、四千余人ノ兵ヲ驚カシテ、忽チニ合戦セムト欲ス」

(10)「貞盛ハ天ヲ仰ギテ曰ク「私ノ賊ハ則チ雲ノ上ノ電ノ如シ、公ノ従ハ則チ厠ノ底ノ虫ノ如シ、然レドモ、私ノ方ニハ法ナシ、公ノ方ニハ天アリ、三千ノ兵類ハ慎ミテ面ヲ帰スコト勿レ」者」

(11)「貞盛、秀郷相語リテ云フ「方ニ今、凶賊ヲ殺害シテ其ノ乱ヲ鎮ムルニ非ズンバ、私ヨリ公ニ及ビテ鴻徳ヲ損ハムカ」」

(12)「爰ニ将門ハ頗ル功課ヲ官都ニ積ミテ忠信ヲ永代ニ流ル」(貞盛と比較して将門の中央との関係を憶測する重要な文言であるので、参考のため付記しておく)

(13)「然ル間、武蔵介源経基、常陸大掾平貞盛、下野押領使藤原秀郷ハ、勲功ノ勇ミナキニアラズトシテ褒賞ノ験アリ(中略)又、貞盛ハ既ニ多年ノ険難ヲ経テ、今兇怒ノ数ヲ誅セリ、尤モ貞盛ガ励ミノ致ス所ナリ、故ニ正五位上ニ叙スルコト已ニ了ンヌ」

『諸系図』と『将門記』では、かなりの相違があることがわかるであろう。尤も『将門記』は、将門の乱の段階での貞盛の表現であり、貞盛の生涯に歴任した官には言及していない。この点では、諸系図を参考にしたいのであるが、鎮守府将軍・陸奥守に偏って伝承されていて、常陸国司(大掾)の歴任を採るのは、『石川系図』『伊勢系図』二本のみである(『平氏系図』の任常陸介は傍証がない)。念のため、『今昔物語集』[38]より貞盛の記事を引用してみよう。

(ア)　巻十九〈陸奥国の神、守平維叙の恩を報じたる語〉
「今は昔、陸奥の守として平の維叙といふ者ありけり、貞盛の朝臣の子なり」

(イ)　巻二十五〈平将門、謀反を発して誅せられし語〉
「貞盛、京にありて公に仕へて左馬允にてありけれども」「新皇のいはく「藤原の氏の輩、平貞盛等あらむ所を教えよ」と」「爰に貞盛、并に押領使藤原秀郷等、これを伝え聞きて、彼等、公家の恥を助けむと思ふ」「然る間、経基、貞盛、秀郷等に賞を賜ふ、経基をば従五位下に叙す、秀郷を従四位下に叙す、貞盛をば従五位上に叙す」

(ウ)　巻二十五〈平維茂の郎党殺されし語〉
「今は昔、上総介兼忠と云ふ者ありけり、此は平貞盛と云ひける兵の弟繁盛が子なり」

(エ)　巻二十五〈平維茂、藤原諸任を討ちし語〉
「然る間、其の国に平維茂と云ふ者ありけり、これは丹波守貞盛と云ひける兵の弟に、武蔵権守繁盛と云ふが子、上総守兼忠が太郎なり、其れを曽祖父貞盛が、、甥并に甥が子などを取り集めて養子にしけるに」

(オ)　巻二十九〈平貞盛朝臣、法師の家に於いて盗人を射取りし語〉
「人を以て「これは誰がおはするぞ、かたき物忌ぞ」と云はせたりければ「平貞盛が只今陸奥国より上りたるなり」と云ふ」

(カ)　巻二十九〈丹波守平貞盛、児肝を取りし語〉
「今は昔、平貞盛の朝臣と云ふ兵ありけり、丹波守にてありける時、その国にありけるに」

(イ)は、『将門記』と重複するが「左馬允」歴任説をとるのは『今昔』の記事のみであり、『桓武平氏系図』[39]の「左馬助」「右馬助」と対応しそうであるが、『将門記』中の「司馬之級」「司馬之烈」が、国司(掾)の意であるとの説より否定され得る。(ウ)で「兵(つわもの)」ぶりが紹介され、(エ)(オ)(カ)では、「丹波守」「陸奥守」(或いは「鎮守府将軍」)の歴任が明示されている。陸奥守(鎮守府将軍)歴任は諸系図とも符合するが、丹波守歴任説は、『尊卑分脈　桓武平氏系図』(宮内庁書陵部蔵谷森本)のみである。諸系図中、千葉・相馬両系図に貞盛の項がないのは、彼ら氏族にとって、既に貞盛を氏族系流に意識する要がない程に自立化を辿った故とみることにより解決がつく。しかし、『伊勢系図』『勢州系図』において貞盛の記載が必要になっていることは、高橋論文[40]が「本来東国を地盤としていた平氏が、それ以前のいつの時点で伊勢と関係をもつに至ったのであろうか。(中略)貞盛が、なんらかの形で伊勢と関係を有していたのではないかという推定が成り立つ」と指摘していて、興味深い。さらに、『尊卑分脈　桓武平氏系図』では、貞盛からは、後の常陸平氏の系譜は連続せず、加えて、常陸平氏の二世として弟の繁盛、三世維幹(貞盛の養子とするのが従来の説)、四世為幹が記載されているのみで、この系図では、常陸大掾を世襲した常陸平氏の存在は無視されている(『続群書類従』所収『尊卑分脈脱漏平氏系図』によっても同様である)。

鎮守府将軍平貞盛は、常陸平氏東国入部以来の伝統的任官の兵として理解もできるが、『将門記』記載の中央志向型の貞盛、および常陸大掾平貞盛との相互認識の差異、そして、陸奥守・丹波守等の職を歴任した平貞盛への評価は、常陸平氏の系譜を考える中で、改めて分析されなければならない。ここではその結論は出さないが、貞盛についても、これだけの問題を残しているわけである。貞盛以後の常陸平氏の動向についても、この他にも多くの問題を確認できる状況であるので[41]、かかる所伝の整理を、氏族論展開の基礎作業として順序立てることが肝要であるといえる。

以上、常陸平氏に関する私見を先学の業績に沿って述べてみた。一として結論めいたものは出せなかったが、これらの意識を基底として、今後の論証を行うつもりである。

註

（1）糸賀「九・十世紀東国における諸問題―将門の乱を中心として―」（一九七二年成稿。慶応義塾大学文学部卒業論文）

（2）糸賀「古代末期東国の在地構造―将門の乱再検討のための視角―」（一九七四年成稿。慶応義塾大学大学院修士論文）

（3）「将門の乱」関係参考文献は、佐伯有清他『研究史　将門の乱』（吉川弘文館、一九七六年）、梶原正昭編「『将門記』研究文献目録」（『文学』四七―一、岩波書店、一九七九年）を参照。

（4）『将門記』の記主をめぐる論争は、改めて注記するまでもなく、明治以来一言として否定し得るものではなく、今後の研究も同一線上で論証する必要がある。総じて、記録としての『将門記』研究では、評価の上で持続しているといえる。しかし、「将門の乱」の主体、平将門への評価は、所領の経営主体としての新しい局面が出され、戦前とははかり知れない視点の広がりをみせたことになる。この石母田氏の私営田経営領主論によって「将門の乱」の舞台は、かなり政治経済的実態を伴って浮上したのである。

（5）日本歴史学会編『地方史研究の現状』（吉川弘文館、一九七〇年）「茨城県」の項参照。

（6）「常陸平氏」を本格的に、当該期の歴史的概念として採用したのは、石井進『日本の歴史12　中世武士団』（小学館、一九七四年）においてである。同書中「「兵」の館をたずねて」および「「兵」から鎌倉武士団へ」の二論は、従来通説・伝承として把握されていた常陸国南部域の中世成立期の歴史を、平易な表現の中にも、実に巧妙に系統立て、常陸平氏の動向を軸に一貫した史論を展開したものであり、本論起稿の基点を示すものである。本論も結果において、この石井論文と二重映しになることを恐れるが、蛮勇をふるって起稿した。なお、石井論文の後、志田諄一「常陸平氏の那珂川北岸経営」（『茨城県史研究』三七、一九七七年）が発表され、主に常陸北部域の常陸平氏庶流の動向を扱っている。ともかく、「常陸平氏」論はこれからの研究課題である。

（7）高田実「延喜二年三月十三日太政官符の歴史的意義―いわゆる延喜荘園整理令の再検討―」（『東京教育大学文学部紀要　史学研究』七六、一九七〇年）、同「十世紀の社会変革」（『講座日本史2　封建社会の成立』東京大学出版会、一九七〇年）参照。

（8）坂本賞三『日本王朝国家体制論』（東京大学出版会、一九七二年）参照。

（9）（10）石井進「中世成立期軍制史研究の一視点―国衙を中心とする軍事組織について―」（『史学雑誌』七八―一二、一九六九年）は、これら軍制史研究の視角を集約していて有益である。そして、後の「兵」「武芸之輩」等に代表される平安末期の「武士団」論へと連関する重要な提言である。この論文は、同『鎌倉武士の実像―合戦と暮しのおきて―』（平凡社、一九八七年）に再所収。

（11）前掲註（6）とも重複するが、野口実「秀郷流藤原氏の基礎的考察」（『古代文化』二二二、一九七七年、同二五四、一九八〇年）も同様の視点から、下野国押領使藤原秀郷の帰属する氏族の動向を追ったものであり、常陸平氏との関係も深い。伊勢平氏を扱った高橋論文（本論「はじめに」参照）とともに併読されることを望む。この論文は、同『坂東武士団の成立と発展』（弘生書林、一九八二年）に再所収。

（12）梶原正昭訳注『将門記　1・2』（東洋文庫、平凡社、一九七五～七六年）。本論では、以下引用の『将門記』は同書による。なお、この冒頭記事は、現存の真福寺本・楊守敬旧蔵本（現片倉本）には欠失しており、蓬左文庫所蔵『将門記』で補っている。

（13）他に、千葉開府八百年記念会編『千葉大系図　全』（一九一六年。のち崙書房より一九七五年復刻）がある。また、千葉氏の総合的研究書として、千葉県郷土史研究協議会編『論集　千葉氏研究の諸問題』（多田屋、一九七五年）があり、常陸平氏研究にとって有益である。

(14) 近年、相馬氏研究の気運が顕著で、『我孫子市史研究』二(我孫子市、一九七七年)所載の「特集　中世相馬御厨と相馬氏をめぐって」と題するテーマで四氏の論文が発表され、その一人岡田清一氏は「相馬系図成立に関する一考察」(『地方史研究』一四九、一九七七年)を以て相馬氏を軸として、常陸平氏関係系図の再吟味を行っている。なお、『史料纂集古文書編　相馬文書』(続群書類従完成会、一九七九年)が公刊され、新たに、福島県相馬市中村歓喜寺蔵『相馬之系図』が紹介された。これらの作業が、これまでの平氏系図を大幅に修正する程の意味はもたないまでも、系譜論を通じて寄せられる諸説が、とりも直さず、常陸平氏の氏族論として意識され始めたということは貴重である。千葉氏も相馬氏も鎌倉政権下では自立した在地領主としての権能を有しているが、各氏族を論ずる中で、常陸平氏に言及する必然性があるのであり、本論においても啓発される面が大きい。

(15) 『類聚三代格　巻五』(『新訂増補国史大系』吉川弘文館)「加減諸国官員并廃置事」。

(16) 『魚魯愚抄　巻四』(『史料拾遺　第四巻』臨川書店、一九七〇年)「受領事」、『帝王編年記　巻十三』(『新訂増補国史大系』吉川弘文館)。

(17) 前掲註(7)高田実「十世紀の社会変革」。

(18) 戸田芳実「国衙軍制の形成過程」(『中世の権力と民衆』創元社、一九七〇年)。この論文は、同『初期中世社会史の研究』(東京大学出版会、一九九一年)に再所収。

(19) 高橋昌明「将門の乱の評価をめぐって」(『文化史学』二六、一九七一年)、以下の高橋説はこの論文による。

(20) 『続群書類従　遊戯部』(続群書類従完成会)。

(21) 『日本紀略』寛平元年五月十三日条「賜平朝臣者五人」として、同時に五人の平姓者が出た。平高望については、『平氏系図』(『系図纂要』名著出版、一九七三年)中の「寛平元年叙爵、賜平朝臣姓」という高望王の注を以て、寛平元年賜姓説が通行している。
(22)『三代実録』(『新訂増補国史大系』吉川弘文館)貞観九年十二月四日条。
(23)『三代実録』貞観十二年十二月二日条。
(24)『三代実録』元慶七年二月九日、同二十一日条。
(25)『三代実録』元慶八年八月四日条。
(26)三宅長兵衛「将門の乱の史的前提」(『立命館文学』一一二、一九五四年)で指摘された「僦馬之党」にみられる東国富豪層の活発な反律令的行動は、この間の東国状況の集約された事態として注意されている。
(27)『将門記』に依拠して考えるならば、反将門側に立った平国香は、その姻族前司源護および嫡庶子との友好関係を得て、筑波・真壁・新治の常陸南西部三郡にわたって、営所・宿などの政事的、経済的拠点を所有していたことになる。これが、高橋氏が言うところの国司職田・鎮守府将軍職田を基礎に成立した常陸平氏本宗の営田区域であったようである。また、国香没後、在京の嫡子貞盛の言「田地数アリ、我ニ非ズバ誰カ領セム」は、国香の遺領として興味深い。
(28)『鞍馬蓋寺縁起』(『続群書類従　釈家部』続群書類従完成会)にみえる藤原利仁の群盗誅罰譚を以て、あり得べき任鎮守府将軍の類型としている。
(29)上総介平高望の行動を示す史料はない。しかし、註(28)の如く理解すると、その経緯はすこぶる類似しており、土着の要因としては、群党鎮圧の功が高望王流氏族に、かなり強く作用したと考えておく。
(30)高望の嫡庶子は、高望の上総介任官、および群党鎮圧の功の二点を理解して初めて、隣国での任官を成就したことの意味が明らかになる。
(31)註(27)参照。

(32) 常陸国での荘園研究を本格的に論じたのは網野善彦「常陸国における荘園・公領と諸勢力の消長(上)(下)」(『茨城県史研究』二三・二四、一九七二年)であるが、十一世紀以降に焦点があてられ、十世紀段階での荘園は論外に置かれている。古代国家の東国への関与状況からみて、実態を伴う可能性はあり得るのではなかろうか。「牧」の設定などとともに、官・権門の対東国策を改めて考える中から解決してみたい。なお、網野の論文は、同『日本中世土地制度史の研究』(塙書房、一九九一年)に再所収。

(33)『将門記』の表記では、「高茂王」「平良茂」とあり、高望王と良持(楊守敬旧蔵本『将門記』)とし、良持を将門の父とみる説もあるが、平高望と平国香(良望)とみたい。

(34) この説による限り、将門の乱の背景に関する新たな展望が期待できるのではなかろうか。本論では言及する紙幅はないが、馬牧管理者としての将門像、あるいは、摂関家藤原忠平政権との私的主従関係、父良将の任鎮守府将軍としての族内での立場、などを再考することにより、反将門派とでも呼ぶべき平氏本宗家の指向と乖離している、いわば放氏的存在としての将門への理解ができるものと考えている。別稿に譲りたい。

(35) 豊崎卓『東洋史上より見た常陸国府・郡家の研究』(山川出版社、一九七〇年)参照。但し、氏の論証中、誤認があるので付記しておきたい。

(36) 宮本茶村編『常陸国郡郷考』(万延元年〔一八六〇〕版)では、真髪氏を以て十世紀頃の郡司家に当てているが、どうであろうか。また『新編常陸国誌』(崙書房、一九七四年)では、新治国造の支族として真髪部氏の存在を言うが、これも検討の要があろう。

(37) 常陸平氏本宗家は、建久四年に、平義幹(筑波郡多気山麓に拠点を有するところから多気氏とも称される。平致幹以後のことと考えられる)が失脚し、本宗の地位は支族馬場氏に移る(『吾妻鏡』建久四年六月条)。

（38）引用の『今昔物語集』は、佐藤謙三校注『今昔物語集　本朝世俗部（上下）』（角川書店、一九七六年）による。
（39）前掲註（12）梶原正昭訳注『将門記　1』四七頁参照。
（40）高橋昌明「伊勢平氏の成立と展開（上）」（『日本史研究』一五七、一九七五年）三一頁参照。なお、高橋の論文は、同『清盛以前—伊勢平氏の興隆—』（平凡社、一九八四年）に再所収。
（41）例えば、貞盛・繁盛・維幹の系譜的関係、繁盛・致幹と天台信仰の関係（国香の営所のある石田荘域に存在した承和寺なども含め、常陸平氏と天台外護の問題は重要であると認識している）、大掾職任官の背景（常陸大掾氏の形成）、常陸平氏と郡郷支配、常陸平氏と中央権門等々、各論を展開する余地はかなり多いといえる。機会を得て順次発表する予定である。

第二章　常陸平氏の任官と所伝

はじめに

常陸平氏についての考察・検討を行う中で、この氏族に関する基本的作業の必要性を説いた[1]。この氏族が平安中期以来、常陸国大掾という国司職を世襲する中で本宗は大掾氏とも称され、中世常陸国における代表的氏族であったといわれている。

ところで、鎌倉幕府成立後も御家人としてほぼ大過なく氏族の繁栄をみ、国内に庶流を分派させ、中世武士団として存続した常陸平氏にとって、その前史は国内の他氏族よりは特色ある歴史的経緯があった。周知の如く将門の乱研究を通じて明らかになったこの氏族の常総地方への入部・土着・展開の過程である。この一連の経緯の中から平氏族の政治的権力基盤に焦点を定め検討することも、同氏族理解にとって有効であると指摘しておいた作業の一つである。

ここでいう政治的権力基盤とは、この氏族が帰属した律令制下の公権を意味する。事実、この氏族の東国への関与が、始祖高望王の「任上総介」に由来するわけであり、従って、九世紀～十二世紀末の時期での平氏族への公権付与、および平氏族の公権取得の状況を概観することが本論の主旨となる。そして、その状況把握の中から「常陸平氏」と呼称される[2]この氏族の権力構造の生成・展開の一端が検証できるものと考え、以下、平氏族と公権との関係、つまり任官を中心に検討する。なお、この検証が必ずしも従来の常陸平氏像を、より明確に追認することではなく、従前の私の見解をも含めて修正されるべき視点を含むものであることを意識している。

一　任官所伝とその類型

後掲の表1は、大化以降平安末期に至る「常陸国司任官者一覧」である[3]。

表1に明らかな如く、この国の国司任官については、守（天長三年（八二六）以後は太守）と介に関して文献上に顕著な傍証が得られるが、掾官は例証が希薄である。そして、太守も貞元元年（九七六）の昭平親王の記事を最後として任官者を見出せず、介への任官の完全に近い所伝と比して奇異と言わざるを得ない。が、この背景について今は触れないでおく。天長三年に親王任国となった[4]常陸国では、以後介が事実上の国政責任者として臨んだといわれており、その故にか正史や諸記録には漏れなくといってよい程に介任官の記事が豊富である[5]。とはいえ、平安中末期多くの場合が遥任と考えられ、任国への下向は儀礼と化していた。表1の介の場合、諸記録の中での在り様は多く在京時のものであり、国務上の動きであっても任国在住と認められる場合は少ない。加えて兼官も多く、真に国府在住の介は少ない。従って、周知の如く、これら介の姿から平安中末期常陸国政の実情を帰結し難い。むしろここでは、多くの介任官者中に若干の常陸平氏族を見出せることに注意しておこう。それは、天元四年（九八一）に卒去した元常陸介平維将以下四名の平氏族である。平維将、同維叙、同維時、同維衡の四名であるが、『尊卑分脈桓武平氏系図』では全て平貞盛の子息となっている（維叙・維時は養子で、維時は維将の子）。このうち、維将流は北条氏に、維衡流は伊勢平氏に連なり、常陸平氏族ではありながら本論で扱う氏族からは次第に隔絶していく。となれば、当面意識下にある常陸平氏の実像

は表1中には見出し得ず、鎮守府将軍・常陸大掾への任官者を多く出したとの所伝をもつ常陸平氏の姿は、別途の傍証による確認しかない[(6)]。

次に表1の任官事例の状況を踏まえつつ、後掲の表2「常陸平氏任官所伝一覧」を参照されたい。

表2は、これまで、いわゆる常陸平氏に関して氏族の性格規定を行う中で利用されてきた諸史料をもとに、この氏族内部ではいかなる任官の所伝が残存していったのかを列記したものである[(7)]。諸系図による任官の所伝は、系図そのものの評価を行う中で検証されるべきものであり、また、引用の各系図が個別に独自性を有しているわけでもなく比較対照するほかにはかなりの注意を要する。しかし、その作業過程を紹介する紙幅はないので早速表2の解説に入る。

これまで将門の乱研究の中で形成されてきた常陸平氏像は、ほぼこれら諸系図・諸記録の枠を越えるものではない。就中『尊卑分脈』『常陸大掾伝記』『常陸大掾系図』『将門記』などは決定的な程、常陸平氏像を規定している。表1の如く、他に傍証を欠くこともあってか、これらの史料は、この氏族にとって貴重なものであると言わざるを得ない。表中の任官記事を概観する限りでは、高望・良望（国香）・良兼・良将（持）・貞盛・維茂・兼忠・維将・維衡などの任官はほぼ動かぬものであるともいえよう[(8)]。高望王の「任上総介」は寛平元年（八八九）とされるが確証はない[(9)]。良兼の「任下総介」も「任上総介」と混同しているが、『将門記』の記述からすると前者である。そして、良望、良将、貞盛の「任鎮守府将軍」は、最もこの氏族の東国入部における所与の社会的条件を明示しているといわれる[(10)]。つまり、九世紀後半以来の坂東における動揺した国政の鎮圧、前代よりの東北鎮撫の任役をこの氏族が負ったとする見方である[(11)]。優れて武的性格を内包していたのか、あるいは武力集団の指揮に秀でていたのかわからないが、かかる事態に対応した氏族であったことは否めないであろう。

ところで、この氏族は、高望の嫡子良望がそうであるように、国司への任官所伝も見逃せない。上総・下総・常陸・上野・陸奥・出羽などの守・介・掾が主要である。このうち、常陸国司については、前述の貞盛の子息らの「任常陸介」を例外として、大少掾官への任官例が少なくない。従って、常陸平氏の大少掾（特に大掾）への任官は不動のものと拡大解釈され、この氏族の政治的権力基盤として「任常陸大掾」という公権が用意されていたとの定説が形成されている。特に常陸平氏本宗においてはこの感が強く、かなりこの「任常陸大掾」を重要視している風がある。系図上、良望に付された常陸大掾の注記は、「任鎮守府将軍」の国家的要請が後退した後、すこぶる強力に彼の氏族間に影響していったともいえよう。問題は、この影響の虚実である。表2を一見して、大掾への任官は義幹に至るまで散見できる。平安中後期の常陸国掾官については、表1でもその事例は少なく、また、この氏族出身者が散発的に他氏族とともに掾官を襲ったとも考えられなくもない。表1の掾官は国家が補任した者のうち、そのことを注した文献が奇跡的に残った結果であり、以外は掾官不在であったわけではない。ところで、表1の掾官不明の年代を表2で補完することは可能であるかもしれない。この場合、『将門記』中の前常陸大掾源護なども含め、任官時期の問題ではなく、その所伝がどの程度信頼し得るかという検証を終えた上でなければならない(12)。

この辺で、筆者の常陸平氏論について、その基礎的認識を再考しなければならないと思う。本論のはじめにでも自然に述べた「この氏族が平安中期以来、常陸国大掾という国司職を世襲する中で本宗は…」の文言を含めてのことである。確かにこの氏族は研究史上でも常陸大掾氏と意識され、事実、鎌倉期、大掾氏族として国内での武士団的展開を遂げている。しかし、本論で意識している時期、即ち平安中末期でのこの氏族の性格規定は大掾氏族の単なる成立史的視野で捉えてはならないと思われる。大掾氏族へ収束する前段階の、いわゆる常陸平氏一流の動的側面をこれまで以上に見通す要がある。少なくとも、これまでのこの氏族に対する見方には「任常陸大掾」を意識し過ぎたところがあったのではなかろうか。

表1では表2で列挙した大少掾を歴任したという所伝をもつ常陸平氏族は一人も見出せない。この間の事情を史料の欠如、もしくは、中央の記録類に留められなかったという具合に片付けてよいものであろうか。そして、表2の如き常陸平氏族による掾官への任官が実際には存在したとみてよいのであろうか。この見解は、それぞれが次元の異なる課題のようである。前述の如く相互に補完し合うのではないかなどという期待をもつ前に、かなりの検証を経なければならない。もとより、任官とは官人にとって一つの官に固定される体のものではない。その故に、当時在庁官人の生涯中、全ての任官歴を把握することは史料的制約もあってかなり困難ではある。唯、表1・2からもわかるように、記録中に示された官人の場合、少なからず、前司を含めてその官人の履歴官名を冠して記述するという記主の態度が無視できない。この諸記録にみえる官人表記の類例をも参照し、表2に示された常陸平氏族の任官の類型を眺めてみたい。

二　考証

(1)高望・良望・良兼は、記録中に特別な任官の記事はなく、概ね諸系図の伝える域を出ない。良望の「任鎮守府将軍」の所伝が三種の記録には皆無である。また、良将の国司任官所伝は系図・記録一貫しないが「任鎮守府将軍」の所伝は一考に値する。

(2)良孫(繇)・良広・良文・良茂・良正の任官は、諸系図による所伝のみである。良孫の「任鎮守府将軍」の他は、この状況のみでは任官の虚実を決し難い。そして、この五人の平氏族は、系図中での血縁関係が不定であり、かなりの整理を要するが、きわめて困難な課題である。[13]

(3)貞盛については、一応の任官の履歴は判明しそうではあるが、「任陸奥守」「任鎮守府将軍」「任右馬助」「任左馬允」「任常陸大掾」などの所伝を考え、且つ、『将門記』で著名な彼の京都志向、及び彼の四人の子息らの所伝を思い併せるとき、常陸での在地性はむしろ薄い。そして、『常陸大掾伝記』『常陸大掾系図』に、「任常陸大掾」の所伝が無いことも気になるところである。[14]

(4)繁盛の任官所伝は少なく、「任陸奥守」として三系図が共通している。『続左丞抄』所収の寛和三年(九八七)正月二十四日付太政官符は、同二年十一月八日付平繁盛解状を引用して「繁盛従幼若時、奉仕故九条右大臣、独戴殊恩」という文言を伝えていることは周知のところである。この官符は、繁盛の延暦寺への書写した大般若経六〇〇巻運上に際して、同族平忠頼・同忠光らの武蔵周辺での妨害を禁止し、且つ東海・東山両道での運上の安全を路次の国々に命じたものである。この時、繁盛は「散位従五位下」の身分であり、文脈からみて東国(常陸)在住の身であったことは確かである。しかしながら、貞盛の舎弟として、彼もまた、九条師輔への奉仕という形で在京生活の体験者でもあった。また、子息維幹は系図上、貞盛の養子となり常陸平氏本宗になったといわれている。[16]

(5)将門は、いずれも無官無位の所伝のみである。[17]

(6)維幹は貞盛の弟繁盛の子であるが、系譜上は貞盛の養子となり常陸平氏本宗を嗣いでいる。ただし「任常陸大掾」は『常陸大掾系図』のみの所伝で、『貞信公記抄』天暦二年(九一八)二月五日条にいう「甲斐守維幹子」、『今昔物語集』の「左衛門大夫平維基」(源頼信朝臣、責平忠恒語)、そして『小右記』長保元年(九九九)十二月九日、同十一日条にみえる「維幹」などの記事は、彼の必ずしも「任常陸大掾」にとらわれない側面を予測せしめる。特に『小右記』の伝える平維幹は、同族の常陸介維叙(貞盛の養子)の推挽により、実資へ名簿を呈し、且つ栄爵にあずかる寸前までいっている。この維幹を以て前司表記のないところから国司履歴者でないとはいえず、『貞信公記抄』の維幹を彼とみるならば、守履歴者として相応の栄爵であったかもしれない。忠常の乱における平維基の所伝は、天暦二年の記事を受容するとかなりの老齢となり奇異である。三話とも整理の要があるが、維幹の任官所伝を幅広く考える材料となるのではあるまいか。

⑺維茂・兼忠は系譜上、繁盛の二子であるが、維茂は兼忠の子で貞盛の養子となった所伝をもつ[18]。維叙・維将・維敏・維衡も貞盛の子や養子といわれるが、維衡を除き諸系図の所伝の域を出るものではない。維衡は表1・2の示す如く「任常陸介」「任下野守」など多国の国司履歴者であることは明白であり、伊勢平氏の始祖となっている[19]。この維衡の任官所伝ほど明瞭な常陸平氏族はない。

⑻維幹の子為幹については、『常陸大掾系図乙本』と『石川系図』に任官所伝があるのみである。しかし、為幹の名が『小右記』『左経記』などに散見するのは興味深い。まず『小記目録』寛仁四年（一〇二〇）七月三日条に「維幹息」とある。つまり、平為幹が故常陸介藤原惟通の妻子を奪い、惟通の妻を強姦したことでの、為幹の検非違使庁への召喚事件である。事実関係はさほど明白ではないが、『小記目録』では、介惟通が任国で死去した折のことであるとあり、また、『小右記』寛仁四年閏十二月八日条に「召在常陸国為幹朝臣之使」、同十三日条に「漏闌召為幹朝臣之使」、『左経記』同年同月二十六日条に「故常陸守(介カ)惟通朝臣妻、(被脱カ)強姦彼国住人散位従五位下平朝臣為幹」とあるところから、常陸での事件であったことは疑いない。国介の妻を奪い取る程の、また出頭命令にも従順でない為幹の在住基盤を考えると、あるいは二系図の伝える「任常陸大掾」に留まらない豪族ぶりの徴証ともとれよう。

⑼繁(重)幹・致幹のうち、繁(重)幹は上総介(守)としての任官所伝をもつのみであるが、『永昌記』嘉承元年（一一〇六）六月十九日条に「常陸国合戦事、又宣下春宮大夫、義光并平重幹等党、仰東国司可召進之、義国令親父義家朝臣召進之」とあり、繁(重)幹と当時常陸介であったと思われる源義光とが組んで源義国と対立していたことがわかる。

しかし、この繁(重)幹も、系図上の「任上総介(守)」の所伝以外、常陸国司への任官は不明である。

致幹も薩摩守任官を系図が伝えるだけである。唯、致幹は、保安三年(一一二二)・天治元年(一一二四)の両度、筑波山系南部山中の東城寺へ如法経を埋納した。その願文を刻んだ経筒の出土により、「大檀越平朝臣致幹」「大檀那蔭子平致幹」とある致幹についての貴重な史料が得られている。加えて、『奥州後三年記』に「常陸国に多気権守宗基という猛者あり、そのむすめをのつから頼義朝臣の子をうめることあり」とあって、石井進氏は、旅人を歓待する「夜とぎ」の風とみて、中央貴族の血を受けつつ地方豪族の存続を図る例とも述べている。ともかく、致幹の豪族ぶりは否定すべくもないが、ことさらに常陸国司への任官は話題とはなっていない。なお、この致幹の舎弟に清幹(吉田氏の始祖)、政幹(石毛、豊田氏の始祖)、重家(小栗氏の始祖)がおり、庶流として国内外へ分立しているが、彼らの任官所伝は無い(20)。

⑽直幹・義幹についても任官所伝は、『常陸大掾系図甲本』と『石川系図』で「任常陸大掾」を伝えるのみである。そして、義幹については、『吉記』安元二年(一一七六)六月十八日条に「流人等可被召返之由被宣下、所拘之者相合十五人、義朝党類、并殺害父母之者、常陸国司訴申能幹事歟、周防国在庁等也」とあり、能幹を平義幹ととれば、氏族内部の暗い対立を経た常陸平氏族の実像を知らされる思いであるが、国司任官有資格者を権力的に越える側面を考えざるを得ない。また義幹が『吾妻鏡』の中で多気義幹・多気太郎と称されていることは、この氏族の本宗としての本拠地が、国内筑波郡多気(つくば市北条)の地にあったことを示すもので、多気権守といわれたという致幹の代にまで遡って系図の一面を証明することになる。

しかし任官所伝を伝えるわけではない。義幹の舎弟広幹(下妻氏の始祖)、忠幹(東条氏の始祖)、長幹(真壁氏の始祖)に至っては、広幹が系図中に、また『吾妻鏡』中に「悪権守」の異名を残している他は任官の所伝は無い。尤も『吉記』承安四年(一一七四)三月十四日条に「常陸国下津真庄下司広幹乱行」とあり、この時期の平氏族が「庄下司」なる実態を伴った人物を含む所伝があることは貴重である。

以上の分析から、常陸平氏族の必ずしも「任常陸大掾」に限定され得ない政治的権力基盤があったことを多少とも推測できないであろうか。この氏族が、「任常陸大掾」の有資格氏族であるとしてみれば、そしてその側面から常陸平氏＝常陸大掾氏と捉え、氏族の政治的権力の拠り所を「任鎮守府将軍」〜「任常陸大掾」へ連続する公権とするならば、右の如き迂遠な検証は全く無用である。しかし、その見方はきわめて粗野に表2を概観した場合である。微かに散見する諸系図と諸記録との氏族表現の差異は、常陸平氏の実態から投影された帰結と考えざるを得ないのではなかろうか。特に繁盛─維幹辺りを境として、常陸平氏の任官にみる所伝は変質している。以下にそのことを述べて、まとめとしたい。

おわりに

つまり、本章では、常陸平氏族が高望以降義幹に至るまでの間、いかなる公権を保持して氏族の政治的権力の基盤たらしめたのか意識するところから分析を始めた。これまで、この氏族の国司任官が着目され、就中、維幹以後「任常陸大掾」の世襲を以て国内に有力な支配権を展開した、いわゆる在地領主の典型といわれている。そしてまた、鎌倉期以降の常陸を代表する有力武士団大掾氏に展開したともいわれている。大筋においてはさほど異論はないのであるが、将門の乱を含む平安中末期でのこの氏族に対する評価は、必ずしも、国司への任官、特に掾官への任官の側面にこだわる必要はないのではないか[21]。事実、前記の考証過程で明らかな如く、幅広く氏族の展開を辿った常陸平氏の動向がむしろ評価されるべきであるとも思われてならない。

この時期、確かに「任常陸大掾」の履歴を幾度か有した常陸平氏ではあったが、鎌倉後期になり、確実に国衙在庁官人として大掾職を世襲していった後裔にとって、始祖良望（国香）の「任常陸大掾」の所伝は重要であり、同時に掾官等国司への任官の伝統も、きわめて有要なことであった。こうして可能な限り氏族譜の中に最低限度の必須事項が付会された側面もあるのではないだろうか。

高望の上総介、良兼の下総介、及び良望・良孫（繇）・貞盛らの鎮守府将軍への任官は、当時の東国の社会的情勢の中での国家的要請が強く反映したものであり、その点からはこの氏族に付与された一種の伝統的任官といえよう。しかし、この国家的要請も征夷策の後退・形骸化の進行する過程で弱体化し、氏族にとっては東国居住の名分を失いかけていた。貞盛・維衡・繁盛・将門・維幹らの中央権門への奉仕関係にみる志向は、この国家的要請の薄らいだ時期にあらわれたこの氏族なりの生存策であった。貞盛・維衡の場合は、多様な国司歴任の中から、特に維衡が伊勢に基盤を移し、やがて氏族の繁栄をみ、伊勢平氏族を成立させているが、他は結局、常総周辺において氏族の分立を遂げつつ新たな展開をしていったと思われる。殊に常陸では、この間、良望より貞盛に伝えられた筈の氏族本宗の地位は、貞盛の舎弟繁盛、そしてその子維幹に奪われ、繁盛系常陸平氏が義幹に至っている。この数代にわたる時期の常陸平氏族の在り様は、奇しくも諸系図が示しているように、国内外への庶流の分立に特色がある。

その特色とは、極言すれば、本格的な対在地志向型とも言い得る氏族内発型の様相である。そこでこの氏族が志向したのは、国司任官による公権の保有以上に、それまで長期にわたって停滞していた郡支配の再編成であり、律令的郡務の再興ではない郡郷単位の一円領有化への道であった。致幹の舎弟、そして義幹の舎弟らが分立独立していった背景には、次第に行政的変貌を遂げつつあった律令制下の郡郷域を改変し私領化する方向付けがあったといえる。為幹・繁（重）幹・致幹・義幹らの所伝の中に、いわゆる常陸住人としての猛者ぶりが残るのも、かかる志向の反映と受けとれる[22]。

従って、この段階では、必ずしもこの氏族にとり任官は必須の条件ではなく、彼らに関する誠に頼りない任官の所伝は、やはり、鎌倉期の大掾氏により、その必要性から付会された所産とみるべき側面を併せもつものといえよう。

以上、常陸平氏と公権との関係について論じた。この氏族が公権に無縁であるというのではなく、公権との関わり方にも氏族の各段階でかなりの変容があるということである。網野善彦氏の論証でも明らかな如く、義幹・広幹は平安末期、それぞれ義幹が筑波郡・茨城北郡、広幹が茨城南郡の郡司職を有していたと考えられ、また、義幹の舎弟長幹も真壁郡司とみられる。この時期、この氏族間には郡司的側面を私権化の方向で充分に体現しつつ、国衙公権をはるかに優越し得るだけの領主的基盤が生成されていたといえよう。ただ、後のことではあるが、義幹の鎌倉幕府御家人としての生命が絶えた後、残余の同氏族は御家人としての地位の保全を図りつつも、同時に改めて大掾職世襲化の策を忘れなかったのである。

なお、平安末期のこの氏族の動向は、網野善彦「常陸国南郡惣地頭職の成立と展開」（『茨城県史研究』一一）、「常陸国における荘園・公領と諸勢力の消長（上）（下）」（『茨城県史研究』二三　二四）に詳述されており、本論と相違する視点もあるが、義幹の「任常陸大掾」の虚実なども含めて別に考えてみたい。

註

（1）糸賀「常陸平氏の土着をめぐって」（『国史研究会年報』一、一九八〇年）。同「常陸平氏論序説」（『史学』五〇、一九八〇年）本書第一部第一章。

(2)　高望王、及び彼の嫡庶子孫の中に、良兼・良将(持)・将門・良孫(繇)・良文のように、上総・下総など常陸国外に居住した例もあるが、本宗は常陸国内に在り、「常陸平氏」と呼称して支障ないと思う。
(3)　一覧表作成にあたり、『大日本史』(国郡司項)(徳川家蔵版、一九二九年)、及び『茨城県史料　古代編』(茨城県、一九七四年)などを参照した。なお、この時期の常陸大少目が計七人確認できるが、省略してある。そして、奈良・平安前期の部分は本論では不要であるが全くの参考として掲示しておいた。この作業はきわめて忽々の作業であり、いずれ更に補訂するつもりである。
(4)　天長三年九月六日付官符(『類聚三代格』(『新訂増補国史大系』吉川弘文館)所収)。
(5)　表1には任官時の記事と任官時期不明の現任官、前司が同時に所載されている。
(6)　『大日本史』(国郡司項)では、国香以降の本宗を全て大掾任官者としているが、表2の諸史料の枠内での判断であることは確かであり、表1へは採用していない。
(7)　表2のうち、系図を除く諸記録の記事は全て年月日が判明するが省略した。また、所引系図は、『尊卑分脈』(『新訂増補国史大系』吉川弘文館)、『相馬氏系図』(『史料纂集　古文書編　相馬文書』続群書類従完成会、一九七九年所収載)を除き全て『続群書類従』(続群書類従完成会)本である。なお、常陸平氏族の系図も紙幅の関係で省略した。
(8)　維衡流については高橋昌明「伊勢平氏の成立と展開(上)(下)」(『日本史研究』一五七・一五八、一九七五年)に詳しい。
(9)　『平家勘文録』『常陸大掾伝記』(『続群書類従』続群書類従完成会)、『日本紀略』(『新訂増補国史大系』吉川弘文館)(寛平元年五月十三日条)、『平氏系図』(『系図綜覧』国書刊行会)などを参照のこと。
(10)　高田実「十世紀の社会変革」(『講座日本史2　封建社会の成立』東京大学出版会、一九七一年)、戸田芳実「国衙軍制の形成過程」(『中世の権力と民衆』創元社、一九七〇年)、高橋昌明「将門の乱の評価をめぐって」(『文化史学』二六、一九七一年）などを参照のこと。
（11）貞観～元慶年間、東国の群党蜂起・俘囚の反乱などが目立ち、国検非違使が設置されている。
（12）註（6）で述べた如く、『大日本史』では両者を疑念なく合一させているが、区別して扱うべきである。
（13）福田豊彦『平将門の乱』（岩波書店、一九八一年）などもこの氏族の系譜上の整理を行ってはいるが、従来の説を踏まえつつも結論付けるには至っていない。
（14）註（1）拙稿参照のこと。
（15）忠頼・忠光は、いずれも良文（村岡五郎）の子息らである。
（16）貞盛の養子として本宗を継ぐというより、後述の如く、在地性の薄い貞盛は本宗の地位を維幹に奪われたと解したい。貞盛養子説はこの事の系図への反映であろう。
（17）註（13）前掲書で、官牧司平将門の姿がみごとに描かれている。
（18）『尊卑分脈』所載の『桓武平氏系図』を参照のこと。
（19）註（8）前掲高橋論文参照のこと。
（20）平安末期の氏族をも含め、任官を論ずる他方で、他氏との婚姻関係も追求する必要がある。後掲の網野論文や石井進『日本の歴史12　中世武士団』（小学館、一九七四年）で既に紹介されている如く、この氏族の他氏族との関係を早急に整理してみたい。
（21）註（20）前掲『日本の歴史12　中世武士団』が唯一、この点を示唆している。
（22）為幹の故介妻への強姦、繁（重）幹の党的行動、致幹への世評、義幹の乱逆などはいずれも彼らの「猛者」ぶりを伝えていよう。

表1　常陸国司任官者一覧

年代	西暦	守	介	掾	典拠	備考
文武4・10	七〇〇	百済王遠宝			『続日本紀』	
和銅元・3	七〇八	阿部狛秋麻呂			『続日本紀』	
和銅7・10	七一四	石川難波麻呂			『続日本紀』	
養老3・7	七一九	藤原宇合			『続日本紀』	任官時期不明
天平9・1	七三七	坂本宇頭麻佐			『続日本紀』	任官時期不明
天平18・4	七四六	石川乙麻呂			『続日本紀』	
天平18・9	七四六	紀飯麻呂			『続日本紀』	
天平勝宝4・5	七五二	百済王敬福			『続日本紀』	
天平宝字2・6	七五八	佐伯毛人			『続日本紀』	
天平宝字7・1	七六三	藤原清河	佐伯美乃麻呂		『続日本紀』	
天平宝字8・10	七六四	石上宅嗣	雀部陸奥		『続日本紀』	
神護景雲元・8	七六七		佐伯真守		『続日本紀』	
宝亀元・10	七七〇		巨勢公成・内蔵若人（員外）		『続日本紀』	
宝亀5・9	七七四		藤原菅継		『続日本紀』	
宝亀8・10	七七七	藤原小黒麻呂	粟田鷹守		『続日本紀』	
天応元・5	七八一		賀茂人麻呂		『続日本紀』	
延暦元・6	七八二	紀船守	大伴弟麻呂		『続日本紀』	
延暦4・1	七八五			安倍広津麻呂（大）	『続日本紀』	
延暦5・1	七八六			吉田古麻呂（大）	『続日本紀』	
延暦5・8	七八六			物部多芸国足（大）	『続日本紀』	
延暦6・2	七八七		多治比浜成		『続日本紀』	
延暦9・3	七九〇	（多治比浜成）	入間広成		『続日本紀』『大日本史』	

延暦10・1	七九一			池原綱主	『続日本紀』	
延暦12・5	七九三			藤原藤継	『公卿補任』	大少不明
延暦15・1	七九六		藤原緒継		『続日本紀』『公卿補任』	
延暦15・?	七九六		藤原継業		『続日本紀』『公卿補任』	
延暦16・1	七九七			中原巨都雄（少）	『日本後紀』	
延暦21・1	八〇二	三諸大原			『類聚国史』	前司守
延暦24・8	八〇五	紀直人			『日本後紀』	卒去
延暦24・9	八〇五	橘安麻呂			『日本後紀』	
大同元・1	八〇六	葛野王	安倍益成（権介）		『日本後紀』	
大同元・2	八〇六	和入鹿麻呂			『日本後紀』	
大同2・?	八〇七			橘百枝（員外掾）	『文徳実録』	大少不明
大同3・6	八〇八		安倍益成		『日本後紀』	
大同4・1	八〇九		大伴和武多麻呂（権介）		『日本後紀』	
大同4・4	八〇九	藤原仲成			『公卿補任』	
弘仁元・7	八一〇	菅野真道			『公卿補任』『本朝文粋』	
弘仁4・1	八一三		藤原福当麻呂		『日本後紀』	
弘仁5・7	八一四	藤原福当麻呂	住吉豊継		『日本後紀』	
弘仁年中				藤原大津（大）	『文徳実録』	
弘仁年中		紀末成			『類聚国史』	
弘仁年中				文屋海田麻呂（大）	『文徳実録』	
天長元・6	八二四	佐伯清岑			『類聚国史』	
天長3・?	八二六	甘南備高直			『続日本後紀』	
天長3・9	八二六	賀陽親王（太守）			『帝王編年記』	親王任国となる
天長6・?	八二九		伴友足		『続日本後紀』	

天長7・1	八三〇	葛原親王（太守）		橘峯継（少）	『文徳実録』『三代実録』『公卿補任』	
			高階石河		『続日本後紀』	
承和元・1	八三四	葛井親王（太守）			『続日本後紀』	
承和元・5	八三四		永野王		『続日本後紀』	任官時期不明
承和5・1	八三八	忠良親王（太守）	藤原貞公		『続日本後紀』	
承和6・10	八三九		紀盛麿		『続日本後紀』	
承和7・1	八四〇	葛井親王（太守）			『続日本後紀』『文徳実録』	
承和8・4	八四一		藤原春岡		『続日本後紀』	
承和9・10	八四二			高橋文室麻呂（大）	『三代実録』	
承和11・1	八四四	葛原親王（太守）			『文徳天皇実録』	
承和12・1	八四五		藤原菅雄（介） 藤原有貞（権介）		『続日本後紀』『三代実録』	
承和年中				良岑長松（権大掾）	『三代実録』	
嘉承元・1	八四八	時康親王（太守）			『続日本後紀』	
嘉承2・1	八四九		紀全法		『続日本後紀』	
仁寿元・2	八五一		藤原興世（権介）		『文徳実録』	
仁寿3・1	八五三		藤原正世		『文徳実録』	
仁寿3・？	八五三	仲野親王（太守）			『三代実録』	
斉衡2・11	八五五		藤原近主		『文徳実録』	
天安元・？	八五七	人康親王（太守）			『三代実録』	
天安2・2	八五八		大和吉直（権介）		『文徳実録』	
貞観元・5	八五九		坂上当道（権介）		『三代実録』『尊卑分脈』	

貞観元・12	八五九		藤原真冬	『三代実録』『尊卑分脈』	
貞観2・1	八六〇	賀陽親王（太守）		『三代実録』	
貞観6・1	八六四	惟喬親王（太守）		『三代実録』	
貞観7・1	八六五		大中臣真主	『三代実録』『中臣氏系図』『田氏家集』	
貞観9・1	八六七	惟喬親王（太守）		『三代実録』	
貞観10・1	八六八	惟彦親王（太守）		『三代実録』	
貞観11・1	八六九		橘良基	『三代実録』	
貞観14・2	八七二	惟恒親王（太守）		『三代実録』	
貞観14・4	八七二		多治守喜（少）	『三代実録』	任官時期不明
貞観18・2	八七六	惟彦親王（太守）		『三代実録』	
元慶2・1	八七八		藤原忠主	『三代実録』	
元慶2・8	八七八		源恭（権介）	『三代実録』	
元慶4・1	八八〇	時康親王（太守）		『三代実録』	
元慶8・3	八八四	貞固親王（太守）		『三代実録』	
寛平3・1	八九一		藤原佐世（権介）	『大日本史』	任官時期不明
昌泰元・10	八九八	是貞親王（太守）		『扶桑略記』	任官時期不明
延喜元・2	九〇一		藤原扶幹	『公卿補任』	
延喜14・1	九一四		藤原有秋	『西宮記』『尊卑分脈』	
延喜17・4	九一七		藤原高風（元常陸介）	『類聚符宣抄』	
延喜20・3	九二〇		橘実範	『類聚符宣抄』	
延長3・6	九二五	代明親王（太守）		『西宮記』	任官時期不明
延長3・8	九二五		某氏教定	『大日本史』	任官時期不明
延長4・2	九二六	貞真真能（太守）		『河海抄』	任官時期不明

延長8・6	九三〇		藤原公葛		『類聚符宣抄』『尊卑分脈』	
天慶元・?	九三八		菅原兼茂		『政事要略』『尊卑分脈』	任官時期不明
天慶2・11	九三九		藤原維茂		『尊卑分脈』『将門記』	任官時期不明
天慶2・12	九三九		藤原玄茂		『将門記』	任官時期不明 大少不明
天慶5・4	九四二		藤原雅量		『本朝世紀』	任官時期不明
天慶9・10	九四六	有明親王（太守）			『九暦』『大嘗会御禊部類記』	任官時期不明
天暦8・?	九五四			井原有利（少）	『除目大成抄』	
天徳3・2	九五九		藤原滋望		『類聚符宣抄』	
応和元・10	九六一		藤原為忠		『西宮記』『北山抄』	任官時期不明
康保2・?	九六五		藤原清光		『北山抄』	
貞元元・4	九七六	昭平親王（太守）			『尊卑分脈』	任官時期不明
天元2・?	九七九		橘在正（権介）	藤原師頼（大）	『除目大成抄』	
天元4・?	九八一		平維将（元常陸介）		『尊卑分脈』	卒去
天元5・3	九八二		源満仲		『小右記』『元輔集』『尊卑分脈』	任官時期不明
寛和2・?	九八六		藤原元輔（権介）		『除目大成抄』	
永延元・1	九八七		藤原為信		『小右記』『河海抄』『北山抄』	任官時期不明
永延元・?	九八七		某氏国盛		『小右記』	
正暦5・?	九九四			河内清澄	『厳島神社蔵　観普賢経発願記』	任官時期不明 大少不明
長徳2・1	九九六		藤原惟丈（権介）	藤原有延（権大掾） 倭文保時（権少掾）	『大間書』『除目大成抄』	
長保元・?	九九九		平維叙		『小右記』『今昔物語集』『尊卑分脈』	任官時期不明

長保2・?	一〇〇〇			藤原国正(大)	『除目大成抄』	
長保4・2	一〇〇二		丈部時正(権介)		『揚名介事』	
長保4・4	一〇〇二		佐伯家光(権介)		『揚名介事』	
長保5・1	一〇〇三		藤原致親(権介)		『揚名介事』	
寛弘元・1	一〇〇四		藤原義蔭(権介)		『揚名介事』	
寛弘元・1	一〇〇四		藤原惟光(権介)		『揚名介事』『河海抄』	
寛弘2・2	一〇〇五		橘行平		『御堂関白記』『尊卑分脈』	任官時期不明
寛弘3・9	一〇〇六		藤原助袴(権介)		『揚名介事』	
寛弘4・9	一〇〇七		藤原為継(権介)		『揚名介事』	
寛弘5・?	一〇〇八		伴時友(権介)		『揚名介事』	
寛弘5・7	一〇〇八		藤原伊任(権介)		『揚明介事』	
寛弘8・2	一〇一一		藤原通経		『小右記』『尊卑分脈』	
長和元・10	一〇一二		源頼信		『御堂関白記』	前司
長和2・1	一〇一三		藤原師長		『小右記』『尊卑分脈』	前司
長和2・2	一〇一三	藤原兼隆			『大日本史』	
長和4・2	一〇一五			飛鳥部弘真(大)	『除目大成抄』	
長和5・10	一〇一六		平維時		『御堂関白記』『尊卑分脈』	任官時期不明
寛仁3・4	一〇一九		藤原惟通		『小右記』	任官時期不明
寛仁4・9	一〇二〇		平惟衡		『左経記』『尊卑分脈』	
万寿2・7	一〇二五		藤原信通		『小右記』	
長元元・7	一〇二八	田久某			『大日本史』	任官時期不明
長元4・9	一〇三一		藤原兼資		『小右記』『尊卑分脈』	任官時期不明
長元5・2	一〇三二		菅原孝標		『更級日記』『尊卑分脈』	
長元8・?	一〇三五			邦中盛孝(大)	『除目大成抄』	

永承3・3	一〇四八		藤原良任		『造興福寺記』	前司
延久4・3	一〇七二		藤原忠綱		『魚魯愚抄』	
承暦4・7	一〇八〇		源実国		『水左記』『尊卑分脈』	前司
永保元・2	一〇八一		源経隆		『拾遺往生伝』	前司、卒去
寛治4・?	一〇九〇		藤原宗実		『尊卑分脈』	卒去
寛治5・1	一〇九一		源兼俊		『柳原家記録郁芳門院根合』	
寛治7・?	一〇九三	某氏為弘（介ヵ）			『僧綱補任』	任官時期不明
嘉保元・2	一〇九四			上毛野松真（少）	『柳原家記録』	
嘉保元・4	一〇九四		藤原定房		『中右記』『尊卑分脈』	故人
嘉保2・4	一〇九五		藤原知房		『中右記』『尊卑分脈』『魚魯愚抄』	
嘉保2・4	一〇九五		菅原是綱		『中右記』『尊卑分脈』『魚魯愚抄』	
承徳元・1	一〇九七			紀為兼（大）	『中右記』	
康和元・1	一〇九九		源国房		『本朝世紀』	
康和5・2	一一〇三		源経仲		『本朝世紀』『中右記』	前司
康和5・2	一一〇三		高階能遠		『本朝世紀』	
康和5・4	一一〇三		高階経成		『殿暦』『為房卿記』『中右記』	
嘉承元・9	一一〇六		藤原永職		『中右記』『尊卑分脈』	
天永2・4	一一一一		藤原実宗		『詞花和歌集』『尊卑分脈』	
元永元・2	一一一八		源某		『島田文書』	任官時期不明
元永2・1	一一一九		大中臣親仲		『中右記』『中臣氏系図』	
保安3・5	一一二二		藤原基頼		『尊卑分脈』	前司、卒去
大治2・1	一一二七		藤原盛輔		『中右記』	
長承元・11	一一三二		藤原知迪		『中右記』『尊卑分脈』	任官時期不明

保延元・5	一一三五		藤原公信		『長秋記』『東大寺文書』	任官時期不明
永治元・1	一一四一	藤原知道			『大日本史』	任官時期不明
久安2・1	一一四六			河内守清（少）	『本朝世紀』	
久安3・1	一一四七			藤原忠遠（少）	『本朝世紀』	
久安3・10	一一四七		平頼盛		『本朝世紀』	任官時期不明
久安3・11	一一四七		平宗盛		『本朝世紀』	
久安4・5	一一四八		某氏経兼		『本朝世紀』	故人
久安5・3	一一四九		平家盛		『本朝世紀』	卒去
久安5・10	一一四九		平頼盛		『台記別記』『兵範記』『尊卑分脈』	
保元元・9	一一五六		平経盛		『公卿補任』	
保元3・8	一一五八		平頼盛		『公卿補任』『兵範記』『山槐記』	
保元3・10	一一五八		藤原顕朝		『兵範記』	
平治元・1	一一五九			豊原時景（大）	『大間書』	
永暦元・1	一一六〇		平教盛		『公卿補任』	
応保元・9	一一六一		藤原範季		『山槐記』	
永万元・10	一一六五		平通盛		『公卿補任』	
仁安3・5	一一六八		藤原頼実		『兵範記』『尊卑分脈』	
承安元・12	一一七一		高階経仲		『兵範記』『尊卑分脈』	
承安3・11	一一七三	賀茂某			『大日本史』	任官時期不明
承安4・1	一一七四		高階経仲		『山槐記』	
治承2・1	一一七八			藤井国延	『玉葉』	
治承3・1	一一七九	高階泰経	高階経仲・平宗実		『山槐記』	経仲は11月解官 泰経は知行国主

表2　常陸平氏任官所伝一覧（○印は人名のみ記載）

良広	良孫（繇）	良将（持）	良兼	良望（国香）	高望	人名／典拠
○	上総介 鎮守府将軍	下総介 鎮守府将軍	下総介	常陸大掾 鎮守府将軍	上総介	尊卑分脈
○	上総介 鎮守府将軍	鎮守府将軍	下総介 陸奥大掾	常陸大掾 鎮守府将軍	上総介 常陸大掾	尊卑分脈脱漏
		○		常陸大掾 鎮守府将軍	上総介	常陸大掾伝記
				上総介 常陸大掾 鎮守府将軍	○	常陸大掾系図　甲
				常陸大掾 鎮守府将軍		常陸大掾系図　乙
				常陸大掾		石川系図
						北条系図
				常陸大掾 鎮守府将軍	上総介	伊勢系図
				常陸大掾	上総介	勢州系図
				○	○	伊勢系図　別本
○	○	陸奥守 鎮守府将軍	上総守	常陸大掾 鎮守府将軍	上総介	千葉系図
○	○	陸奥守 鎮守府将軍	下総介	常陸大掾 陸奥守 鎮守府将軍	上総介	相馬系図　甲
		上総介		常陸大掾 鎮守府将軍	上総介	相馬系図　乙
	鎮守府将軍	上総介 鎮守府将軍	上総介	鎮守府将軍	上総介	相馬之系図
		鎮守府将軍	上総介	常陸大掾 鎮守府将軍	上総介	桓武平氏系図
		鎮守府将軍	下総介	○	上総介	将門記
				常陸大掾		和漢合図抜粋
						貞信公記抄
		○	○	○		歴代皇紀
						本朝世紀
		鎮守府将軍				扶桑略記
						日本紀略
		鎮守府将軍	下総介	○	○	今昔物語集
						小右記
						左経記
						中右記
						後二条師通記
						永昌記
						東城寺出土経筒
						奥州後三年記
						吉記
						権記
						御堂関白記
						百錬抄

維幹	将門	兼任	繁盛	貞盛	良正	良茂	良文
○	○	下野守	陸奥守 武蔵権守	陸奥守 鎮守府将軍	下野介	常陸少掾	○
○	○	下野守	陸奥守	左馬助・武蔵守 左衛門大尉 常陸介・陸奥守	下野介	常陸少掾	○
○	○		○	陸奥守			○
常陸大掾				陸奥守			
常陸大掾			陸奥守 鎮守府将軍	陸奥守 鎮守府将軍			
○				常陸大掾			
				○			
				常陸掾 鎮守府将軍			
				陸奥守 鎮守府将軍			
				陸奥守 鎮守府将軍			
	○					○	○
	○						○
	○						
	○			○			
○	○		○	右馬助 征夷大将軍			鎮守府将軍
	蔭子			掾・常陸大掾	○	鎮守府将軍	
	○			常陸大掾・右馬助			
甲斐守	○			○			
	○			○			
	○						
	○			常陸掾・右馬助			
	○			常陸掾			
左衛門大夫	○			左馬允・丹波守			
○							
	○						

維敏	維将	維叙	兼忠	維茂	人名／典拠
上野介·常陸介 陸奥守	常陸介·筑前守 肥後守	上野守·常陸守 陸奥守·右衛門尉	上総介 出羽守	信濃守 鎮守府将軍	尊卑分脈
上野介·常陸介 陸奥守	常陸介·筑前守 肥後守	上野守·常陸守 陸奥守·出羽守	秋田城介 上総介 出羽守	信濃守 鎮守府将軍	尊卑分脈脱漏
○	○			○	常陸大掾伝記
					常陸大掾系図　甲
			上総介	信濃守	常陸大掾系図　乙
					石川系図
	○				北条系図
					伊勢系図
					勢州系図
					伊勢系図　別本
					千葉系図
					相馬系図　甲
					相馬系図　乙
	肥前守			○	相馬之系図
	肥前守		○	出羽介	桓武平氏系図
					将門記
					和漢合図抜粋
					貞信公記抄
					歴代皇紀
					本朝世紀
					扶桑略記
					日本紀略
		陸奥守	上総介	○	今昔物語集
		常陸介			小右記
					左経記
					中右記
					後二条師通記
					永昌記
					東城寺出土経筒
					奥州後三年記
					吉記
					権記
					御堂関白記
					百錬抄

義幹	直幹	致幹	繁(重)幹	為幹	維衡
				○	上野介·常陸介 伊勢守·陸奥守 出羽守·伊豆守 下野守·佐渡守
				○	上野介·常陸介 伊勢守·陸奥守 出羽守·伊豆守 下野守·佐渡守
○	○	○	○		○
(常陸)大掾	○	薩摩守	上総介		
○	○	薩摩守	上総介	常陸大掾	
(常陸)大掾	常陸大 掾	薩摩守 河内守	上総介	陸奥守 (常陸)大掾	
					○
					出羽守·伊豆守 伊勢守·陸奥守 常陸介
					○
					○
					上総介
					常陸介
					下野前司 (伊勢国)散位
					前下野守·前伊勢守 上野介
					前下野守
				○	常陸介·伊勢介
				散位	常陸守(介ヵ)·備前守
			○		
		○			
		(多気権守)			
(能幹)					
					前下野守·上野介
					上野守(介ヵ)
					○

第三章　常陸中世武士団の在地基盤

はじめに

『茨城県史　中世編』の発行は、茨城県域の中世史研究にとってきわめて重要な意義をもっている。そしてそれは『茨城県史研究』四所載の網野善彦「常陸国信太荘について—東寺領時代を中心に—」を始めとして六〇号に至る間に発表された四〇数編に及ぶ常陸中世史関係の諸論考とともに、論旨の上からも今後の研究に有効な指針を提供したといえる。他方、『茨城県史料　中世編』の刊行や、加えて進行する市町村史編纂事業の中で確認され、生み出されている中世関係史資料と通史的解説の蓄積には注目すべきものも少なくない。

右の諸論考中特徴的にみられる宗教史(仏教史)関係論文でも言及されている在地外護者(武士団)の扱い方は無視できず、総じて常陸中世武士団の実像は、その解明という点でかなりの進展が認められる。

本章も基本的にはこれらの成果を踏まえての思案であり、その中から特に今後の常陸中世武士団研究の中で大いに検討されるべき課題として提示するものである。

その一つは、常陸の中世を一貫して存続し、根強い領主的基盤を維持した常陸平氏流武士団に対する再検討であり、本章では馬場氏・真壁氏について言及したい[1]。その二は、鎌倉期の常陸守護であるいわゆる小田・宍戸両氏への注目である。小田氏については、これを改めて「常陸小田氏の成立」として検討し、「常陸小田氏」の前史なる考察を加えつつ八田知家とその庶流の分立に触れる。[2]その庶流の一つである宍戸氏については、この氏族の茨城郡(小鶴荘)入部時の背景を再検討する中で、八田(小田)氏・宍戸氏として鎌倉幕府体制下の常陸国支配を主導的に体現したこの氏族の在地基盤に新たな所見を与えてみたい。[3]

文治五年(一一八九)の源頼朝による奥州藤原氏征討時の論功行賞で、陸奥国小田保が八田知家(常陸国守護、東海道大将軍)に与えられたとする所説は、[4]「常陸小田氏の成立」なる所論の前提となるものであり、馬場氏・真壁氏の同様の陸奥進出の背景とも連関し、さらには宍戸氏の名字の地「宍戸」(茨城郡内にこの地名は確認されず常陸国内でも未確認である)所在地域の比定に伴って論証対象化され得るのである。

彼ら武士団を、結果としての鎌倉御家人と総括的に捉え、常陸国中世史の推移の中に位置付ける理解はそれ自体不自然ではない。しかし、『吾妻鏡』所伝の建久四年(一一九三)政変への疑問をも含め、鎌倉幕府成立期の常陸武士団の在地基盤はやはり再考される余地があると考えられる。そしてこの再考の結果として、伝統的常陸武士団と言い得る平氏流氏族の国外への進出と、新たに守護の地位を通して国内に領主的基盤を形成した八田氏系氏族の競合関係が浮き彫りにされるのではないかと考える。[5]

一　常陸平氏流武士団の分立

鎌倉幕府成立前、十二世紀半ば頃までに常陸平氏流氏族の国内各所への分立は決定的であった。『常陸大掾伝記』『常陸大掾系図』などこの氏族に関する後年の所伝を軸に、国内伝存の諸家文書によって分立の実態に迫るという手法はみごとにこの氏族の展開を捉えるに至った。国内吉田郡（那珂郡から分出）を北限として茨城郡・行方郡・鹿島郡・信太郡・筑波郡・真壁郡・新治郡そして豊田郡（下総国）に入部し、郡司職の体現以上に郡内での私領形成（所領開発）に専念し郡・郷・荘・保を名字の地（在地基盤）としたこの氏族の分立状況は、武士団形成の典型として注目されている。[6] しかし鎌倉中期以降、吉田氏系馬場氏が府中地頭として、且つ在庁官（大掾職）として氏族本宗的立場を保持したという点を強調して「常陸大掾氏」という武士団把握が通行しているが、この氏族の分立形態は決して一様な本庶関係があって分立していたわけではない。[7]

ここでこの氏族のいちいちの在地基盤に言及することはしないが、特に馬場・真壁両氏にみられる国外陸奥国への関わりを点検することによって、常陸に限定されないこの氏族の在地基盤を検出してみたい。

『吾妻鏡』建暦元年（一二一一）四月二日条を唯一の証左とする馬場資幹の陸奥国長岡郡内地頭職在任については既に別稿でも考えた。[8] この長岡郡が文治五年（一一八九）段階で畠山重忠に与えられた恩賞地であること、そして元久二年（一二〇五）六月の北条時政による畠山重忠討伐直後にその遺跡が資幹に与えられたとの経緯は、歴然とした馬場氏の国外進出の事例である。ここで問われるのはこの馬場氏の国内での在地基盤であり、その様相の端緒は建久四年（一一九三）の国内政変である。この政変は、『吾妻鏡』所伝としてのみ確認され、既にその事実については論及し尽くされてもいる。そして、その所伝の如き資幹による常陸平氏本宗権の取得、多気義幹所領の網羅的相承等の経緯が認定しがたく、むしろ常陸国守護八田知家の多気氏所領域への参入こそ認めるべきことであるとする説が出されている。[9] この八田知家の国内での基盤確保については後に述べるが、建久四年の時点での資幹の所伝は再考されて然るべきであろう。

この時期、『吾妻鏡』所伝の馬場資幹は、建久元年十一月七日を初見とし、その姿は源頼朝入洛随兵の一員である。

先陣第九番に「馬場次郎」とみえ、他に「石河六郎」（十二番、常陸平氏吉田氏流石河氏ヵ）・「豊田兵衛尉」「鹿島三郎」「小栗次郎」（以上三十三番）・「多気太郎」（五十一番）が従い、後陣にも「鹿島六郎」「真壁六郎」（以上十番）・「鹿島三郎」（二十八番、但し先陣二十三番にも記載あり）・「片穂平五」（三十二番）等の常陸平氏流の人々が随従している。後陣一番にみえる「八田右衛門尉（知家）」が「二位家（頼朝）」の直後に随従することに比して、常陸平氏流の人々の配列は先陣後陣の区別こそあれ、特に目立った部署ではない。しかし、頼朝の家人化した常陸平氏の群像は認めてもよく、資幹もその一人である。

次いで資幹の所伝は、建久二年二月四日条（頼朝の二所詣に先陣として従う）を経て建久四年六月二十二日条（多気義幹所領の資幹への給付）に至る。この間の『吾妻鏡』所伝の不自然さは前述の如く理解され、資幹の立場を特に強大化して評価する背景は認められない。吉田氏流石河氏族の資幹の頼朝政権への出仕は、この如く特異ではなく、実はその在地基盤については不明といってよく「馬場」なる名字の地の実態もわからない[10]。建久六年三月十日条（頼朝の東大寺供養）にみえる先陣供奉を最後に資幹のかかる頼朝への出仕は『吾妻鏡』には登場せず、建暦元年四月二日条を以て資幹の記事の最後となる。

この条こそ、陸奥国長岡郡内の地頭職を畠山重忠に代って入手した「平資幹」の存在を示すものであり、源頼朝死去後、幕政の中枢に進出した北条氏による政策の所為であったという[11]。しかし、この資幹については、『吾妻鏡』建保二年（一二一四）九月十九日条の「大掾資盛」なる人物も「盛」は「幹」の誤記であり、馬場資幹の「常陸大掾」在任を認めうるものといえる。十九日条とは「十九日、庚辰、常陸国府中の地頭の間の事、自今以後、大掾資盛沙汰を致すべしてへり、これ公家より在庁の解を下さるるによつてなり」というものである。文意は、「常陸国府の在庁官人らの解文によって、府中地頭に関する沙汰は現任の常陸大掾である資幹が行うこととなった」となろう。文脈をそのまま解釈すれば資幹以外に府中地頭が存在することになるが、地頭職の補任は頼朝以来征夷大将軍の権益であり、国の大掾官のそれではない。従ってこの場合、府中地頭は資幹自身であり、この事実は資幹を通じて実現した鎌倉幕府の常陸府中支配の初めての成果といえよう。

この馬場資幹を始祖とする常陸大掾氏族の「大掾」任官についての検証は別稿でも述べ、[12]またここでの主眼でもないので省略するが、資幹の在地基盤に関しては右の二例、即ち陸奥国長岡郡と常陸国茨城南郡（府郡）に求めることができる。常陸国吉田郡を本貫とする馬場氏であるが、平安末期に吉田氏族としての分立過程を示す証左が得られず、従って吉田郡内での所領は把握できない[13]。

ただ、徳治二年（一三〇七）五月付の平経幹申状案[14]によれば、資幹の玄孫平経幹は茨城郡佐谷郷（かすみがうら市村上、中・下佐谷）を「高祖父常陸大丞〔掾〕資幹墓所」所在の地と主張してその領有をめぐって舎弟時幹と相論している。この相論の結果は不明だが、経幹の論拠の中に佐谷郷における給主職と地頭職の常陸大掾による兼帯相伝の実状が語られ、特に大掾職と不可分の関係にある給主職保持が経幹には必須であった。北条氏被官工藤次郎左衛門入道理覚女子を母とする舎弟時幹の佐谷郷一円領有の事実を前提とした相論で、この相論の成り行き自体、やはり北条氏勢力の常陸府郡への伸展とみて興味深い。

しかし、この相論を通じて資幹流常陸平氏の府中近辺での在地基盤の一を「佐谷郷」と限定できるのであり、資幹の墓所が所在したとの主張を中心にみるならば、「国府佐谷氏」[15]とも称していくこの氏族の府中への接近の時期と所領とを位置付けられる。

『源平闘諍録』[16]（巻五十五）にみえる「常陸国住人佐谷次郎義幹」が「多気太郎義幹」と同一人物であるという所説[17]は、義幹の所領の一所「佐谷郷」の資幹への移管を示し、その時期こそ建久四年（一一九三）の政変と思われる。しかし『吾妻鏡』の伝える「常陸国筑波郡・(茨城)南郡・(茨城)北郡」内全ての所領の資幹への移管は確かに針小棒大な言辞であり、国内での常陸守護八田知家の圧力をも考慮すれば、むしろ北条氏に接近して保身を図った資幹の所為が僅かに佐谷郷の入手にとどまったとみられる。この年、多気義幹・下妻広幹という常陸平氏本宗系の勢力が没落したとの所伝は、下妻広幹が「北条殿において宿意を挿む事あり、常に咲中に刀を鋭ぎ、ただ心端簀をもつてす、しかるに近日自然に露顕するが故なり」(『吾妻鏡』建久四年十二月十三日条)との理由で梟首されたことに象徴的にあらわれている。即ち、北条氏による常陸平氏族への弾圧であり、同時に頼朝自身の対常陸平氏策の一環でもあった。さらに言えば、鎌倉幕府の常陸国府掌握を結果せしめるための階梯としてこの政策を位置付けることができる。

伝統的に常陸国府と密接な関係をもち、府郡とも称された茨城南郡内に根強い領主的基盤を有した常陸平氏本宗系の多気・下妻両氏の没落後、八田知家のこの郡への進出については後述する。しかし、やがてこの郡の中枢部分には馬場氏が大掾氏として常陸大掾職を現実に所帯して存続するのであり、且つ国府近傍の地「佐谷郷」に拠点を置くことになった。

少なくとも建久四年以前は、南郡佐谷郷とは無縁であった(吉田郡内で地頭職に補任されたと考えられる)馬場資幹が、この年に佐谷郷地頭職を得、やがて元久二年(一二〇五)の畠山重忠討伐後、陸奥国長岡郡内にも地頭職を得、そして建保二年(一二一四)九月に至り遂に府中地頭の立場をも獲得するのである。

こうしてみると馬場氏の在地基盤の形成は、建久四年以来、南郡佐谷郷にのみ限定されたわけではなく、北条氏への接近の成果として陸奥国長岡郡への実質的進出を経由して、その後に在庁勢力を背景に常陸大掾職任官を果しつつ本格的な支配を実現したこととなる。

一方、馬場氏よりは本宗系に近い真壁氏の場合、十二世紀後半には真壁郡に入部し、多気義幹の舎弟長幹を始祖とする領主的基盤が形成されたという。御家人真壁氏の姿は、文治五年(一一八九)～正嘉二年(一二五八)の間、『吾妻鏡』に散見(計七か所)する。しかし、この記事から真壁氏の領主像は確認し得ず、むしろ家伝文書として著名な『真壁文書』[18]によって友幹→時幹→盛幹へと相伝された真壁郡内郷地頭職の真壁氏所帯の事実が明証される。そしてこのことは、容易に始祖長幹による嫡子友幹への所領譲与の事実とも考えられ、総じて真壁氏の成立とその在地基盤の形成・保持は後年まで比較的検証可能の状況にある。

本章では、常陸国真壁郡内を根本所領とする真壁氏の郡外における所領経営の実態に言及してみたい。ここで郡外とは常陸国内ではなく常陸国外のことで、真壁氏の場合、真壁郡外の常陸国内域に氏族の分立を実現し、在地基盤の拡大を図ったことは検出されてはいない[19]。国外とは即ち陸奥・美濃二国であり、陸奥は蜷河荘であり美濃は小木曽荘である。この両荘域内地頭職を得ての領主支配の実現が知られている[20]。

陸奥国会津郡蜷河荘、この荘園は十一世紀末の立荘と考えられ鎌倉期の領家は近衛家、即ち三条院皇女儇子内親王(冷泉宮)→藤原師実妻麗子(京極北政所)→藤原忠実→同忠通→同基実(近衛家始祖)→同基通→同家実の如く伝領された近衛家領の請所(地頭請所など)の一所であった[21]。従って近衛家は当荘より一定の得分のみを入手する形態で直接の荘域支配はなかった。この蜷河荘域には矢目村・勝方村・政所・牛沢(以上福島県会津坂下町域)・野沢村(福島県西会津町域)などが南北朝期の村として確認されるが、このうち勝方村地頭として「摩賀辺小太郎政幹」即ち真壁政幹がいる[22]。政幹の地頭としての勝方村支配は観応二年(一三五一)以前、足利尊氏による補任であることは容易に推量され、政幹の親父高幹が尊氏より康永三年(一三四四)に北朝党としての軍忠を賞されたことと同時期と考えられる[23]。つまり、南北朝内乱を高幹・政幹父子は北朝側に立ってきり抜け、本領真壁郡の安堵に加えて陸奥国会津郡内蜷河荘勝方村を与えられたのである。政幹は薄彦五郎国幹(森五郎とも称す)を代官として勝方村に駐留させているが、この時期、真壁氏族の現地支配は確かに進行したのである。[24]

　しかし、会津真壁氏とも呼び得るこの氏族の蜷河荘入部は、南北朝内乱期に確認される事実であり、本章の主眼は少なくとも馬場資幹の場合と同様に、あるいはそれより以前の常陸平氏の国外進出を以て国内に限定されない在地基盤の確保・形成を知ることである。真壁氏における陸奥との所領的関わりは、鎌倉期に果して検出され得るのであろうか。

　残念ながら右の推定は現状では確証が得られない。しかし、かかる真壁氏の陸奥進出を問題とすること自体全く根拠がないわけでもない。左記に示す史料は宮城県宮城郡松島町五大堂鰐口の銘文である。[25]

　右志者真壁助安　右〔為カ〕息災延命
　敬白　松島五大堂宝前
　　乾元二年癸卯閏四月十日
　同勧進又五郎入道為武運長久

又五郎入道とともに自己の息災延命を五大堂前に祈願したこの「真壁助安」を以て、即座に真壁氏族と断定することはできないし、会津真壁氏の場合のような地頭職を所帯してのこの氏族の陸奥進出と看做すにはこの史料の背景があまりにも不明すぎる。「助安」なる実名も「幹」を通字とする常陸平氏真壁氏族とは異なり、乾元二年(一三〇三)前後、常陸真壁氏族のこの地での足跡は検出されていない。「武運長久」を祈願した「又五郎入道」が武家であることが想定されるように、「真壁助安」も武家とみたいが、それ以上の追求は困難である。

　それにしても、この銘文は気になる史料である。それは建長年間(一二四九〜五六)の禅僧性西(才)法身による松島円福禅寺(伊達政宗によって瑞巌円福禅寺とされる)中興開山という事実との対照である。法身による中興開山とは、慈覚大師創建以来の松島円福寺が、北条時頼の強固な外護を受けて天台寺院から禅院に改変されたことと軌を一にするものである。それは、この新生円福禅寺が「関東御祈禱所」として鎌倉将軍家直轄寺院の一になるという鎌倉幕府の宗教統制策の一環として行われたものであった[26]。そして、これ以前入宋し径山の無準師範に師事した履歴をもつ法身が、北条時頼に請われて松島に止住する経緯は、この松島を含む宮城県竹城保地頭相馬氏による松島寺（円福寺）経営権（外護権）の北条氏への寄進によるともいわれている[28]。竹城保地頭がもし真壁氏ならば、五大堂鰐口銘中の「真壁助安」の理解も納得が速いが、平氏流という点では同族となるが氏族的にはかなり隔たった相馬氏（下総より陸奥行方郡へ入部）である点は如何ともし難い。

真壁平四郎とも称し[29]、照明寺（桜川市真壁町桜井所在の伝正寺の前身）開山とも称される禅僧法身、そしてこの法身が松島円福寺開山であることの明白さを前提にするとき、前述の五大堂鰐口銘中の真壁助安の存在が気になるのである。文治五年（一一八九）八月、陸奥国多賀国府において頼朝に参会した常陸武士は海道大将軍八田知家に率いられた諸士であるが、その中に真壁六郎（長幹）がおり[30]藤原氏征討の軍忠は確かに遂げていたのである。多くの従軍の輩が後に陸奥国内で論功行賞を受けているが[31]、あるいは真壁氏とて例外ではないのではなかろうか。現状では、南北朝期に先行する真壁氏の陸奥進出を証明することは困難ではあるが、その可能性は全くないわけではないことを右の例を通して示唆しておきたい。

さらにこの真壁氏の美濃国小木曽荘[32]・丹後国五箇保[33]での地頭職保持の例を知り得るが、備中真壁氏[34]のことも加えると常陸真壁氏の武士団としての在地基盤はとても本章で論じ尽くせるものではなく、また、かなりの検証を要するため言及は省略しておく。

馬場氏・真壁氏を通してみられる常陸平氏流武士団の在地基盤は、鎌倉幕府成立期にその国内的分立は一応の固定化が確認されるものの、それは平安期以来の氏族的（自律的）展開の成果であり、幕府権力の所為ではない。頼朝の奥州征討は多くの東国武士団に在地基盤の変動を与え、本領と新領の経営を付加させるものであった。鎌倉的武士団の再編成とも呼び得るこの傾向の中で、しかも北条氏という幕府の中枢を左右した権力的武家の台頭と不可分に馬場氏は常陸府中に武家として入部し、真壁氏はむしろ真壁郡内に強固に地頭職を保持した。この二氏族の対在地性は、後年まで国内に集中し、それは他のこの流の武士団と共通しているが、鎌倉〜南北朝期を通してみるとき、その在地基盤は幕府権力との関係で流動的とさえ言い得る。

常陸武士団の陸奥進出を潜在的に意識している本章ではあるが、馬場氏・真壁氏に適確にその例証をみたとは言い難い。同様の事例（動機・時期など）で語れないのがその背景であるが、総じて大掾氏（馬場氏）の国内在地基盤の不明確さと真壁氏の蜷河・小木曽両荘の同時地頭職所帯の事実は、何とかその原点に遡って解明したい課題である。

二　常陸小田氏の成立

ここでは八田知家に始まり常陸守護家として知られる小田氏およびその庶流宍戸氏の武士団としての性格を再考してみたい。

保元の乱（一一五六年）における源義朝配下の東国武士団の中に「八田四郎」の名がみえる。[35] この乱における八田四郎の戦功は不明だが、下野国住人として参戦したこの人物こそ八田知家である。「武者所」「右馬允」なる知家の履歴所伝[36]からは鳥羽院政および後白河政権下の在京武士であったと思われる。加えて、源義朝の任下野守[37]は知家がその指揮下に入る機会ともなったであろう。藤原道兼流に属し、祖父宗円は下野国河内郡の古社宇都宮（『延喜式』所載名神大社（二荒山神社）での奉斎権（座主）を得、父宗綱も「宇都宮座主」の地位を継承している。そして同時に彼らの私領形成（在地武士化）は顕著にみられ、宗綱が「八田権守」と称されたように八田なる名字の地をその在地基盤とした。この八田を筑西市八田に比定する説が根強いが、治承四年（一一八〇）十一月八日、佐竹氏討伐後の常陸出兵中の源頼朝が鎌倉への帰途、小栗重成経営下の「八田館」に立ち寄ったという所伝[38]を考えるとき、この説はどうしても受容し難いのである[39]。

建久三年（一一九二）八月二十二日付で八田知家は一通の将軍家政所下文[40]を受領した。

　将軍家政所下　下野国本木郡住人

　　補任　地頭職事

　　　前右衛門尉藤原友家

　右　治承四年十一月廿七日御下文□（云カ）、以件人、補任彼職、今依□（仰カ）成賜政所下文之状如件、以下、

　　建久三年八月廿二日

　　　　（以下署判略）

友家（知家）の下野国本木郡内での地頭職補任は、治承四年段階での頼朝による本領安堵に基づいて行われたものであり、その頼朝下文はこの政所下文でも「以件人、補任彼職」とある如く知家の下野八田氏族としての拠点（私領、即ち本領）を明示している。ところで、この本木郷とは平安末期に芳賀郡より分出した中世的郷名であり、茂木郡とも称されて後年、知家の子孫が茂木氏として在住していったところである。『茂木家証文写』[41]によれば、本木郡は「東真壁郡」とも呼ばれ、「茂木保」ともいわれている。そして「真壁郡」とは宇都宮神領を指す便宜上の用語といわれ、実際には河内・芳賀・塩谷三郡の総称的意味をもっていた[42]。右の証文には「東真壁郡内五箇村」「茂木保五ヶ郷」な

どとして鮎田・神江・小井戸・藤和・坂井の五か所が記され、村や郷と表記しているが、これは全く同一とみてよい。現在の芳賀郡茂木町の北半東寄りの茨城県境（常陸国境）に接する一帯であるが、知家の祖父宗円の管理下に置かれた神領「真壁郡」の一隅に知家自身の私領が相承形成されたといえる。従って常陸国八田（小貝川の流路変動を想定すると現在の筑西市八田地区が下野国に属する可能性は高いが、そうであっても本木郡には属さない）での知家在住説は否定されるべきである。とはいえ、この「真壁郡」相当地内にも名字の地「八田」なる場は見い出せず、あるいは名乗りの前提が「名字の地」ではないのかもしれない[43]。もしそうであっても知家の在地基盤を求める目的は別途に重要であり、下野藤原氏族にして本木（茂木）郡住人であることは、常陸小田氏の始祖としての八田知家の評価に重要な位置付けとなるのである。

次に前項でも述べた建久四年の国内政変を、その仕掛人ともいわれる八田知家の側から眺めてみることにする。この年の五月一日、将軍頼朝は常陸鹿島社の二〇年ごとの造替遷宮造営遅延を歎き、改めて守護八田知家に対して造営奉行として七月十日以前の完成を命じた[44]。国内では伊佐為宗・小栗重成が造営奉行としてこの任に当っていたが、肝心の多気義幹を始めとする鹿島社領の知行人らの任役勤仕（遷宮造営費用の調達）が懈怠していた。このことは、将軍―守護―造営奉行―社領知行人（地頭）という指揮系統で遷宮造営が進行するこの時期の鹿島社外護の一端を知り得るが[45]、同時に将軍（幕府）の援護によって国内の伝統的氏族の上に立とうとする守護八田知家の新参入者としての姿ともとれる。

一方、五月八日からは将軍頼朝による富士野塩沢での大規模な狩が始まった。多くの武士が供奉し、その中には知家四男宍戸四郎家政もいた。長期にわたる夏狩は、武士たちの野戦訓練である以上に武門の覇者頼朝および子息頼家の絶対的存在を示威する好機であった。しかるに五月末に及び狩場近くの旅宿において曽我祐成・時致兄弟による工藤祐経への仇討ちが起こり、祐成も討たれ、果ては頼朝暗殺を画したと曲解された時致も即座に成敗された。六月五日、常陸にあってこの騒動の報を得た守護八田知家は早速の富士野急行を企て、国内軍士を集める中、筑波北条多気に居住する多気義幹にも同道を求めたが義幹は拒否、そして一族とともに多気山に籠った。知家は義幹を謀叛人として幕府に訴え、やがて両者は鎌倉で対決し、結局、義幹は筑波郡・茨城南郡・同北郡内の所領を没収された。その身柄は岡部泰綱に預けられ、その所領は同族の馬場資幹に与えられた（この経緯の矛盾は前述）という。そして以後十一月に入って義幹歎状が出されたが容れられなかったとも伝える。そしてまた十二月には下妻広幹が没落する。この下妻氏の本領下妻荘（村田下荘）には下野の小山朝政が入部する。[46] 義幹の本領筑波郡・茨城北郡は八田知家に与えられたとみるのが妥当である。

これらの背景を総括すると、八田・小山という下野武士の国内への確実な入部が判明し、加えて志田義広の乱（一一八三年）に際して茨城南郡に入部した下総の下河辺氏の存在も含めた各武士団の国内での在地基盤の変動を知り得る。このうち八田知家の国内での所領形成を筑波郡三村郷小田を拠点としたそれと結び付けていくのが通説であるが、[47] この点についていささか慎重に考えてみたい。建久の政変が、八田知家の三村郷小田への入部に直結するかどうかの問題である。寿永二年（一一八三）の志田義広の乱で、知家は信太郡西条（信太荘）を入手したともいわれる。[48] さらに筑波郡・茨城北郡をも入手したとの理解を受容すれば、霞ヶ浦西方一帯を新たな所領としたことになるが、大局ではそうであっても現実には知家のこれらの地域の所領化はかなり困難なものではなかったかと思われる。信太荘の掌握が確実であれば、この荘域は知家にとって常陸で最初に取得した所領であり、地頭職を帯して荘域の支配に臨んだ筈である。さらに下妻広幹所領のうち小鶴荘も知家に給与されたとみられ、事実この荘域内では知家の子孫が根強く領主として発展し、宍戸氏領を形成する。信太荘域内に特に子孫の定着を意図しなかった知家にとって、むしろ南郡（府郡）の北部に近接する小鶴荘の権益的利点を見失うことはなかった。建久四年の政変で北郡・筑波郡を獲得するまでの一〇年間にこの荘域は知家の常陸での重要所領として支配が強化され、守護となるに及んでは荘内の居館（未確認）が「守護所」となった可能性は高い。もちろん在鎌倉の「南御門宅」の経営もあったが、こう考えることにより建久元年十月、頼朝上洛の日に遅れて常陸より参上した知家の在国状況も自ずと明らかになる。

では建久四年に、知家はどこに居て多気義幹に富士野への同道を求めたのか、それは小鶴荘内の「守護所」と考えられる。政変の結果として筑波郡・北郡を所領とするが、即刻この両郡内に守護所を移す必要はなく、しばらく小鶴荘を本拠として義幹旧領内の変後の動静を探ったのであろう。知家の九男という知氏が田中氏の祖として諸系図[49]にみえ、且つ御家人として幕府に出仕している[50]ことから、知家はこの知氏を田中荘に入部させたようである。筑波郡の一部が立荘された（八条院領）この荘の政変前の下司は多気義幹であり、知氏の地頭としての入部は知家の試みた部内静謐の一策であった。また知家は筑波山へも明玄なる子息の一人を中禅寺別当として入山させている。若い子息たちを以て新たに入手した筑波山周辺へ配属した感が深い。十男時家（高野氏）をも筑波郡内の一所に入部せしめたとの所伝についても後に改めて触れることとする。

現在、土浦市の等覚寺に建永年間（一二〇六〜〇七）に鋳造された銅鐘[51]が残る。願主は「筑後入道尊念」である。この尊念こそ八田知家の法名であるが、寄進先は「極楽寺」で、これは後に三村山麓[52]において小田氏の外護を得た「極楽寺」と同名である。所伝では藤沢（土浦市新治）の地に知家によって建立された寺とするが不明の点も多い。この銅鐘の銘文のうちわずかに知られる事実だけからでは知家の筑波郡入部は確実ではない。嫡子知重が強く大掾職就任を望んだ[53]ように、この時期の八田氏は常陸国府掌握にこそ目標があった。そのためにはやはり小鶴荘の守護所は重要な拠点であり、在地基盤の確保は大きな課題であったのである。幕府首脳として将軍に近侍することの多い知家・知重父子は鎌倉の宅にあって奉公に余念がない。守護家八田氏の在国所領の経営は四男家政による管理がかなり強化されたのではあるまいか。家政の子孫が宍戸氏として八田氏族の中では際立った勢力をもつのはここに起因しているのかもしれない。この家政系八田氏（宍戸氏）の小鶴荘支配の独占化は、知重系八田氏（後の小田氏）の筑波郡入部を促したとも考えられる。

建仁三年（一二〇三）六月二十三日、八田知家は下野国において幕命に従って阿野全成（頼朝の異母弟）を殺した(54)。北条時政・阿野全成らによる将軍頼家討伐計画の発覚であるという。この頃、全成誅伐の功によってか知家は「筑後守」に任官した。従五位下に相当する令制の原則からみると、この任官は位階昇進による叙任であり、知家の喜悦は一入であったようである。この任官を祝したかの如く、建仁四年正月には嫡子朝（知）重は「筑後太郎」と称し始め、以後この例は「筑後六郎（知尚）」「筑後左衛門尉（知重）」「筑後四郎兵衛（家政）」「筑後図書助（時家）」のように知家の子息たちの間に広まり、建長年間にまで及んでいる。知家自身も「筑後守知家入道」「筑後入道」と呼ばれている。以上、八田氏の筑後氏への名乗り改変があったとみてよい。

承久の乱（一二二一年）では知家は宿老として鎌倉に停まり(55)、筑後知尚を京方武士として行動させはしたものの八田氏族は恐らく知家の弁護で事なきを得たようである。

承久の乱後、筑後入道（八田知家）は『吾妻鏡』には全くみえなくなる。乱後遠からず死去したのであろうが、時期は不明である(56)。加えて子息知重の記事もない。安貞元年（一二二七）十二月二十六日付鎌倉将軍家御教書案に言う如く、常陸大掾職競望停止の幕府裁定による知重への処断のためであろうか。守護職は嫡子泰知へ相伝されたのか、この点も全く不明だが、宝治合戦（一二四七年）での筑後泰知（泰知の妻は三浦泰村の娘）の失脚は確実で、常陸守護は宍戸家周（国家）に与えられた(57)。守護宍戸家周に対し、根気強く復権を試みたのが泰知の嫡男時知であった。建長四年（一二五二)十一月十一日条を初見として『吾妻鏡』に多出する「小田左衛門尉時知」こそ、小田氏の祖である。[58] 既に八田知家の栄光も消え去り、知重・泰知による氏族的後退を北条氏専制の中でいかにして回復するかが問われた人物である。この時知が小田を名乗る点が重要である。「筑後」の名乗りを捨てていることが知重・泰知の代への深い反省であることは理解できるが、ここではそれ以上に筑波郡三村郷内に名字の地を有した時知の領主的基盤を評価すべきである。

建久の政変で八田知家が入手した茨城北郡・筑波郡はその後もこの氏族の本拠とはならなかった。庶子族による部分的入部はあったが依然として「守護所」は小鶴荘に置かれた。しかるに知重・泰知の失権は守護職の宍戸氏への移譲を招き、同時に守護所の経営は周辺の守護領とともに宍戸氏に委ねられたと思われる。泰知嫡子時知の筑波郡への入部はこのとき本格化し、三村郷内小田の地が新たに時知の名字の地になったと思われる。建長四年に『吾妻鏡』に初出する時知こそ、この小田を拠点とし将軍に供奉するまで氏族の地位を再興した御家人小田氏の姿なのであった。[59]

嘉禎三年(一二三七)に造られた広智上人座像(土浦市東城寺)に永仁六年(一二九八)彩色した人物は「南野荘小田之住人藤原氏」であり、小田氏の女性かと思われる。[60] 三村郷を含む広大な南野荘域内に「小田」なる地名があったことは、時知の名字の地を当所に比定し得る有力な証拠となる。常陸小田氏は始祖知家の栄光とは逆に、北条氏専制の確立に伴う氏族的苦渋の中から知家の曾孫時知によって改めてその在地基盤が再興されたのである。

しかし、ここで改めて奥州征討の恩賞として八田知家が与えられたという陸奥国小田保(宮城県遠田郡内)に触れておく。[61] 史料的根拠を明示できない状況であるが、あり得べき知家の陸奥での所領である。この小田保の知家—知重—泰知—時知への伝領はその実態こそ不明だが、「奥太郎泰知」なる泰知の系譜上の表記(「奥」とは「陸奥」の意ととれる)、そして時知による名字「小田」の使用は「陸奥国」「小田保」を前提にして初めて理解が可能である。

本章では前記の通り、八田知家の常陸国内での所領形成を追求しており、時知の筑波郡三村郷小田(南野荘小田)入部を捉えて常陸小田氏の成立と結論付けたが、この陸奥国小田保の八田氏（筑後氏）系氏族の伝領を考えると立論上整合性がなくなる。泰知―時知が知重失権後、陸奥八田氏（小田保住人）としてその在地基盤を常陸へ移遷しつつ知重系八田氏の常陸での所領保持に専念したとの想定も成立する余地はある。特に時知の小田名字使用はかなり唐突でもある。この点、いかなる説明が妥当か全く今後の作業に委ねざるを得ない。

さらに蛇足ではあるが、八田知家子息家政を以て始祖とする宍戸氏の場合、通説では小鶴荘（この荘を宍戸荘とも称したとの前提に立って）入部に伴う宍戸名字の使用と考えてきた。しかし、この荘域の一部（小鶴北荘）が宍戸荘とも呼ばれるのは鎌倉末期のことであり[62]、宍戸氏の在地基盤が確立した後である。そして、この荘域内には「宍戸」なる地名（郷・村）は確認されず、宍戸氏の成立する名字の地が存在しない。既存の小鶴荘内に地頭として入部すれば小鶴氏として分立することが当時の通例とも思われる（田中荘→田中氏など）が、常陸宍戸氏の場合、その成立と理解するのに矛盾を生ずると指摘しておきたい。

三　小田氏庶流高野氏の分立

雑訴決断所は元弘三年（一三三三）九月十日前後に成立した。そしてその機能は、地頭御家人即ち諸国武士階級の間に生じる訴訟事項を処理することを任務とした[63]。従って、その構成員数の中に武家関係者が入っていること自体当然である。雑訴決断所発給の牒・下文[64]は確かに内容的に在地相論が圧倒的に多い。この文書群の発給責任者の中に「前筑後守藤原朝臣」「前常陸介藤原朝臣」の二人が重複することなく確認できる。前者は小田貞知、後者は小田時知と理解されているが、正しくは高野貞知、高野時知である。いずれも小田氏族高野氏である。因みに高野氏は八田知家十男時家を祖とし、常陸国田中荘ないし下妻荘域の「高野」（つくば市大穂、豊里地区）を名字の地とする小田氏族とも陸奥国高野郡に住した小田氏族とも考えられる（後述）。四番制決断所では二番に時知が、四番に貞知が属し、八番制下では時知は二番（東海道所管）、貞知は八番（西海道所管）に属して計四三人の武家成員中の位置が明らかである。[65] 貞知も時知も六波羅探題に引付頭人として奉仕した御家人であったが、[66] 足利高氏の六波羅攻略以前に反幕的に転身していた。決断所への奉仕は離反行動への恩賞であり、事実、近江国で自害したという六波羅方の中に高野氏兄弟の名はない。[67] 本宗小田高知の上洛、[68] そして高野氏の決断所への出仕（時知の記録所寄人としての出仕も認められる）を考えるとき、小田氏族の時局への積極的対応は明らかである。

ここで改めて高野氏の本領に言及したい。前述のように在地基盤は未だ定説を得ていないからである。知家十男という時家の幕府への奉公ぶりは『吾妻鏡』嘉禎二年（一二三六）八月四日条を初出として、以後、子息景家とともに多出する。この間、時家は弘長元年（一二六一）三月には引付衆となって五番に属し、また文永三年（一二六六）三月には評定衆となって一番に属するなど幕政の中枢に参加している。[69]『尊卑分脈』等の諸系図によると、

時家―景家―知貞―知宗（六波羅頭人）┬時知（六波羅頭人）
　　　　　　　　　　　　　　　　　　└貞知（六波羅頭人）

の如く系譜は続くようであるが、この比較的安泰に幕末に至る高野氏の本領（在地基盤）を改めて考察してみたい。諸系図のうち、この氏族を高野氏としてその名字の地の所在を推測させるのは『尊卑分脈』（「号小田高野」）・『小田一族大系図』（高野氏より北条氏を分出させる）・『小田一流系譜』（「高野伊賀守」）などであり、他は小田氏・北条氏（筑波北条の意）として把握されている。[70]

高野氏の本領に特に言及するのは、前記二者を小田時知・同貞知と理解して幕末期の小田氏族の統一行動の一端と

みることに疑問を禁じ得ないためであり、本宗高知(治久)や宍戸氏などとはその領主的基盤をかなり異にする氏族ではないかと考えられるからである。『新編常陸国誌』では「筑波郡高野村ヨリ起ル、知家八子時家、十郎ト号ス、高野氏アリ、仍小田ト称ス、(中略)、(時知)二子アリ、時綱・知貞ト曰フ、〔分脈〕、時綱駿河守ニ任シ、常陸守護代トナリ、伊佐郡平塚及陸奥地ヲ食ム、正平廿三(二)年家人陸奥ニアル者、吉良治家ニ応シ、結城顕朝ノ高野郡地ヲ略ス(後略)」とあり、名字の地を筑波郡高野(こうや)村とする。

しかし、時知の子時綱が常陸守護代(宮本茶村編『小田氏譜』では常陸守護とある)になったとの記事は北条(左介)時綱のことであり、全くの誤解である。ただ気になるのは、駿河守にもなった時綱が正平年間に家人らをして陸奥国高野郡(結城氏領)を攻略したとの所伝である。この所伝の根拠は『新編常陸国誌』本文中にも示されるように『白川文書』(今日ではその一部である『遠藤白川文書』に含まれる)中の貞治六年(一三六七)四月五日付足利義詮御判御教書である。[71][72]

小田常陸前司時綱家人等、同心吉良兵部大輔治家、打入高野郡之由、尾張式部大夫宗義注進畢、奥州重事之時分、先私確執之条、偏為妨治家退治歟、仍可加同罪誅伐之旨、所仰宗義也、爰治家打入名取郡之由、有其聞之間、両管領加談合、可致合戦之旨、重成御教書了、宗義若打越陸奥方者不拘時綱従類之悪行、令同道、可抽戦功、治家治罰之後、彼輩等誅戮、有何子細哉、殊廻遠慮、可令籌策之状如件、
(石橋)

貞治六年四月五日　(花押)

結城大膳大夫殿

将軍足利義詮が奥州の両管領として吉良満家と斯波直持を補任したために吉良治家は義詮に反抗して鎮圧の対象となっていた。石橋宗(棟)義はこの騒乱鎮圧のため幕府が派遣した人物であり、且つ義詮は高野郡の領主である結城顕朝にも鎮圧への参陣を催促したのである。かかる状況の中で反逆人吉良治家に同心し、その家来たちを高野(たかの)郡に打ち

入らせたのが「小田常陸前司時綱」であり、この時綱こそ時知の子息とみてよい。そしてこのことは南北朝期の陸奥高野郡と時綱の関係を推測させ得る。かつて雑訴決断所や記録所に出仕した時知の子息時綱のこの時の拠点がどこかは不明だが、高野郡近辺であることは想像に難くない。

高野郡はこの後、小峯結城氏によって領掌されていくが、遡って延元二年（一三三七）六月二十八日付陸奥国宣案（『伊勢結城文書』）には留意したい。[73]

御判

陸奥国高野南郡内和泉守時知跡事、為勲功賞、所被充行也、早守先例、可被知行者、依国宣執達如件、

延元二年六月廿八日　　鎮守軍監有実奉

上野入道殿（結城宗広）

結城宗広は高野郡内の「和泉守時知跡」を充てがわれた。白河結城氏族による高野郡領有の一端を知る好史料であるが、ここには先行して「和泉守時知」による領有があった。この時知こそ「小田時知」であり、前述の「小田常陸前司時綱」の父である。『尊卑分脈』の伝える和泉守時知とも符合する（時知には常陸介・和泉守への任官歴がある。時綱を常陸前司とするのは父時知の任官歴が影響しているのであろう）。

従って時知の高野郡内での所領保持は明白であり、この氏族の鎌倉時代の本領をここに求める蓋然性は高い。これで彼らを八田氏流小田氏族高野（たかの）氏と称す背景に一応の整理がつけられた。[74] ただ始祖時家に遡及してこの氏族がいかなる動機で郡内に所領を得たかは未だ不明である。また時知の高野郡内での所領喪失の背景もわからない。あるいは高野氏は足利尊氏の挙兵に呼応し、南朝によってその本領を没収されたともみられる。子息時綱が高野郡に打ち入ったのも奥州管領家の内訌に乗じて旧領奪回を企図したとも考えられる。

おわりに

常陸平氏流馬場氏・真壁氏については周知の問題点を復唱したにすぎないが、やはり未解決の部分は多く、武士団としての在地基盤の形成過程は今後の分析に俟つところが残った。八田氏流の宍戸氏・小田氏についてはその名字の地の定立も含めて常陸国内での在地基盤の在り方にかなりの検証を要するとの事由が提示できたと考える。陸奥国高野郡に分立した八田氏流高野氏の独自の武士団維持も、どうにか鎌倉期の実態として位置付けられそうである。

以上は武士団研究の全くの基礎事項に関する所見であるが、常陸中世武士団の実像に迫るため、特にその領主経営以前の系譜的整理といってもよい程の作業である。

中世武士団の在地基盤は、確かに流動的でもある。一所の保持に懸命ではあるが、新恩所領の経営と氏族の分立の中で、後年、彼らの系譜的認識自体にも誤認が生ずることは充分にある。常陸の中世史の理解には、佐竹氏など他の氏族も含めてこの点を明確にしなくてはなるまい[75]。今日得られるかなりの研究成果を基礎にしてこの種の検証が改めて盛行することを望みたい。

註

（1）この二氏については、これまでに筆者が若干の考察を加えたことがある。しかし、他の同流の武士団、例えば鹿島氏・行方氏・吉田氏・小栗氏およびその庶流などについての検討も、今後同様の視点に立って行われるべき余地があると思念している。

（2）八田氏流とはあくまで通行する諸系譜流布本の枠内で認識しているもので、『茂木文書』を伝存させる茂木氏（下野国茂木保を伝領）を除くと著名な宍戸氏ですらその系譜と伝領の実態は未解明の点が多く、他の庶流（伊志良・田中・高野・筑波など）に至っては研究史的には未着手の状況である。
（3）宍戸氏の茨城郡（小鶴荘）入部および展開については、『友部町史』（友部町、一九九〇年）で基本的考察を加えている。筆者の所属した中世部会の作業として、宍戸氏関係史料の網羅的蒐集と茨城町・友部町・岩間町・八郷町（いずれも当時。宍戸氏領域に比定される）内の城館跡の調査が行われた。
（4）『茨城県史　中世編』（茨城県、一九八六年）第二章第一節九二頁、『中世奥羽の世界』（UP選書、東京大学出版会、一九七八年）附録「鎌倉期陸奥・出羽両国の郡（庄・保）地頭一覧」などを参照。しかし、その出典を筆者は確認し得ない。
（5）競合といっても、平氏流氏族は確実に国内に在地基盤を保持し続けるため、むしろ八田氏族の国内への参入・定着の過程が実証されることが望まれる。
（6）この分野の嚆矢は高田実「東国における在地領主制の成立」（東京教育大学昭史会編『日本歴史論究』二宮書店、一九六三年）であり、氏は続いて「在地領主制の成立過程と歴史的条件」（『古代郷土史研究法』朝倉書店、一九七〇年）で常陸平氏関係基本史料（伝記・系図など）の位置付けを試みている。続いて石井進『日本の歴史12　中世武士団』（小学館、一九七四年）では〈常陸平氏〉概念の固定化を図りつつ、諸流に関してその実態の現実的把握が深められた。そしてこの間に掲載された網野善彦「常陸国における荘園・公領と諸勢力の消長（上）（下）」（『茨城県史研究』二三・二四、一九七二年）は常陸武士団の一国規模での消長を検証した記念的論考となっている。
（7）例えば『鹿島大使役記』（首部欠損、東京大学史料編纂所蔵『安得虎子　六』所収）ではこの氏族の鹿島社例祭への独占的任役勤仕を伝えているが、領主制的には当然個々に自立した在地基盤保持の現実があり、いわゆる「常陸平氏一撲」とでも呼び得る領主間連合などは検知できない。それどころか南北朝期の府中大掾氏はその家系を包摂した税所氏の真壁郡山田郷（真壁氏領）への侵略を援護している（真壁広幹代良勝言上状『真壁文書』〔『真壁町史料　中世編Ⅰ』真壁町、一九八三年〕所収一七号）。

（8）糸賀「中世陸奥の常陸平氏」（『茨城史林』一一、一九八七年）。本書第二部第二章。

（9）註（4）前掲『茨城県史　中世編』第二章第一節九三頁以下の「建久四年の常陸政変」が本章で言及したこの問題を総括している。

（10）『水戸市史　上巻』（水戸市、一九六三年）第六章第一節では「馬場資幹の本拠」という解説を試みるが、結論は「結局未詳としておく方が穏当だと思われる」としている。『石岡市史　下巻（通史編）』（石岡市、一九八五年）でも右書以上の言及はない。

（11）註（4）前掲『茨城県史　中世編』第二章第二節一〇二〜一〇四頁。

（12）糸賀「常陸平氏の系譜について」（『茨城史林』一〇、一九八二年）。本書第三部第一章。

（13）註（10）の状況は未だ解決されていない。

（14）『金沢文庫古文書』所収（『神奈川県史資料編2　古代中世（2）』四〇七号、神奈川県、一九七三年）。

（15）註（7）前掲『鹿島大使役記』参照。

（16）山下宏明編著『源平闘諍録と研究』（未刊国文資料刊行会、一九六三年）。

（17）野口実『坂東武士団の成立と発展』（弘生書林、一九八二年）。本章もこの書に啓発されるところが多い。

（18）旧お茶の水図書館（石川武美記念図書館）蔵「成簣堂文庫」。註（7）前掲『真壁町史料　中世編Ⅰ』として公刊され利用至便になっている。

(19) 真壁郡内での真壁氏族派生の状況は、『中世の真壁地方―伝来文書を中心に―』(真壁町歴史民俗資料館開館一〇周年記念特別展図録、一九八八年)を参照。

(20) 蜷河荘関係史料は『真壁町史料　中世編Ⅰ』所収『真壁文書』一二～一五号。小木曽荘関係史料は、同書一六号及び貞和二年三月七日付足利直義下知状(尊経閣文庫所蔵文書)を参照。

(21) 『国史大辞典　5』(吉川弘文館、一九八五年)「近衛家(近衛通隆執筆)・近衛家領(橋本義彦執筆)」参照。

(22) 註(20)前掲『真壁文書』参照。

(23) 註(18)『真壁町史料　中世編Ⅰ』九号。

(24) 一九八八年八月、真壁町史編纂専門委員会中世部会の調査として筆者も会津坂下町勝方・政所など荘域への踏査を試みたが、政所地区に会津地方唯一の鹿島社の存在を知り得た。小木曽荘域(長野県南木曽町)でも同様に鹿島社が現存するが、これらはいずれも地頭真壁氏による常陸鹿島社への信仰(勧請)を現地に示すものと考えられる。

(25) 『宮城県史　17　金石志』(宮城県、一九五六年)第三章第一節参照。

(26) 入間田宣夫「中世の松島」(『宮城の研究　第三巻』清文堂出版、一九八三年)参照。

(27) 『沙石集』(『日本古典文学大系』所収)・『元亨釈書』(『新訂増補国史大系』所収)・『本朝高僧伝』(『大日本仏教全書』所収)等参照。

(28) 註(26)前掲書参照。

(29) 『本朝高僧伝』の所説であり、真壁氏の出自か否かは未だ解決してはいない。しかしながら真壁氏と全く無縁とはいえず、「平四郎」とは平氏族であることの証左かと思われる。

(30) 『吾妻鏡』(『新訂増補国史大系』吉川弘文館)文治五年八月十二日条。

(31)『中世奥羽の世界』所収、入間田宣夫「鎌倉幕府と奥羽両国」、『宮城県史1　古代史・中世史』(宮城県、一九七五年)所収「中世史Ⅰ」第一～三章参照。
(32)註(20)前掲史料参照。
(33)註(7)前掲『真壁町史料　中世編Ⅰ』所収『真壁文書』一号。
(34)真壁博氏旧蔵『当家大系図　全』『平姓真壁氏家系』(いずれも『真壁町史料　中世編Ⅳ』所収)中に備中国住人の妻となった真壁氏女が数名おり、真壁郡金敷郷(桜川市金敷)を本貫とする金敷氏(真壁氏族ヵ)も備中金敷氏として真壁慶幹の妹を妻とし、且つ真壁尚幹の弟行幹を嗣子としている。いずれも十五世紀頃の所伝であり、他と同列には考えられないといえるが、金敷氏の備中移遷の時期など興味深い。
(35)『保元物語』巻上(永積安明他校注『日本古典文学大系　保元物語・平治物語』岩波書店、一九六一年)。
(36)『筑波町史史料集　第十篇(中世編Ⅱ)』(筑波町、一九八六年)所収「諸系図」には、八田氏(小田氏)関係系図が収録されている。
(37)『兵範記』(『増補史料大成』臨川書店、一九九二年)仁平三年三月二十八日条で、その就任に言及している。
(38)『吾妻鏡』による。
(39)筑西市八田(旧協和町)は、小栗御厨域に比定され、「八田館」は小栗氏の経営下にあり、下野藤原氏のみの御厨域への進出は疑問とせざるを得ない。
(40)『茂木文書』(秋田県大館市、吉成家蔵)。『栃木県史　史料編中世Ⅱ』(栃木県、一九七五年)、『筑波町史史料集　第八篇(中世編Ⅰ)』所収。
(41)『栃木県史　史料編中世Ⅱ』所収二号。『筑波町史史料集　第八篇(中世編Ⅰ)』所収六号。

(42)『栃木県史　通史編3　中世』(栃木県、一九八四年)第一章第二節五五〜六一頁。第二章第四節二五五〜二六一頁参照。
(43)その場合の根拠については、不明である。
(44)『吾妻鏡』建久四年五月一日条。
(45)七月例祭の任役勤仕が前掲『鹿島大使役記』で知られるのに対して、造営役等の勤仕を通してみられる国内武士団の鹿島社外護についての研究は進んでいない。
(46)以上の所伝は全て『吾妻鏡』建久四年五月〜十二月条。
(47)註(4)前掲『茨城県史　中世編』でもこの説をとる。
(48)石井進「鎌倉時代の常陸国における北条氏所領の研究」(『茨城県史研究』一五、一九六九年)、網野善彦「常陸国における荘園・公領と諸勢力の消長(上)(下)」(『茨城県史研究』二三・二四、一九七二年)。
(49)田中九郎・田中九郎左衛門尉などとみえる。
(50)『吾妻鏡』元久二年正月一日条を初見とする。
(51)国指定重要文化財。
(52)宝篋山ともいい、後には宝鏡山・豊凶山・小田山とも俗称する。標高四七一メートル。
(53)安貞元年十二月二十六日付鎌倉将軍家御教書案(『常陸国総社宮文書』〔『茨城県史料　中世編Ⅰ』所収〕)。
(54)『吾妻鏡』による。
(55)『吾妻鏡』承久三年五月二十三日条。
(56)流布する諸系図中には建保六年死去説を共通にとるものがあるが、『吾妻鏡』所伝を採用すれば訂正されるべきである。

(57) 佐藤進一『増訂鎌倉幕府守護制度の研究』(東京大学出版会、一九七一年)。
(58) 小田氏の祖を八田知家とする通説に対して、本章では厳密に「小田氏」を規定しておきたい。
(59) この小田時知の幕府への出仕と真言律僧忍性の三村山止住の関係については、『筑波町史　上巻』(筑波町、一九八九年)で言及している。
(60) 『筑波町史史料集　第八篇(中世編Ⅰ)』所収九号。
(61) 註(4)前掲書等。
(62) 「宍戸荘」なる地名の史料的初見は、管見では嘉暦三年銘を有する如意輪寺(水戸市上市原)蔵鰐口(二口あり。一口は茨城県立歴史館蔵)である。
(63) 森茂暁『南北朝期公武関係史の研究』(文献出版、一九八四年)第二章第一・二部。
(64) 『大日本史料　第六編一・二』(東京大学出版会、一九六八年)所収。このうち高野氏(貞知・時知)所出の牒・下文は『筑波町史史料集　第八篇(中世編Ⅰ)』に全て所収してある。
(65) 『続群書類従　巻九二七』(続群書類従完成会)所収『雑訴決断所結番交名』参照。
(66) 『尊卑分脈』所収『小田氏流系譜』参照。さらに両人の六波羅探題への出仕は、正中年間(一三二四～二六)頃と思われる金沢貞顕書状(『金沢文庫古文書　第一輯』[金沢文庫、一九五二年]所収三四一・三四七・三四八号)、『筑波町史史料集　第八篇(中世編Ⅰ)』所収四七・四八・四九号〈年月日欠・某氏宛〉からも明瞭である。貞顕自身、乾元元年(一三〇二)～延慶元年(一三〇八)の間、南方として、延慶三年(一三一〇)～正和二年(一三一三)の間、北方として六波羅に在り、その配下に貞知・時知がいたことになる。右書状中、「筑後前司帰洛之後」「六波羅引付番文進之後、(中略)今度者筑後前司貞知ニ被付候云々」「筑後前司貞知一瓶持参之間、常陸前司(時知)・伊勢前司(中略)等参入之由承候了」

などの文言は『尊卑分脈』等の所伝の支証となり得る。
(67) 滋賀県坂田郡米原町番場蓮華寺蔵『蓮華寺過去帳(陸波羅南北過去帳)』(『群書類従　巻五一四』続群書類従完成会)。
(68) 『太平記』巻十二「公家一統政道事」(後藤丹治他校注『日本古典文学大系　太平記　一』岩波書店、一九六〇年)。
(69) 『吾妻鏡』による。
(70) 『筑波町史史料集　第十篇(中世編Ⅱ)』所収諸系図。
(71) 註(4)前掲『茨城県史　中世編』(第二章第五節一四七～一五三頁)では、この佐介時綱の常陸守護在任の実態を要領よく解説している。
(72) 『福島県史　第7巻　古代・中世史料』(福島県、一九六六年)四六〇頁(『遠藤白川文書』二一〇号)。
(73) 註(72)前掲書、三七五頁(『伊勢結城文書』四五・四六号)。
(74) 福島県東白河郡内に比定されるこの高野氏の所領に関する現地調査は行われていない。筆者の関心事でもあるので今後是非実施してみたい。なお『大子町史　通史編　上巻』(大子町、一九八八年)第三編第一章第二節でも高野氏に言及し、「小田氏の支族八田知家」(事実誤認ヵ)の子時家を高野氏の祖とし、且つこの時家の陸奥国高野南郡での地頭職補任を推察している。筆者もその蓋然性の高いことは承知しているが、今しばらくはその徴証を探求してみたい。
(75) 猪野和広「常陸国に見る中世武士団の一側面─烟田氏を素材として─」(『茨城県史研究』五七、一九八六年)もこの点に注目した論考とみられる。このように常陸平氏流氏族については研究史の蓄積もみられるようになったが、小田・佐竹氏についてはその基礎的な作業が極小である。在地基盤の形成過程と氏族的系譜への基本的注目の中から中世武士団としての多角的視点が浮上する筈である。『茨城県史　中世編』での示唆を多様に検証・伸展させつつ、市町村史編纂での微視的な観察を埋没させることなく、この課題に取り組むべきと考える。

第四章　常陸守護と小田氏

はじめに

治承四年（一一八〇）八月十七日深夜から翌十八日早朝にかけて、源頼朝配下の北条時政ら士卒は伊豆国山木郷にある平兼盛の館を襲撃し、館主兼隆の首級を手にした。いわゆる夜討ちである。兼隆は京都からの流人であったが、その身が平氏一門の出身であるためやがて免罪、この時は伊豆国の目代として国内に威を振っていた。流人頼朝とは大分異なる平氏政権の処遇である。

夜討ちをかけたのが源頼朝。清和源氏の嫡流にして平治の乱（平治元年〈一一五九〉）で平清盛に追討された源義朝の嫡男である。乱の翌年捕縛され、伊豆国に流されて配所「蛭ヶ小島」（真の比定地は不明）で青春の日々を過ごしていた。清盛によって築かれた強力な政権の捕虜として、頼朝は東国伊豆の片田舎での生活を比較的自由に暮らした。そして、多くの知己を得た。亡父義朝に至る源氏は、十世紀以来武士団の棟梁としての武名を高め、義朝の代には相模国を中心にして勢力を張った。頼朝の知己の中には義朝との主従の縁をもつ者も多く、あるいは平氏政権を疑う者もいた。伊豆国田方郡の土豪北条時政も忠実に平氏政権下の京への番役を奉仕する坂東平氏流の小武家であるが、娘政子が頼朝の妻になるに及んで、この貴種頼朝を推戴して自己勢力の拡大を図ろうと傾いていた。

妻の実家北条氏の勢力を得、また知己の理解を支えとした頼朝の平氏政権への反抗は、この夜討ちを皮切りとして続行された。この月二十三日、伊豆山を越えて相模国へ進撃した頼朝であったが、石橋山の合戦で平氏方大庭景親の軍に敗れ、一時、箱根山中に籠るが月末には三浦氏の援助で安房国に逃走した。安房・上総・下総の三国で上総・千葉両氏（いずれも坂東平氏流）の参陣を得てからの頼朝軍の進撃は快く、武蔵国を経由して十月六日には再び相模国へ入り、父祖縁故の地鎌倉に落ち着いた。十月十八日の駿河国富士川の合戦で征東軍を京都に追い返した頼朝は、十一月には常陸国の佐竹氏を討つなど東国武家の臣従の応答を問いつつ源氏政権の確立に努めた。

この過程で、平清盛は病没し（養和元年〈一一八一〉）、文治元年（一一八五）三月には長門壇ノ浦の海戦で平氏は全滅した。一方、寿永二年（一一八三）十月、後白河法皇を代表とする朝廷は頼朝の東海・東山両道の実質的支配を認め、頼朝の武家政権は公的に始動していった。元暦元年（一一八四）十月には、先年設置した侍所に加えて公文所（文治元年に政所と改称）・問注所を設け、この二機関には京都側吏僚大江広元・三善康信を長官として招き置いた。この年の十一月にはいわゆる守護・地頭設置の権利を獲得して、武家政権としての荘園・公領の支配形態が組織化されている。

建久元年（一一九〇）十一月、久しぶりに上洛した頼朝には朝廷より権大納言兼右近衛大将の官途が与えられたが翌月辞任して鎌倉へ戻った。そして、後白河法皇死去直後の建久三年七月、頼朝は念願の征夷大将軍に任官している。武官としての征夷大将軍の位階は低いが、既に正二位に昇叙されていた頼朝の意図はこれにあった。この時、右近衛大将に任官した頼朝の居館を通例に従い「幕府」と呼んだが（幕府は近衛府の唐名）、辞任して征夷大将軍となっても引き続いてこう呼ばれた。鎌倉幕府はこのようにして成立したのである。

では、この鎌倉幕府の成立によって、常陸国の武士団はどのように変質していったのであろうか。（本章は、行論上、第三章との重複が多いが、あえてそのままにした部分もある。）

一　幕府成立後の常陸武士団

1　常陸武士団の動き

将門の乱（九三五～四〇年）後の常陸国では、平国香の子息で乱鎮圧の功労者でもある平貞盛の系統が著しい氏族の展開をみせた。貞盛の弟繁盛の子息維幹（貞盛の養子となったとの説もある）の子孫は、「幹」を家の通字として世代を継ぎ、吉田郡以南の国内郡・荘・郷・保単位に庶子家を派生させていった。この氏族を「常陸平氏」と呼ぶ。この氏族のうち多気義幹（佐谷義幹）・下妻広幹・東条忠幹・鹿島成幹・小栗重成・豊田頼幹（政幹の孫ヵ）など筑波郡・茨城郡・新治郡・信太郡・鹿島郡、そして下総国豊田郡を本拠とする諸氏は頼朝挙兵時には頼朝討伐軍として動き、平氏政権への奉公ぶりをみせたのである。(1)

また奥州後三年の役（一〇八三～八七年）を鎮圧した源義家（八幡太郎）の弟義光は、乱後その功により常陸介・甲斐守を歴任するが、嘉承元年（一一〇六）には平重幹（常陸平氏）と与党して下野国足利荘の源義国（義家の子）と戦っている。(2)そして義光の子息義業は重幹（繁幹）の子息清幹の娘を妻とし、その子息昌義は久慈東郡佐竹郷を名字の地として土着した。常陸平氏勢力と結び付きつつ常陸北部に勢力を扶植したこの源氏族を佐竹氏という。この後、佐竹氏の支配領域は常陸国奥七郡（多珂・久慈東・久慈西・那珂東・那珂西・佐都東・佐都西の七郡）に及び、頼朝挙兵時隆義・秀義父子は平氏方として動いており、治承四年（一一八〇）十一月、頼朝の討伐を受けてその支配体制は一時崩壊した。

新治郡は十二世紀前半までに郡の解体が進み、東郡・中郡・西郡・小栗御厨（伊勢神宮領荘園）に分立している。このうち中郡には後二条師通流大中臣頼継（上総介）の所領が成立し、子息頼経はこの郡を名字の地として中郡氏の始祖となった。頼経の養子三郎経高（足利氏）は保元の乱（一一五六年）で源義朝に従軍するなど、この氏族は親頼朝派の常陸武士団となっていた。

さらに南北両条に分立した新治西郡では、南条（関郡ともいう）に秀郷流藤原氏の大方氏（下総国豊田郡大方郷〈八千代町〉）が進出し関氏が成立、北条（伊佐郡ともいう）には山陰藤原氏族の伊達朝宗（常陸入道念西）が勢力を扶植した。(3) 両氏ともに源氏方の常陸武士団として常陸平氏・佐竹氏とは異っており、特に関二郎俊平の源義朝軍に属しての保元の乱出陣は、この氏族の位置を明証するものである。

この他、那珂東郡から分立した国井保には頼信流源氏の国井氏の支配が展開しているが、この時期武士団としての輪郭は不明である。あるいは新治東郡（笠間保）における宇都宮氏族塩谷朝業の子息時朝の入部は、時朝を始祖とする笠間氏の成立を思わせるが、頼朝挙兵の常陸武士団として扱うには不明の点が多い。

このように、源頼朝が挙兵し、平氏政権の倒壊を目指した頃の常陸武士団の動きは微妙であり、中でも反頼朝勢力の目立つこの国は、頼朝の深く懸念する地であった。頼朝政権の推移を早々と見極めた小栗氏が佐竹氏追討後の頼朝自身の来館を得たり、(4) 寿永二年（一一八三）二月の志田義広の乱における小栗重成の軍功は、常陸国武士団の時局への対応を示すものであり、八田知家の常陸国への関与とともに常陸国武家勢力関係の新たな始動である。

2　八田知家の登場

源頼朝の幕府創設以前、しかも父義朝および平清盛らが、中央での武門の力量を否応なく発揮したのが、保元の乱であった。鳥羽上皇の死後、後白河天皇の皇位継承を不満とする崇徳上皇は公然と反意を示し、左大臣藤原頼長・源為義・平忠正らを与党として挙兵した。一方、後白河天皇方には頼長の兄関白忠通・為義嫡男義朝・忠正甥清盛らが従うなど摂関家も源平両氏も親族を分断しての対立がみられた。この年の七月十一日、崇徳上皇の白河御所への攻略に参陣した源義朝配下の東国武士は多く、その中に常陸の中郡三郎・関二郎とともに下野の八田四郎の名がみえる。(5)

この乱における八田四郎の戦功は不明だが、源氏武士団に属しつつ、下野国の住人として参戦したこの人物こそ八田知家である。「武者所」「右馬允」なる知家の履歴所伝から、(6)鳥羽院政および後白河政権下の在京武士であったと思われる。加えて、源義朝の任下野守はその指揮下に入る機会ともなった。(7)この知家の兄朝綱(下野国御家人宇都宮氏の祖)も「鳥羽院武者所」「後白河院北面」を歴任したといわれ、この氏族の武士的映像が確認される。そして、朝綱・知家の父は宗綱(八田権守)、祖父は宗円(宇都宮座主)、曾祖父は藤原兼房であり、さらに二代遡及して藤原道兼(関白)に及ぶ。いわゆる粟田関白道兼流藤原氏である。宗円の関東下向を、前九年の役に際して阿倍頼時調伏のため源頼義・同義家が同伴したと解釈する書もあるが、(8)不明の点も多い。(9)

ともかく、この宗円が下野国河内郡の古社宇都宮(『延喜式』所載、名神大社二荒山神社)で奉斎権(座主)を得たことは事実のようであり、息男宗綱も「宇都宮座主」の地位を継承している。(10)そして、この父子二代にわたって私領の形成と氏族の在地武士化の傾向を顕著に展開していったのである。このような勢力強化の拠点として、宗綱が八田権守と称されるように「八田」なる名字の地を想定できるのであるが、その現在地への比定となると容易ではない。通説の如く現筑西市八田辺りに比定する説に対して、これを積極的に否定する説があるわけではないが、大いに疑問を呈示する余地はある。まず第一に、下野国河内郡内宇都宮座主(職)を有するこの氏族が、何故隣国常陸国域において私領形成を図るのかである。第二に、この時期の常陸国八田は新治郡分解の最中にあって、常陸平氏流氏族の入部(小栗氏の分立)と伊勢神宮(内宮)領小栗保(御厨へと発展)の成立がみられた地域である。第三に、佐竹氏討伐後の源頼朝が立ち寄った「八田館」は小栗十郎重成が下司として居住する小栗御厨の中にあったという。(11)つまり、常陸国新治郡中央部の小貝川（蚕飼川）流域は常陸平氏流小栗氏の所領が展開していた。

以上の点から、宗円父子の私領形成の場を常陸国内に求めることの不自然さを指摘しておきたいが、同時にこれに該当する地域は下野国内にも未検出である。なお、この想定は通例に従って名字の地を比定する観点に立っての場合であり、「八田」を地名に限定しないこの氏族の呼称とみれば比定地探しは無意味である。宗綱の子朝綱も八田を号したようであるが、その子成綱の代には宇都宮を名字とし、八田の名字は朝綱の弟知家の系統に相承されていった。

保元の乱以後の下野国住人八田四郎の行動はしばらく不明である。この乱の三年後に起った平治の乱（一一五九年）では、在京源氏方武士団は棟梁源義朝の敗北によって勢力を失い、やがて平清盛を中心とする平氏政権の強大化の中にとり込まれていった。下野八田氏（宇都宮氏）とて例外ではなく、宇都宮朝綱の平氏の下知による在京・大番役勤仕は明白である。寿永元年（一一八二）以後、この朝綱・従弟信房らが宇都宮氏として伊豆挙兵後の頼朝のもとに参候することは、この氏族の御家人化を実現するが、八田四郎の頼朝政権への接近はきわめて独自的である。

源平争乱の打ち続く中、寿永二年二月に頼朝の叔父志田義広（義憲）が頼朝に抗して挙兵した。[12]義広は平安末期の信太荘に勢力を有するが、この荘域へ関わった動機については明らかではない。頼朝軍の西上の間隙をつく形で鎌倉占拠を企画し、下妻広幹などの参加を得て常陸西方より下野国乃木宮（栃木県野木町）へと行軍し、ここで下野の雄族小山朝政と対戦した（野木宮合戦）。さらに、義広討伐軍は集結し八田武者所知家・下妻四郎清氏（広幹と同族カ）・小野寺太郎道綱・小栗十郎重成・宇都宮所信房（宇都宮信房カ）らが小手差原・小堤の合戦で義広を東山道筋へと敗走させた（志田義広の乱）。二十八日には義広軍の捕虜二九人が頼朝の前に引き出され、八田知家・小栗重成・小山宗政・下河辺行平らが頼朝に対面した。これが『吾妻鏡』の伝える限りでの源頼朝と八田知家の最初の出会いの場である。知家嫡子知重もこの年の四月に頼朝寝所祗候衆の一員となるなど、知家父子の頼朝側近化が認められる。

元暦元年(一一八四)八月~同二年(文治元年〈一一八五〉)正月にかけて知家・知重父子は平家追討使源範頼に供奉して九州の豊後国へ渡っている。この年三月には長門国壇ノ浦の海戦で平家は滅亡したが、この頃までに八田知家の御家人としての立場は不動のものとなったといえる。その後の行歴を『吾妻鏡』から抄出すると、

○元暦二年(文治元年、一一八五)四月十五日条
頼朝の内挙なく朝廷よりの任官拝命を禁じられた「関東御家人」の中に八田右衛門尉友(知)家がいる。この禁令に背く者は尾張以東への帰参を許さず、本領を召し上げ、斬罪をも辞せずとの強いものであったが、既に官途を得たことは止むを得ず、結果として許容したようである。知家の「右衛門尉」任官はかかる平家討伐の論功行賞として獲得したものであった。

○文治元年(一一八五)十月二十四日条
頼朝の発願で落慶の運びとなった鎌倉勝長寿院の供養法会に知家・知(朝)重父子が参候している。

○文治二年(一一八六)正月三日条
八田知家、直衣始の儀に鶴岡八幡宮へ参詣する頼朝に供奉する。

○文治二年(一一八六)五月十日条
陸奥の藤原秀衡の貢馬献上に際し、八田知家が京進役を命ぜらる。

○文治三年(一一八七)正月十二日条
頼朝・頼家父子、御行始の儀に際して南御門所在の「八田知家宅」に入御する。

○文治三年(一一八七)四月二十九日条
伊勢国近津連名地頭八田太郎(知重)等、勅使駅家雑事対捍を誡められる。

○文治三年(一一八七)八月十五日条
八田知家、鶴岡放生会に際し頼朝に従う。
○文治四年(一一八八)三月十五日条
八田知家・知重父子、鶴岡大般若経供養に際し頼朝に供奉する。
○文治四年(一一八八)七月十一日条
頼家の着甲始の儀に際し、八田知家黒馬を献じ、朝重がこれを引く。
○文治四年(一一八八)十二月十一日条
義経追討の宣旨・院庁下文を携帯せる史生紀守康、八田知家宅に入る。
○文治五年(一一八九)四月十八日条
八田知家・知重父子、北条時連元服の儀に列する。
○文治五年(一一八九)六月九日条
八田知家・朝(知)重父子、鶴岡塔供養に参候する。

の如くである。文治五年七月に始まる頼朝の奥州追討を目前にしたこの時期までに、鎌倉南御門に宅を与えられ、且つ義経追討を伝える官使の入部をも許された八田氏の御家人としての立場が明瞭に描写されている。八田知家の頼朝側近としての登場はかかるものであるが、同族宇都宮氏に比してその「本領」は依然として比定が困難である。

二　八田知家と常陸平氏

1 常陸国守護八田知家

文治五年(一一八九)七月十七日、鎌倉の頼朝御所では終日、奥州征伐のための軍議がひらかれた。奥州とは即ち陸奥平泉を拠点として始祖清衡以来絶大な権力基盤を築き上げていた藤原氏政権を意味し、この時期には清衡の曾孫泰衡の治世下にあった(孫秀衡は文治三年に死没)。そして、兄頼朝と不和となった義経が逃避行の果てにその身を委ねたのがこの平泉であり、秀衡は義経を政権の相承に足る器量人と目した。頼朝は秀衡の没後直ちに朝廷に対して義経追討の宣旨発給を画し、文治五年閏四月にその宣旨を受けた泰衡によって義経は衣川館で討たれた。

しかるに、頼朝の目的は奥州藤原氏政権の根絶にあり、その姿勢は治承四年(一一八〇)の佐竹氏討伐をはるかにしのぐ布陣である。この日の軍議では三手に分かれて奥州入りをすることとなり、その一手東海道筋(常陸経由で太平洋岸の陸奥浜通りを北上するコース)の軍勢指揮官(大将軍)に千葉介常胤と八田右衛門尉知家が決定した。両者は「各一族ならびに常陸・下総国両国の勇士等を相具し」北上することとなった。一族を引率するのみならず、国内の勇士(御家人)をも引率する大将軍とは常胤・知家の守護職在任を意味するものである。[13] 即ちこう解釈することにより知家はこの時以前(その時期の決定は不明)に常陸国守護に補任されていたことになり、あるいは文治元年末において常陸国惣追捕使(後に守護と称す)となった可能性もあろう。

事実、八田知家が引率した常陸武士は伊佐為重・同資綱・小栗重成・多気義幹・鹿島頼幹・真壁長幹などであり、いわゆる常陸平氏の面々を含む御家人たちであった。平常の守護職権は「大犯三箇条」ともいわれる国内の軍事的・

治安的支配に帰一するが、かかる非常時に臨み守護は「大将軍」の非常大権を委任され、軍勢統轄の指揮権をも与えられたのであった。既に頼朝に臣従していた常陸平氏系諸氏族も「大将軍」八田知家の指揮を甘受しなくてはならず、それは彼らが地頭として守護支配の中に位置付けられた常陸国内の新体制の発現に他ならなかった。

かくして八田知家の常陸守護職在任を確認した。本来、下野国住人として平安末期の歴史に登場した知家が頼朝政権の形成に積極的に関与し、その論功行賞の結果として常陸守護の地位を手に入れたわけである。

では、この知家の常陸での本拠（守護所）はどこに置かれたのであろうか。守護職補任と同時に守護所経営が行われたとも限らないが、国内に守護権発動の拠点は必要である。もとより常陸の武士でなかった知家が入部した地域としては、筑波郡三村郷小田（つくば市小田を含む三村山〔のち宝篋山ともいわれる〕麓一帯）を以て通説とする。知家の子孫がここに城館を構え小田氏として発展することからみれば妥当な通説であるが、知家の常陸入部はそれほど単純ではないようである。それは常陸平氏流諸氏の分立状況からもわかるように、鎌倉初期のこの国では奥七郡において佐竹氏没落後の勢力交替があるのみで、那珂川以南での勢力交替はみられず、特に国府所在の茨城郡や筑波郡では常陸平氏本宗多気氏および同族下妻氏が圧倒的に優勢であった。このような勢力分布の中で、たとえ守護権を帯していても何の抵抗もなく知家が三村郷に入部できたとは思われない。後に述べるいわゆる「建久の変」はこの問題と密接な事件かと思われるが、今は小田氏の始祖としての知家の三村郷（小田）への入部を、通説に反してきわめて慎重にみておくことにする。そして、改めてこの頃までの知家および子息知重の頼朝側近としての行動を『吾妻鏡』から抄出総覧すると左の通りである。

和暦	西暦	月日	行動内容
治承5	一一八一	閏2月23日	八田知家、小手差・小堤合戦で志田義広を敗走させる。
同	同	閏2月28日	八田知家、志田義広追討の功により頼朝に対面する。
同	同	4月7日	八田知家、頼朝御寝所祗候衆の一員となる。
元暦元	一一八四	6月1日	八田知家、頼朝の平頼盛招請の席に陪従する。
同	同	8月8日	八田知家、子息知重・養子中条家長とともに平家追討使源範頼に供奉する。
元暦2	一一八五	1月26日	八田知家、子息知重・養子中条家長とともに範頼に供奉して豊後へ渡る。
同	同	4月15日	八田知家、頼朝の内挙なく右衛門尉任官を叱責される。
文治元	一一八五	10月24日	八田知家、子息知重・養子中条家長とともに勝長寿院落慶供養に臨む。
文治2	一一八六	1月3日	八田知家、直衣始の儀に頼朝に列する。
同	同	5月10日	八田知家、藤原秀衡献上の貢馬京進を命じられる。
同	同	5月14日	八田知家、静御前旅宿での酒宴に参候する。
文治3	一一八七	1月12日	頼朝・息頼家、御行始に八田知家南御門宅に入る。
同	同	4月29日	八田知重、伊勢国近津連名地頭として勅使駅雑事を対捍する。
同	同	8月15日	八田知家、鶴岡放生会に頼朝に従う。
文治4	一一八八	3月15日	八田知家、子息知重・養子中条家長とともに頼朝の鶴岡社参に供奉する。
同	同	5月20日	八田知家の郎従、夜番を怠る。
同	同	7月10日	八田知家、頼家の著甲始に馬を献ず。
同	同	12月11日	八田知家、義経追討の宣旨・院庁下文を帯する官使を南御門の宅に入れる。
文治5	一一八九	2月26日	八田知家、官使を逗留せしむ。
同	同	4月18日	八田知家、子息知重とともに北条時連元服の儀に列する。
同	同	6月3日	鶴岡塔供養導師観性、八田知家宅に入る。
同	同	6月9日	八田知家、子息知重とともに鶴岡塔供養に参候する。
同	同	7月17日	八田知家、奥州追討東海道大将軍となる。
同	同	7月19日	八田知家、子息知重・養子中条家長とともに頼朝の奥州進発に供奉する。

同	同	8月12日	八田知家、陸奥国府に入る。
同	同	9月15日	八田知家、降人樋爪俊衡を預かる。
同	同	9月16日	八田知家、頼朝に俊衡の転経の事を申す。
建久元	一一九〇	4月11日	八田知家、頼家の小笠懸に供奉する。
同	同	9月15日	八田知家、頼朝上洛に際し御厩奉行となる。
同	同	10月3日	八田知家、頼朝の鎌倉進発に常陸より遅参する。
同	同	11月7日	八田知家、頼朝の入洛に供奉する。
同	同	11月9日	八田知家、頼朝の参内に供奉する。
同	同	11月11日	八田知家、子息知重とともに頼朝の石清水社参に供奉する。
同	同	11月29日	八田知重、頼朝の院参に供奉する。
同	同	12月1日	八田知家、子息知重とともに頼朝の拝賀に供奉する。
同	同	12月5日	八田知家、頼朝の石清水社参に供奉する。
同	同	12月11日	八田知家、左兵衛尉任官を推挙される。
建久2	一一九一	2月4日	八田知家、子息知重とともに頼朝の二所詣に供奉する。
同	同	6月9日	八田知家、一条能保女の婚儀に絹を調進する。
同	同	7月28日	八田知家、子息知重とともに頼朝の新亭入御に供奉する。
同	同	8月1日	八田知家、大庭景能の盃酒献上の儀に同席する。
同	同	8月6日	八田知家、新造の宅に頼朝を招く。
建久3	一一九二	7月27日	頼朝、八田知重等に引かせて勅使に鞍馬を給わる。
同	同	8月9日	八田知重、実朝誕生に際して馬を引く。
同	同	10月19日	八田知重、北条政子・実朝帰還に供奉する。
同	同	11月25日	八田知家、頼朝の永福寺供養に供奉する。
同	同	11月29日	八田知家、頼朝より十字(蒸餅・饅頭の異称)を給わる。
建久4	一一九三	1月1日	八田知家、頼朝の鶴岡社参に供奉する。
同	同	4月3日	八田知家、那須野に勢子を献ずる。
同	同	5月1日	八田知家、常陸鹿島社造営奉行に任じられる。

右の行動の中で、建久元年（一一九〇）十月三日条にいう「而して前右衛門尉知家、常陸国より遅参す、待たしめ給の間すでに時剋を移す、御気色はなはだ不快、午剋に及び知家参上す、（中略）懈緩の致す所也と云々、知家所労の由を称す」の「常陸国」は気になる文言であるが、これだけでは知家の拠点を詮索する程の必要条件とはなり得ない。ともかく、知家・知重父子の頼朝側近としての行動は右の表中から十分に理解されるであろう。

2　再び八田知家の本領を求めて

前述したように、建久三年（一一九二）七月に頼朝は念願の征夷大将軍に任官した。このことを以て鎌倉幕府の成立と断定するには種々問題が残るが、ともかく治承四年以来の宿願が成就し、武家の棟梁による支配体制が本格的に始動したとみることは妥当であろう。

翌八月には、既に常陸国守護となっている八田知家に対して頼朝は、下野国本木郷内の地頭職を与えた[14]。この地頭職補任は頼朝自身の署判を有しないいわゆる「将軍家政所下文」になって行われている。建久元年、頼朝は右近衛大将に任官すると同時に公家の家政処理機関である「政所」をまねて鎌倉にも開設し、「公文所」を包摂しつつ武家政務の中核とした。これに伴って治承以来発給してきた自身の「下文」を回収して、改めて「政所下文」として同様の諸権限を再交付したのである。前右衛門尉藤原友家に与えた地頭職も、この機構改変の中で行われた将軍頼朝（鎌倉殿）、否、鎌倉幕府の安堵行為であった。この政所下文の文言中に「右、治承四年十一月廿七日御下文」とあるように、文治五年（一一八九）の頼朝の地頭設置権掌握以前、藤原友家（八田知家）は下野国本木郡内で何らかの権限を挙兵直後の頼朝から安堵されていたのである。建久三年八月に、当該郡内の地頭職が改めて与えられたことからすれば、治承四年の下文の内容はまさに知家の本領安堵ではなかったか。とするならば、さきに言及した知家の下野八田氏族としての拠点（私領）は、この本木郡内と考えることができよう。

ところでこの本木郡は令制下の郡名ではなく、律令制国郡制解体過程で芳賀郡より分出した新郡名であった。[15] 茂木郡とも称し、後年ここには知家の子孫が茂木氏として成長していった地域である。鎌倉・南北朝・室町期を通じてこの郡内諸所を相伝していったことを示す『茂木家証文写』[16]によれば、本木郡は「東真壁郡」とも呼ばれ、また「茂木保」ともいわれたことがわかる。特に「真壁郡」とは宇都宮神領を指す便宜上の用語といわれ、実際には河内・芳賀・塩谷三郡の総称的意味をもっていた。[17] 証文は「東真壁郡内五箇村」あるいは「茂木保五ヶ郷」として鮎田・神江・小井戸・藤和・坂井の五か所を明示している。村といい、郷といっているが、いずれも行政単位としては全く同一とみてよい。現在の芳賀郡茂木町の北半東寄り茨城県境（＝常陸国境）に接する一帯であるが、知家の祖父宇都宮座主宗円の管理下に置かれた神領「真壁郡」の一週に父祖相伝による知家自身の私領が形成されたともいえる。従って、常陸八田説は名字の地にとらわれすぎた八田氏発生譚ともいえるが、この「真壁郡」相当地内にもやはり名乗りの地は全く完全な理解とはいえないのである。

しかし、このように再度、八田知家の本領を求めることは次に述べる「建久の変」の重要な因子としてどうしても不可欠な前提なのである。

3　建久の変と常陸平氏

建久の変といってもこれは常陸国内の勢力交替を指すのみで、頼朝の新政を改変する程の事件ではない。しかし、八田知家にとっても、そして常陸の政治史上からも画期的な政変であった。治承四年（一一八〇）以来一〇年余の歳月を軍事、朝廷よりの諸権限の取得、拠点鎌倉の整備、御家人の統制、職制の充実等々に費やしてきた頼朝にとっても最も労苦を多とするのは諸国武士の統制であった。彼らからの名簿捧呈を経ての形式的臣従化（御家人化）ないし本領安堵のみでは主従関係は維持できても完璧な幕府権力の樹立は困難であった。それ程に武士勢力相互の関係は不安定であり、流動的でさえあった。この調整・観察こそが幕府支配の秩序の根源であり、守護・地頭の職権給与のみが完全な固定的な地域支配に連なる道ではなかった。平安期以来の伝統的所領支配観念に依拠する武士も多く、常陸平氏諸流もその例外ではなかった。

寿永二年（一一八三）の志田義広の乱において義広に味方し没落したかに思われた下妻広幹（下津真＝下妻荘下司）は、建久三年（一一九二）八月九日の実朝誕生に際して堂々と護刀を献じている。[18]「悪権守」とも称されている由、その復権ぶりはしたたかな常陸平氏の領主像をみる思いである。さらにこの広幹に対しその本宗的立場にある筑波郡多気に拠点をもつ多気義幹は、「常陸国大名」とも評される在地有勢者であった。常陸大掾職任官の伝統をもつこの常陸平氏本宗は、国内南半分を殆ど領有する形で庶子族を派生させており、国内にあっては単なる鎌倉殿の御家人ではなかった。守護八田知家にとってかかる国内伝統勢力は、容易に守護の統制下に組み込み難い存在であった。知家による多気氏への圧迫こそ常陸での建久四年の政変の開始であった。

この年の五月一日、将軍頼朝は常陸鹿島社の二〇年ごとの造替遷宮造営遅引を歎き、改めて守護八田知家に対し造営奉行として七月十日の同社大祭以前の完成を命じた。国内では伊佐為宗・小栗重成が造営奉行としてこの任に当っていたが、肝心の多気義幹を始めとする鹿島社領の知行人らの任役勤仕（遷宮造営費用の調達カ）が懈怠していた。このことは将軍―守護―造営奉行―社領知行人（地頭）という関係で社の遷宮造営が進行するこの時期の鹿島社外護の一端を知り得るが、同時に将軍（幕府）の援護によって国内の伝統的氏族の上に立とうとする守護八田知家の新参入部者としての姿ともとれる。

次いで五月八日からは将軍頼朝による富士野塩沢での大規模な夏狩が始まった。多くの武士たちが供奉し、その中には知家四男宍戸四郎家政もいた。長期にわたる夏狩は、武士たちの野戦訓練以上に武門の覇者頼朝・子息頼家の絶対的存在を示威する好機であった。しかるに五月末に及び狩場近くの旅宿において曽我祐成・時致兄弟による仇討ちが起った。討たれたのは工藤祐経。曽我氏による私恨・私怨というが結局祐成も討たれ、頼朝暗殺をも画したと曲解された時致も即時成敗された。

六月五日、常陸にあってこの騒動の報を得た守護八田知家は早速の富士野急行を企て、国内軍士を集める中、筑波北条多気に居住する常陸平氏本宗義幹にも同道を求めた。先述の鹿島社遷宮問題でも両者の間には微妙な対立があったように、義幹はかかる守護知家の下知にも従わず、むしろ知家の軍士徴集は自分を討伐する計画であると察知し、一族とともに多気山城（現在は城山と呼ぶ）に立て籠った。知家は義幹を謀叛人として幕府に訴え、やがて両者は鎌倉で対決（幕府法廷での決着）することとなった。その結果、幕府の変事に際しての不参の不忠は御家人として免れ得ず、筑波郡・茨城南郡・同北郡内の所領を没収され、身柄を岡部泰綱に預けられた。そして義幹の所領は同族の馬場資幹に与えられ、資幹の常陸平氏本宗としての地位が確定した。翌年十一月十九日に義幹は改めて歎状を提出し汚名を雪がんとしたが無駄であった。

以上は、平安期以来筑波山麓を拠点にしてその名族ぶりを誇ってきた平氏本宗多気氏が、所領支配の基盤を失ったという『吾妻鏡』の所伝である。しかしながらこの所伝には重大な誤伝がある。この政変で多気氏が没落したことは認められるものの、その没収所領の馬場氏への継承は認め難い。本来、常陸平氏流吉田氏族である馬場氏の茨城郡への進出は、資幹による建保二年（一二一四）九月の「府中地頭」権入手によるものであり、この場合とて南郡（府郡）所在の府中（常陸国府所在地）に限定されての入部であった。加えて、南郡は寿永二年の志田義広の乱に際して郡司下妻広幹の義広方に立っての軍事行動が科となり下河辺政義に与えられ、以後政義は郡司職にも等しい物地頭職を帯して郡支配に臨んだのである。政義自身の一時的失権も認められるが南郡はその支配下にあり続け、建久四年時点でもそうである。まして筑波郡・北郡が資幹に伝領された事実は全く認められず、この両郡こそ守護八田知家へ給与されたとしか考えられない。ただ義幹の保持した平氏本宗の立場と大掾職任官の伝統的資格は、馬場氏に移行したことは認めてよいであろう（後にこの馬場氏系氏族が大掾氏として府中で勢力をもつ）。

あるいはまた、七月三日に至り小栗重成が「物狂い」によって心神違例となり、鹿島社造営奉行を馬場資幹に交替させたという。そしてこのとき資幹は、多気義幹の所領を拝領して国内の大名となったともいう。この『吾妻鏡』の記事にも確かに矛盾がみられる。つまり、五月一日に八田知家への造営奉行交替が確実であり資幹の新任はあり得ず、義幹所領の処理は六月二十二日で決着している筈である。九月一日に再々「多気義幹が所領所職、重ねて資幹に賜ふ」とする記事とともに、この政変で漁夫の利を得たのが資幹であるとする故意が明らかである。基本的に義幹によって資幹への所領相伝がなかったという一事からして、『吾妻鏡』の一連の馬場氏所伝には無理があるといわねばならない。後代の資幹流大掾氏の主張の反映であろう[19]。

建久の政変は、この年十二月に入ってさらに重大な局面を迎えた。十三日、八田知家は下妻広幹を梟首（獄門にかけて首を切り、さらすこと）した。その理由は、広幹がかねがね北条時政に敵意を抱いていたことが露顕したからである。つまり、常陸平氏本宗多気義幹からの所領相伝も実現せず、あるいは本宗的立場および大掾職任官の資格も得られなかった広幹が、幕府内にあってむしろ馬場氏との接近を図った北条時政に敵意をもったのが真相ではなかったかとの説もある[20]。この下妻広幹の没落は、多気氏の没落とともに常陸南半部における平安期以来の巨大領主の没落を意味し、常陸における古代の終焉、中世の幕明けを象徴的に物語る政変であったといえる。既に『吾妻鏡』建久三年九月十二日条には、下野の小山朝政が下妻宮（大宝八幡社ヵ）を含む小貝川流域の村田下荘の地頭職を与えられていたとの所伝がある。その理由は野木宮での志田義広鎮圧によるとされるが、あるいはこの建久四年暮の広幹梟首に伴う幕府裁定の結果、広幹の本領下妻荘も朝政の支配下に入ったと考えられる（後世この地域には小山氏系下妻氏・村田氏の在住が確認される）。

〔小山・下妻・村田氏略系図〕

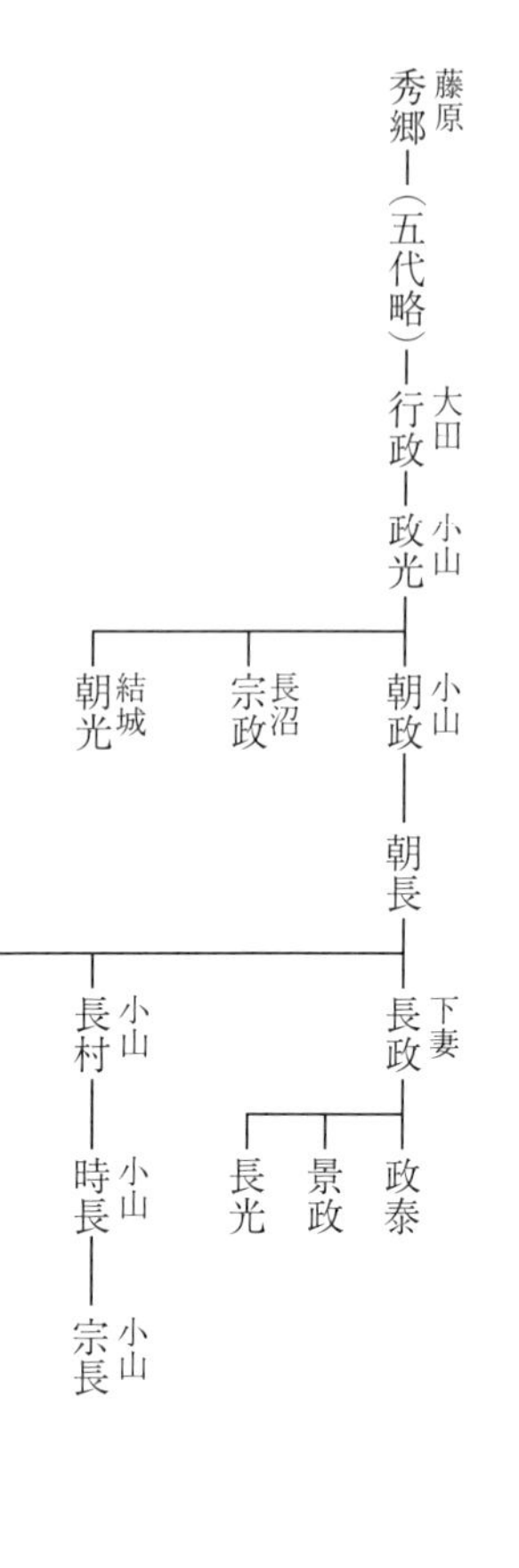

4　常陸の八田知家

こうして頼朝の将軍就任の翌年、常陸国内の平氏所領の多くが八田氏・小山氏へと移管され、南郡の下河辺氏の存在も含めて下野・下総の御家人の確実な入部がみられた。この傾向の中で最も留意すべき点はやはり守護八田知家の所領形成と拠点の確定である。

治承四年（一一八〇）段階で、下野国本木郡（東真壁郡）内において本領安堵を得た知家が、やがて常陸国惣追捕使（守護）としてこの国の武家支配に関与し、寿永二年（一一八三）の志田義広の乱後、信太郡西条（信太荘）を手に入れたともいわれ、建久四年（一一九三）の政変では茨城北郡・筑波郡を確実に手に入れた。霞ヶ浦の西方一帯を所領としたのであるが、拠点（＝守護所）については前述のように筑波郡三村郷小田とみるのが通説である。知家の子孫が小田氏としてここを拠点に中世常陸の代表的武家として存続することから考えれば尤も妥当な見解ともいえよう。しかし建久四年をもって知家の三村郷入部の実現とみるのはいささか早計ではないかと考えられる。つまり、寿永二年の信太荘の掌握が確実であればこの荘域は知家によって常陸で最初に取得した所領であり、地頭職を帯して荘域の支配に臨んだ筈である。またこの時、義広に加担した下妻広幹の所領のうち、本領下妻荘（広幹が保持する）・茨城南郡（下河辺政義へ）・村田下荘（小山朝政へ）を除く小鶴荘（もと茨城郡域で平安末期に崇徳天皇中宮皇嘉門院（関白藤原忠通女）領として寄進立荘された可能性が高い。寄進主体は多気直幹と思われ、義幹所領ではないのでその下司職は広幹に伝領されたのであろう）も知家に給与されたとみられる。事実この荘域内では知家の子孫が根強く領主として発展し、宍戸氏の基盤を形成している。[21]信太荘域内に特に子孫の定着を意図しなかった知家にとって。むしろ南郡（府郡）の北部に近接する小鶴荘の権益的利点を見失うことはなかった。建久四年の政変で北郡・筑波郡を獲得するまでの一〇年間に、この荘域は知家の常陸での重要所領として支配が強化され、守護となるに及んで荘内の居館（未確認）が「守護所」となった可能性は高い。もちろん在鎌倉の「南御門宅」の経営もあったが、こう考えることにより建久元年十月、頼朝の上洛の日に遅れて常陸より参上した知家の在国状況も自ずと明らかとなる。

では、建久四年に知家はどこに居て多気義幹に富士野への同道を求めたのか。それは小鶴荘内の「守護所」としか考えられない。政変の結果として筑波郡・北郡を所領とするが、即刻この両郡に守護所を移す必要はなくしばらく小鶴荘を本拠として義幹旧領内の変後の動静を探った。知家の九男という知氏が田中氏の祖として諸系図にみえ、かつ御家人として幕府に出仕していることから[22]、知家はこの知氏を田中荘に入部させたようである。筑波郡の一部が立荘（八条院領）されたこの荘の政変前の下司は多気義幹であり、知氏の地頭としての入部は知家の試みた部内静謐の一策であった。

また、知家は筑波山へも明玄（為氏、子息の一人）を中禅寺別当として入山させたという。これまでに二男有知を美濃国伊志（自）良荘、三男知基を下野国茂木保へそれぞれ地頭として入部させた知家だが、若い子息らを以て新たに入手した筑波山周辺へ入部させたものと思われる。十男時家が後に高野氏として発展するが、この高野も田中荘域とも下妻荘域ともいわれる旧筑波郡内の一所（つくば市大穂）に比定されている。

土浦市の等覚寺に建永年間（一二〇六～七）鋳造の銅鐘が残るが、その願主は「筑後入道尊念」とある。尊念は、八田知家の法名と考えられる。寄進先は「極楽寺」という寺で、同寺は三村山麓において小田氏の外護を得た「極楽寺」と同名であることは、偶然であろうか。所伝によれば藤沢村（土浦市）の地に知家によって建立された寺とする。この銅鐘銘文から知られる事実のみでは知家の筑波郡入部を確実とすることはできない[23]。嫡子知重が大掾職就任を望んだのは[24]、この時期の八田氏が常陸国府掌握に腐心せざるを得なかったためであろう。そのためには、やはり小鶴荘の守護所は重要な拠点で、そこでの所領経営は必至であった。

〔八田知家子息系図〕

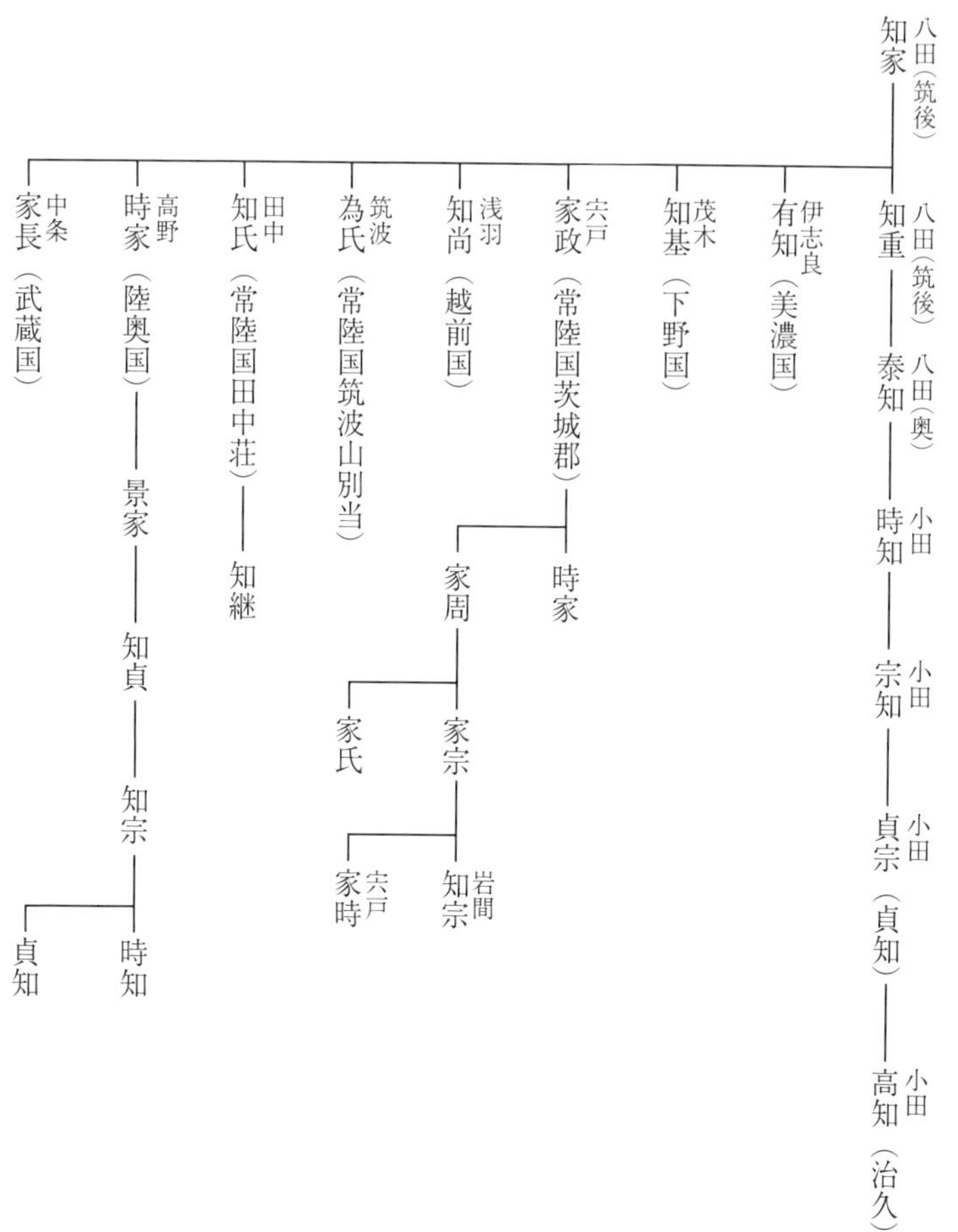
八田（筑後）知家
八田（筑後）知重
八田（奥）泰知
小田 時知
小田 宗知
小田 貞宗（貞知）
小田 高知（治久）
伊志良 有知（美濃国）
茂木 知基（下野国）
宍戸 家政（常陸国茨城郡）
時家
家周
家宗
家氏
岩間 知宗
宍戸 家時
浅羽 知尚（越前国）
筑波 為氏（常陸国筑波山別当）
田中 知氏（常陸国田中荘）
知継
高野 時家（陸奥国）
景家
知貞
知宗
時知
貞知
中条 家長（武蔵国）

三　小田氏支配の展開

1 八田氏から筑後氏へ

将軍頼朝の死去(建久十年〔一一九九〕)後も八田知家父子の幕府への奉公は、『吾妻鏡』にみる如くほぼ順調であった。(25)この年四月には、将軍頼家の親裁が停止され、諸事北条時政以下一三人の御家人の合議体制が決定したが、八田知家もこの合議に参加することとなった。幕政の中での知家の立場が理解できよう。

建仁三年(一二〇三)六月二十三日、知家は下野国において幕命に従い阿野全成(頼朝の異母弟)を殺害した。北条時政・阿野全成(妻は時政の娘で実朝の乳母である阿波局)らによる将軍頼家討伐計画の発覚による。頼朝の死去に伴って動き出した幕府周辺の権力抗争が顕在化した一例である。

当時全成誅伐の功によってか知家は「筑後守」に任官した。幕府御家人である地方武士の任官がどれ程の実益を伴っていたかは問題であるが、官位に対する関心はかつて頼朝もそれに基づく任官を厳しく戒めたように彼ら東国武士の間ではかなり深かった。令制では五位を得て初めて昇殿可能な殿上人(いわゆる貴族)としての有資格者となるが、知家の場合もその受けとめ方は尋常ではなかったようである。

建仁四年一月には嫡子朝(知)重は「筑後太郎」を名乗り始めた。以後この例は「筑後六郎(知尚)」「筑後左衛門尉知(朝)重」「筑後四郎兵衛(家政)」「筑後四郎図書助(時家)」などのように知家の子息たちの間に広まっていった。知家自身も「筑後守知家入道」とか「筑後入道」と呼ばれている。このことから八田氏の筑後氏への転換が図られたとみてよい。しかもこの任官を機に知家は入道出家(法名は尊念)して、守護職および惣領権を嫡子知重に譲ったと思われる。

知重（太郎）を筆頭に知尚（六郎）・知氏（九郎）・知基（三郎、建暦三年〔一二一三〕に一時失脚する）・家政（四郎）・時家（十郎）ら兄弟の奉公の姿は『吾妻鏡』の随所に確認できる。

元久二年（一二〇五）六月二十二日、幕府功臣の一人で武蔵国御家人畠山重忠・重保父子が討伐された。筑後知重も重忠討伐の主体である北条時政の命に従って子息義時の下知に従っていた。この直後、時政自身も失脚しているが、やはり、幕府周辺での権力抗争は止むことがなかった。筑後氏とって、いつこのような抗争の渦中に立たされるかも知れず、建暦三年の八田三郎（茂木知基）の謀叛人としての逮捕は、この氏族にとってきわめて危険な出来事であった。次いでこの年の五月二日、これも幕府功臣にして侍所別当を歴任した相模国三浦氏族和田義盛が挙兵して討伐された。筑後知重による大江広元への密告、筑後知尚の軍功、筑後四郎兵衛（宍戸家政）・壱岐兵衛（宍戸氏）・同四郎（宍戸氏）らの幕府軍としての戦死が確認できるが、征討者とはいえ宍戸氏から死者を出したことは晩年の知家にとって悲痛であり、加えて十二月一日の鎌倉市中の火災は南御門の宅を焼亡させている（建保六年〔一二一八〕六月には知重宅も火災に遭っている）。

諸系図[26]によると八田知家（筑後入道）の死去年を建保五年あるいは同六年とする所伝がある。しかし、承久三年（一二二一）五月のいわゆる承久の乱では、知家は宿老の一人として鎌倉に留まっており、その健在が証明される[27]。この内乱では筑後知尚（知家五男）が西国軍（京方）として出陣し、宇治川の戦いで戦死した。知尚のかかる行動の背景は不明だが、守護筑後知重とは兄弟で対立する格好となった。幕府軍の戦勝は東国武士の西国への第二次的進出を招来せしめ、続々と地頭職（新補地頭）を得て、中には西下する武士も少なくなかった。そしてこの時期雌伏していた常陸佐竹氏とともに美濃国（伊志〔自〕良荘）に地頭職なる新恩を得たのが知家の二男有知（伊志良二郎）である。筑後氏への論功行賞であろう。

しかし、この内乱では筑後氏の他にも北条泰時に従って軍功を積み、そして戦死した石河平五・片穂刑部四郎などもおり、戦後、筑後知尚跡（信太荘）を北条政村が知行したとの想定がされるように、北条氏の存在は常陸守護筑後知重にとって油断できないものであった。[28]

2　常陸小田氏の成立

承久の乱後、筑後入道（八田知家）は『吾妻鏡』には全くみえなくなる。恐らく、乱後遠からずして死去したのであろうか。『吾妻鏡』と諸系図の所伝には明瞭な相違があってその時期はわからない。加えて承久四年（一二二二）以降の『吾妻鏡』の記事中に筑後知重もまた登場はない。嘉禎二年（一二三六）十一月二十四日、火災によって鎌倉の知重宅が焼亡したことがわかるだけである。知重嫡子泰知（諸系図では寛元年間に早世とあるが、不明）の幕府への奉公は知られず、乱後はもっぱら中条家長（知家養子）・筑後知氏（田中氏）・筑後図書助（高野時家）・筑後四郎左衛門尉（高野景家）・筑後左衛門尉知定（茂木氏）など知家庶子のごく普通の奉公の姿を『吾妻鏡』の中にみるのみである。守護筑後知重は全くの逼塞状況にあったのであろうか。

この間の事情を知る興味深い史料がある。安貞元年（一二二七）十二月二十六日付鎌倉将軍家御教書案がそれである。[29]御教書は常陸前司ともいわれた筑後知重に宛てられ、知重の従前からの常陸大掾職就任の野望を厳しく停止している。将軍の裁断としてみごとに知重の野望は「非分之望」とされたのである。結果、訴人である常陸大掾平朝幹（馬場資幹の子）はその職の保持を許されたのである。知重はこれより先、常陸国の知行国主帥大納言（二条定輔）の力を借りて常陸介に任官した。

そして馬場資幹の本領佐谷郷および大掾職を取得しようとした。これに対して二位尼北条政子は「不易御下知」を与えて知重の非儀を正した。徳治二年（一三〇七）五月付平経幹申状案[30]は、長期にわたる知重の野望の推移をよく伝えている。建保二年（一二一四）の馬場資幹への常陸府中地頭職給与は北条氏の画策で実現したが、守護家八田氏（筑後氏）にとってはきわめて残念な勢力配置であった。小鶴荘に拠点を定めたのも府郡の府中を掌握するためであり、そのためには馬場氏所領の奪取も辞せず、且つ常陸平氏本宗が伝統的に保有相伝してきた常陸支配の象徴的権威である大掾職への就任も必要であった。しかしこの壁は誠に重厚であり、幕府（北条氏）の馬場氏支援の前にはどうすることもできなかった。こうして鎌倉期の常陸では、大掾職を伝統的に保持して府中地頭であり続ける馬場氏（大掾氏）の体制と守護八田氏（筑後氏）の体制が二元的に存在するという他国に例をみない政治状況が出現したのである。

知重の行動が『吾妻鏡』にみえないのはかかる幕府裁定と大いに関係があり、知重の幕府への出仕がなかったためと思われる。安貞二年五月十九日付関東下知状[31]には、「守護人知重」とあるのでこの時期知重は在国の身で守護の任務にのみ従事していたと思われる。

この時期、既に源家将軍に代って藤原頼経を将軍とする北条氏専制は、確実に進行していた。貞永元年（一二三二）八月には『御成敗式目』（五十一か条）が制定され、北条氏主導の政治の基礎が成立した。宝治元年（一二四七）六月に至り、北条時頼は雄族三浦氏を滅ぼした（宝治合戦）。この合戦では、妻が三浦泰村の娘であった嫡子泰知が三浦氏方に立って失脚し、宍戸壱岐前司家周（国家）の常陸守護就任が実現する。宝治二年四月三十日、家周は国内悪党の捜査を命じられているが、これは家周の守護である証左という[32]。知重嫡男泰知の守護在任は確証が得られないが、知重の失脚の中でその相伝はあり得たであろう。しかし宝治合戦での泰知の行動は、知家が築いたこの氏族の基礎を動揺させずにはおかなかった。八田氏（筑後氏）本宗の立場は一時家政流宍戸氏に移ったとみてよいであろう（常陸守護職を帯しての宍戸家周の小鶴荘入部こそ、この氏族による本格的当荘経営の嚆矢とみる。従って前述のようにやはり宍戸氏の名字の地

筑波社領・三村郷関係図

は他所であったと思われる）。

この宍戸氏の守護職在任の中で復権を試みたのが泰知の嫡男時知であった。建長四年（一二五二）十一月十一日条を始めとして、以後将軍家の供奉人として『吾妻鏡』に多出する小田左衛門尉時知こそ小田氏の祖である。既に八田知家の栄光も消え去り、知重・泰知による氏族的後退を北条氏専制の中でいかにして回復するかが問われた時期の人物である。この時知が「小田」を名乗る点が注目される。「筑後」の名乗りを捨てていることが知重・泰知の代への深い反省であることは理解されるが、それ以上に、筑波郡三村郷内に名字の地を有した時知の領主的基盤を評価しなければならない。

建久の政変によって八田知家に与えられた茨城北郡・筑波郡は、八田氏の本拠とはならなかったのである。庶子による入部はあったにせよ、依然として「守護所」は小鶴荘に置かれ続けられた。しかるに知重・泰知父子の失権は守護職の宍戸氏への移譲を招き、同時に経営は周辺の守護領とともに宍戸氏に委ねられた。泰知嫡子時知の筑波郡への入部はこのとき本格化し、三村郷内小田の地が新たに時知の名字の地になったと想定できる。建長四年の『吾妻鏡』にみえるようになる時知こそ、この小田を拠点に将軍に供奉するまでに氏族の権益を回復した御家人小田氏なのである。

嘉禎三年銘のある東城寺の広智上人座像に、永仁六年（一二九八）彩色したのは「南野庄小田之住人藤原氏」であった。[33]この藤原氏が誰かは不明（小田氏には相違ない）だが、三村郷を含む広大な荘園南野荘域内に「小田」という地名が存在したことは、時知の名字の地を筑波郡小田に比定し得る有力な証拠である。[34]常陸小田氏は始祖知家の栄光とは逆に、北条氏専制の確立に伴う混乱の中から知家の曾孫時知によって改めて回復されたといえる。

四　北条氏と小田氏

1　霜月騒動と小田氏

小田時知の御家人としての活動がいつ頃始動するのか、つまり三村郷地頭職補任の時期はわからないが、建長年間には幕府への出仕が認められるので、その勢力回復は比較的順調であったとみてよい。あるいは八田知家の余光と同族常陸守護宍戸氏の存在が大きいといわねばならない。西大寺系律僧忍性の来住（建長四年〔一二五二〕）による急速な小田地方での仏教の展開も、時知らによる居館（小田城）周辺の本領内経営の所為とみられる。

この時知が守護になったとの徴証は得られないが、弘安五年（一二八二）三月二十五日、鹿島社領大枝郷給主職をめぐる相論についてその現地での処理を幕府より命ぜられたのは常陸介小田時知であり、守護と認めてもよい立場である。とすれば、時知は再びこの氏族に守護の地位を回復したのであり、国内第一の武家となったことになる。この間、文永十一年（一二七四）には著名な元軍の来襲があり、ついで弘安四年にも再度の来襲があったが、果して小田氏が西下したかどうか不明である。常総武士の西下自体が不明であるので、元寇による直接の影響はなかったのではないかともいわれている[35]。

元の襲来に西日本が騒然とした直後の弘安七年、執権北条時宗が死去し、次いでその子貞時が幼少で執権となった。この貞時のもとで安達泰盛は、内管領平頼綱と対立を深めつつ幕政改革を断行した。そして弘安八年十一月、平頼綱は北条氏得宗家（北条氏正嫡の意。義時の法名徳宗に由来する）の御内人らを動員して泰盛を殺した。この時、諸国の安達派の武士が多く北条氏の征伐によって没落している。この乱を「霜月騒動」という。十一月十七日、鎌倉で自害して果てた泰盛方の人々の中に田中筑後五郎左衛門尉・田中筑後四郎（知泰カ）・筑後伊賀四郎左衛門尉（高野氏流伊賀景家）がおり[36]、前二者こそ建久の変後、田中荘に入部した知家の子息知氏の子孫である。田中荘は当然の帰結として北条得宗領となり、北条泰家に伝領された[37]。

この田中氏の没落は、小田時知にとって同族の没落という以上に本領三村郷に隣接する荘域に北条氏所領が出現した脅威であり[38]、伊賀景家の所領を北郡内に比定すると、この北郡も没収されて得宗領となり、やがて北条貞時室（高時の母）大方禅尼へ伝領された[39]。つまり、本領の東西域に北条氏所領が形成されたのである。

このように北条氏の常陸国内への仮借なき進出の中で小田氏の支配は停滞した。正安三年（一三〇一）十二月二十三日、小田宗知（時知の嫡子）は常陸総社神主清原師幸から送進された異国降伏の祈禱巻数を受領している。異国とは元を指しての降伏であるが、これは宗知の守護職在任を意味する。[40]弘安の来襲以後も各国ではこのような降伏の祈禱が続いていたのであり、それを指令するのは守護の役目であったからである。しかるに、宗知の守護在任は確認できるがその活動は皆目不明であり、正和四年（一三一五）段階では宍戸壱岐前司時家の常陸守護職在任を見出すことになる。[41]時知・宗知の保有した守護職が再度宍戸氏に移行した背景には小田氏内部の抗争が想定される。[42]

時知による八田氏嫡流の小田氏としての再起は、北条氏専制の中でかろうじて守護職は回復したものの新たな所領拡大は殆ど期待できず、むしろ知家以来の権益の多くを失った。従って、守護というよりは地頭としての姿こそこの時期の小田氏には適切なほどである。

2　郷地頭小田氏

文保二年（一三一八）五月、小田貞宗は一通の請文を守護のもとに提出した。これは前述の正和四年（一三一五）の将軍家御教書の旨をうけて、守護宍戸時家から国内地頭に対して出された総社造営に関する負担の有無の問い合せに対する回答である。ここで貞宗は筑波社（領）・三村郷についてはこれまで総社造営に課役を勤仕した例はないと返答している。[43]文保三年の総社側でまとめたこの時の造営関係請文は計一九通であるが、[44]総社側が期待した造営役所は国内二〇数郷に及び所管の地頭も一九名である。この一覧中に「一通　筑波社三村郷地頭小田常陸前司請文」とあるのが文保二年五月四日付の小田貞宗請文であり、貞宗が地頭職を保有する両所が明記されている。鎌倉期の小田氏本宗が地頭職をもった所領が確実に認められる史料は他になく、本領に依拠してかろうじて勢力を支える貞宗の実像がよくわかる。

では、この請文にいう貞宗の所領「筑波社三村郷」とはどのような場所であろうか。筑波社は筑波社領の意味で、筑波山に鎮座し、平安期の『延喜式』(巻九、神祇九、神名上)にみえる名神大社および小社の二座からなる「筑波山神社」の社領である。この社領は筑波山南山麓(筑波郡の北境)に所在したと考えられるが、その形成・伝領については古代以来不明である。鎌倉期の弘安二年(一二七九)・嘉元四年(一三〇六)両度の国内土地台帳(大田文と通称する)に「筑波社　五十六丁六十歩」とあることから社領の面積が判明するのみで、位置・経営状況は全く不明である。

建久四年(一一九三)を以て多気義幹から八田知家に筑波郡の支配は移るが、その時この筑波社領も同時に知家の知行下に入り、以後地頭職は知重・泰知を経てやがて小田時知に伝領され小田氏の本領の一所となったのである。知家子息明玄(為氏)が別当として入山し、この子孫から室町期に筑波氏が台頭する背景もここにあったと思われる。

三村郷は令制下の筑波郡三村郷に比定されようが、鎌倉期に入ってのこの郷域の広がりがどの程度のものかはわからない。常陸国の大田文にも記載はなく、宝篋山(小田山)南麓の桜川(筑波川)左岸一帯を指す地域と思われる。別に「南野庄小田」[45]といわれた地域こそこの時期の三村郷であった可能性が高い。つまり、筑波山南麓から多気(つくば市北条)を経て宝篋山麓小田に至る桜川左岸で筑波山系西側の一帯(大田文記載の「筑波北条」にほぼ相当する)が貞宗の時の小田氏本領と考えられる。この本領のうち三村郷には居館(小田城)が設営され、時知以来政治的にも宗教文化的にも小田氏はこの郷にあって命脈を保ったのである。

ところで、治承三年(一一七九)五月付の常陸国総社造営注文案[46]では、この時の造営役所として筑波社領へは「忌殿一宇五間萱葺」が割り宛てられている事実がある。多気義幹が下司として健在であった時期の造営役負担であり、全く異議なく勤仕されたと思われるが、小田貞宗は筑波社領地頭としてこの先例を「全く造営の例無く候」と完全に無視している。建久四年以後、つまり八田知家以来、かかる先例なしと主張しているとも思われるが、貞宗の他三名の地頭らの共通に先例なしとする断り文言および結論不明（請文残存せず）の一六名の地頭らの態度から総社造営と地頭との微妙な関係が浮かび上がってくる。

小田貞宗が筑波北条の本領でのみ地頭として勢力を保持している間に、常陸守護職は宍戸時家から北条氏の手に移った。正和四年（一三一五）九月から文保元年秋までの間のことと想定される。[47]守護となった人物は北条時綱である。時綱は越前前司ともいわれ、北条時政の孫時盛を祖とする佐介流に属している。鹿島社領内の大禰宜氏と地頭行方氏の所領相論を巧みに利用して係争の地を守護領として掌握したり、[48]他にも国内伊佐郡（筑西市）平塚郷を守護領とした。[49]北条（佐介）時綱の守護就任は、北条氏による打ち続く常陸国内進出の目標達成を如実に語るものである。時綱の守護在任は幕末まで続いたとみられ、この間、守護代の常陸での活躍・台頭もみられ、これまでに形成した多くの北条氏所領の安定した経営が存続した。[50]

おわりに

以上のように鎌倉末期の常陸国内には、北条氏による守護体制が確立し、八田氏系小田氏・宍戸氏の守護権力回復は完全に断たれた。筑波社領および三村郷の郷地頭として本領の維持を図る小田氏にとって、北条氏とのこれ以上の対立は避けなければならず、否、北条氏の圧制を何としても本領内に入れてはならなかった。

元応年間（一三一九〜二一）以来、蝦夷（奥羽および北海道）において「蝦夷人」の広範な蜂起が起った。奥州征伐後、幕府は蝦夷管領として安藤氏を任じたが、秋田城介安達泰盛滅亡（霜月騒動）後奥羽を征した北条氏の支配体制下では安藤氏の管領権も既に脆弱化し、安藤氏自体の内部抗争が目立っていた。正中二年（一三二五）、幕府は騒乱の責任をとるべく安藤又太郎季長を解任するが、季長は従わず、得宗被官工藤祐貞の軍門に降った。

しかし、季長の郎従季兼はなおも反抗を続け、幕府は再度の征討を決定し、下野の宇都宮高貞と常陸の小田高知（治久）を蝦夷征討使に任じた。そこで嘉暦二年（一三二七）六月十四日付関東御教書が小田常陸入道貞宗に出され、「悪党誅伐の事、不日、一族を相催し、子息尾張権守（高知）を津軽の戦場に差し遣わし、軍忠を抽んぜらるべき」ことが命じられた。一族のみを引率して行われたこの津軽合戦は宇都宮氏ともども本領所職を固守するための試練の行軍であり、北条氏の圧制に屈服しないための正念場でもあった。[51]

正中元年九月には後醍醐天皇の討幕計画が挫折する（正中の変）など、社会不安が増大する中での小田氏に与えられた厳しい宿命であった。幸い嘉暦三年十月に至って和議が成立し、小田高知は宇都宮高貞とともに帰国しているが、この出陣による論功行賞は何もなかった。本領所職の安泰こそ恩賞ともいうべきものであった。

正中の変で顕然化した後醍醐天皇の討幕の意志は強く、元弘元年（一三三一）八月には再度討幕の兵を挙げた。この挙兵を鎮圧するために西上した幕府軍の中に小田氏の人々がみられ、やがて政局の推移を判断しつつ、この氏族のとった様々な行動が展開することになる。

註

（1）『源平闘諍録』巻五（福田豊彦他校訂、講談社学術文庫（上）、一九九九年）、『茨城県史　中世編』（茨城県、一九八六年）、野口実『坂東武士団の成立と発展』（弘生書林、一九八二年）など。

（2）『永昌記』嘉承元年六月十日条（『増補史料大成』臨川書店、一九九二年）。

(3)　註(1)前掲『茨城県史　中世編』。
(4)　『吾妻鏡』治承四年十一月八日条。『吾妻鏡』は『新訂増補国史大系』(吉川弘文館)による。
(5)　『保元物語』巻上(永積安明他校注『日本古典文学大系　保元物語・平治物語』岩波書店、一九六一年)による。
(6)(7)　『尊卑分脈』(『新訂増補国史大系』吉川弘文館)による。
(8)　『下野国誌』(佐藤行哉校訂、下野新聞社、一九六九年)。
(9)(10)　『栃木県史　通史編3　中世』(栃木県、一九八四年)。
(11)　『吾妻鏡』治承四年十一月八日条。
(12)　『吾妻鏡』治承五年(養和元年)閏二月のこととするが、誤伝である。
(13)　佐藤進一『増訂鎌倉幕府守護制度の研究』(東京大学出版会、一九七一年)。
(14)　『筑波町史史料集　第八篇(中世編Ⅰ)』(筑波町、一九八四年)所収二号。
(15)　『栃木県史　通史編3　中世』(栃木県、一九八四年)。
(16)　註(14)前掲書所収六号。
(17)　註(9)前掲『栃木県史　通史編3　中世』。
(18)　『吾妻鏡』建久三年八月九日条。
(19)　『吾妻鏡』のこの部分は十三世紀後半の成立とされ、種々の伝承・記録を基礎に書かれた可能性が高い。とはいっても信憑性の高い記事も豊富であり、例外としてこの資幹所伝などがあるのである。
(20)　註(1)前掲『茨城県史　中世編』。
(21)　小鶴荘を宍戸荘とも称するのは鎌倉末期であり、知家四男家政が宍戸四郎と称した名字の地は他所に求められてもよかろう。家政が当荘に入ってあえて小鶴氏を称さずに宍戸氏を名乗るからには荘域内に少なくとも「宍戸」なる郷・村名を見出したいが、現在その地名は確認できない。
(22)『吾妻鏡』元久二年正月一日条。
(23)註(14)前掲書所収五号。
(24)註(14)前掲書所収七号。
(25)『筑波町史史料集　第十篇(中世編Ⅱ)』(筑波町、一九八六年)所収一号。これは『吾妻鏡』関係の記事を集成したものである。
(26)註(25)前掲書所収六号記録。これらは関係諸系図を集成したものである。
(27)『吾妻鏡』承久三年五月二十三日条。
(28)註(1)前掲『茨城県史　中世編』。
(29)註(14)前掲書所収七号
(30)註(14)前掲書所収三九号。
(31)註(14)前掲書所収八号。
(32)註(13)前掲『増訂鎌倉幕府守護制度の研究』。
(33)註(14)前掲書所収九号。
(34)文献にみえる小田地名の初見。なお、陸奥国小田郡(保)が奥州征討の論功行賞で八田知家に与えられた可能性は高く、ここが小田氏の名字の地であるとの説もある。きわめて蓋然性の高い考察であり、鎌倉期のこの氏族への理解を根底から問い直す程のテーマであるが、今は三村郷内の「小田」に着目しつつ、小田氏成立の背景を考えておく。ただ陸奥小田氏の常陸入部という魅力ある理解を、時知復権の事実に抵触しないものとして示唆する中で今後の研究の進展を期待したい。

(35) 註(1)前掲『茨城県史　中世編』。
(36) 註(14)前掲書所収三〇号。
(37) 註(14)前掲書所収五三号。
(38) 註(1)前掲『茨城県史　中世編』。
(39) 註(14)前掲書所収五三号。
(40) 註(13)前掲『増訂鎌倉幕府守護制度の研究』。
(41) 正和四年九月二十一日、鎌倉将軍家御教書案(『常陸国総社宮文書』一五号)(『茨城県史料　中世編Ⅰ』所収)。
(42) 宮本茶村編『常陸誌料　小田氏譜』(東京大学史料編纂所蔵)。
(43) 註(14)前掲書所収四四号。
(44) 註(14)前掲書所収四五号。
(45) 註(14)前掲書所収九号。
(46) 註(14)前掲書所収一号。
(47) 網野善彦「常陸国における荘園・公領と諸勢力の消長(下)」(『茨城県史研究』二四、一九七二年)。のち網野『日本中世土地制度史の研究』(塙書房、一九九一年)に再所収。
(48) (年月日未詳)大禰宜中臣良親申状写(後欠)(『鹿島神宮文書』四六二号)(註(41)前掲『茨城県史料　中世編Ⅰ』所収)。
(49) 応安元年閏六月十二日、室町将軍家寄進状案(『賜盧文庫文書　鹿島文書』所収)(東京大学史料編纂所蔵)。

（50）石井進「鎌倉時代の常陸国における北条氏所領の研究」（『茨城県史研究』一五、一九六九年）。
（51）註（14）前掲書所収五〇号。

第二部　常陸中世武士団の展開

第一章　大掾氏本拠としての常陸国府

はじめに

治承四年（一一八〇）十一月四日、源頼朝は自ら常陸国府に入った。十月二十七日に、佐竹秀義追討のため鎌倉を進発して以来の行動であった。この年四月二十七日、伊豆国田方郡北条に居住する頼朝の許に、平家打倒を指令する以仁王の令旨が届けられた。準備の後、八月十七日に伊豆国目代山木兼隆を討って挙兵の嚆矢とした。以後、頼朝は石橋山での敗戦から紆余曲折の末、軍勢を立て直して鎌倉に入り、やがて常陸国の佐竹氏への攻略にかかったのである。これらの様子は全て『吾妻鏡』の所伝であるが、佐竹氏に対する認識は「常陸国佐竹太郎義政、ならびに同冠者秀義等、数百の軍兵を相率しながら、いまだ帰伏せず、就中秀義が父四郎隆義は、当時平家に従ひて在京す、そのほか驕れる者なほ境内に多し[1]」というものであった。平家方に立つ佐竹氏を討つ、との名目は明快な頼朝派の論理であり、事実、『吾妻鏡』の十一月四日・五日・六日・七日・八日の記事は対佐竹氏戦に終始している。その顚末は左記の通りである。

四日、頼朝および宿老が群議する。佐竹義政は降参を表明し、同秀義は金砂城に籠る。佐竹義政が誘殺される。金砂城が攻略される。

五日、金砂城攻防戦が続く。佐竹義季の内応により、秀義軍苦境に立つ。

六日、佐竹秀義、奥州花園城に逃る。

七日、頼朝、常陸国府の旅館(庁舎の一ヵ)にて金砂城攻略の報を受ける。佐竹義季を許容し軍門に配置す。志田義広・源行家が謁見する。

八日、佐竹氏所領を収公し、諸士に勲功の賞として領を与える。

この経緯からは、頼朝軍と佐竹氏間に展開した私闘の域を出ない。ここでは五日間にわたり頼朝自身、即ち攻略軍の本営が常陸国府に置かれ続けた事実こそ重要である。

つまり、山木兼隆を「平家(氏)の方人」と説明したように、十二世紀後半の坂東諸国の武家は必然的に平家への従属を強いられていたのであり、佐竹氏の場合も然りであった。頼朝の行動に参画することは、このような背景からの脱出であり、各武家にとって厳しい選択であった。特に平家の知行国(平氏族が国主として国司の任免権をもつ)であった常陸国の場合、佐竹氏は存外にもこの国政状況に依拠して奥六郡での権益拡大に努力したようである。

承安四年(一一七四)、佐竹昌義・同義宗父子は、濫行の科で捕縛された中郡荘(蓮華王院領、桜川市(旧岩瀬町域))下司中郡経高(大中臣氏族等)の身を京進するように命じられた。それは、在庁(常陸国府の官人)とともに京下りの「召使」に協力しつつとの命であった。(2) この命を記した院庁下文の発給に関与したのが、時の常陸国主高階泰経であり、その子息経仲が常陸介(在京)であった。しかもこの経仲の室は元常陸介平教盛(清盛舎弟)の孫である。平氏政権と佐竹氏族の間接的関係を知り得よう。因みに平家一族では、家盛・経盛・教盛・頼盛(以上清盛の舎弟等)・通盛(教盛の子息)・藤原範季(室が教盛女)・藤原頼実(室が教盛の孫)等の人々が十二世紀後半の常陸介を歴任しており、治承三年当時の知行国主が高階泰経で、常陸介が高階経仲であることから、(3) 佐竹隆義の在京の理由も一層首肯できる。昌義以来の平氏政権への従属であり、常陸国府を権益の拠り所とする佐竹氏族の国内武家としての立場があった。

　加えて佐竹昌義が藤原清衡女を室として陸奥国と結び付き、子息らを下総国(三崎荘・相馬御厨)での権益確保に当らせている(『吾妻鏡』にいう「権威境外に及び」とはこのことであろう)実態は頼朝派の政権構想上、最も懸念の対象であった。

　従って、頼朝軍の本営は常陸国府に置かねばならず、ここを拠点とした軍事行動こそ知行国主平氏族と常陸源氏族佐竹氏の基本関係を絶つことであり、同時に平氏政権への反抗の姿勢表現であった。そして副次的には、佐竹氏に連なる陸奥藤原氏への圧迫(文治五年〔一一八九〕に本格的な征伐を実施する)ともなり、在京官人の伝統を保持する常陸平氏本宗への示威ともなった。

　治承四年十一月八日、頼朝は国府を出て、鎌倉への帰途、「小栗十郎重成が小栗御厨の八田の館」に入ったという(4)。この時、常陸平氏族といわれる小栗氏と頼朝派の人々との間にどのような関係が結ばれたのかはわからない。この地は伊勢神宮領の御厨で、頼朝の流儀で現地の内外宮社への参拝が主目的であったともいえる。国府からこの御厨への巡歴では、佐竹氏に武威を示した以外、特に国内諸氏族(特に常陸平氏族)に対する指令や契約はなかった。やはり、佐竹氏領の処分(奥七郡に宇佐美・佐伯・那珂・二階堂氏等を郡地頭として配置した)が注目される中で、その真意は平氏政権下の国府機能の奪回・保持が目的であり、総じて常陸国の支配への着手とみられる。後年の奥羽征討時、佐竹氏が頼朝軍に復帰し、常陸平氏族がともに従軍している現実からも、治承四年の頼朝の国内巡歴の意義をこのように捉えたい。

　以上、頼朝政権における常陸国府政策の一端を、佐竹討伐を例にしてみてきた。以下鎌倉期以降、大掾氏の本拠となった常陸国府について、国府官人の系譜を引く人々との関係などに言及しながら、その展開について検討していきたい。

一　常陸国府と鎌倉幕府

佐竹氏討伐後の源頼朝政権は、その合法性を求めて次のように運動する。

寿永二年（一一八三）　院宣によって、東海・東山両道の成敗権を掌握する（頼朝への勅勘が解かれ、従五位下に復する）。源義朝討伐のため、源範頼・同義経が上洛する。

元暦元年（一一八四）　源範頼ら、源義仲を討つ。頼朝に平家追討の宣旨が発給される。

文治元年（一一八五）　頼朝代官義経、平家を追討する。頼朝、日本国総追捕使・同総地頭に任じられ、荘園・公領を論ぜず加徴米（段別五升）を課すことを許される（守護・地頭設置権の認可）。

文治五年（一一八九）　頼朝、正二位に昇叙される。藤原泰衡を追討する。

建久元年（一一九〇）　頼朝、上洛する。権大納言・右近衛大将に補さるも辞官する。

建久二年（一一九一）　頼朝、政所吉書始を行う。

建久三年（一一九二）　頼朝、征夷大将軍に任官する。

これらの経緯は総じて幕府政治の確立とみられるが、この過程では常陸国への支配もかなり具体的に進められた。

養和元年（一一八一）　頼朝、鹿島社に国内の世谷・大窪・塩浜・橘郷を寄進する。

寿永二年（一一八三）　頼朝、志田義広与党の所領を没収する（小山朝政への国内権益の許可）・下総の下河辺政義に大枝郷（茨城南郡）を与える（地頭職）。

元暦元年（一一八四）　頼朝、下河辺氏領大枝郷の雑事免除を常陸国目代に要請する。国内住人らを家人として認可する。橘郷など寄進社領への地頭非法を停止する。

文治元年（一一八五）　頼朝、八田知家（守護）の右衛門尉任官を叱責する。

文治五年（一一八九）　頼朝、奥州征討に際して守護八田知家を海道大将軍とする。佐竹秀義の従軍を許す。

建久元年（一一九〇）　常総武家（八田・下河辺・豊田・鹿島・小栗・多気・真壁・中郡各氏）、頼朝の上洛に従う。

建久二年（一一九一）　佐竹秀義、鎌倉で頼朝に謁見する。

建久三年（一一九二）　下妻広幹、源実朝の誕生を祝し護刀を献じる。


少例ではあるが、この一〇年ほどの国内の動向は、頼朝主導の施策である点は明白であり、特に頼朝の鹿島社への積極的崇敬が注目され、同時に小山・八田・下河辺氏らの他国武家の常陸国内での諸職（守護職・地頭職）給与も重要である。そして、象徴的なこととして、元暦元年十一月、頼朝は「常陸国の住人等、御家人としてその旨を存ずべき」（『吾妻鏡』）として国内武家の統轄に成功した。

この間、頼朝政権は全く国衙機能に介入していない。治承四年の佐竹氏攻略時、その本営を国府に置いた頼朝であるが、そのこと自体、国府機能の完全奪取ではなかった。補任時期こそ不明であるが、下野武士八田知家を守護とした（文治五年以前）ものの、守護所は国府ではなかった。鎌倉で政権（幕府）の中枢に参画した八田氏ではあるが、常陸国内に守護在駐の拠点を求めることは至難であった。研究史的にも守護家八田氏三代（知家―知重―泰知）の国内居館は不明である（小田城は小田時知以降の小田氏居館の遺構である）。

『吾妻鏡』建保二年（一二一四）九月十九日条には、次の記事がみえ、幕府が次のような裁定を下したことを伝えている。

常陸国府中の地頭の事、自今以後、大掾資盛(幹カ)沙汰を致すべしてへり、これ公家より在庁の解を下さるによつてなり、

この時以前、この地(府中)に幕府が補任した地頭帯職者がいたことは確認できない。事実としてこの地には補任できなかったのであろう。しかし、幕府は府中地頭補任を実現すべく人選に当った。この動きに対して常陸国府は在庁官人の解を在京の国司(介)を通して公家(太政官カ)に差し出し、公家は幕府にその旨を伝えた。解の内容はわからないが、幕府はその意向に沿って大掾資盛(常陸大掾平資幹と判断される)に地頭のことを沙汰するよう指示した。解釈の困難な文言であるが、資幹自身が地頭になったとは解せない。むしろ、例外的措置として、常陸府中の地頭は大掾の地位にある平(馬場)資幹による人選を優先するとの意にとれる。この結果、誰が地頭になったかはわからない。あるいは人選はなく、資幹がその任務を代行した可能性も高い。いずれにしても、この府中地頭の件は幕府と国府の権益保持に絡む折衝の過程であり、国府は幕府の支配原則に対してその例外性を守備したといえる。

さらに次の事態が注目される。つまり、幕府は安貞元年(一二二七)十二月二十六日付で平朝幹(資幹の子息)の主張を認めた(5)。

その主張とは、「(常陸)大掾職は、始祖(平国香)以来の家職であり、父資幹は源頼朝殿の承認を得つつ、私(朝幹)にこの職を伝えた。にも拘わらず、(守護)八田知重は自ら国司(常陸介)の列に加わり、今また大掾職を望んでいるがこれは不当である」というものである。この主張に対して幕府は「(朝幹)の主張通りであれば、それは新儀の申し様であり、通用する道理はなく非分の望みとして許容できない」とする鎌倉殿(将軍藤原頼経)の裁定を常陸前司(前常陸介)八田知重に伝えたのである。ここでは同時に知重からの弁明を求めているので最終決着ではないが、少なくとも常陸国府に対する幕府の基本的理解の一端が判明する。

こうして常陸国府の中世的立場が形成されつつある過程が知られるが、その立場とは大掾職を家職として継承しつつ、しかも幕府権力から一程度自立した平氏系氏族の国府での拠点化に他ならなかった。この間の事情を一層雄弁に語る史料が徳治二年（一三〇七）五月日付の平経幹申状案である[6]。経幹の主張は左の通りである。

①私（常陸大掾次郎経幹）が申し上げたいことは、「高祖父常陸大掾資幹」の墓所所在地でもあり、私の舎弟時幹の所領である佐谷郷内の「給主分（平氏）の知行地」のうち、「闕所地（没収地）」部分を返還して欲しい、ということである。

②佐谷郷については、「給主分（職）」も「地頭職」も「常陸大掾」の地位にある者が代々公武兼帯の職として相伝してきた。

③にも拘わらず、かつて「常陸介」となった（守護）八田知重は、常陸国知行国主（→国司の任免権をもつ）である「帥大納言（＝二条定輔）」の権威を借りてこの「大掾職」を横領しようとした。そこで（高祖父）資幹はこの経緯を幕府に言上したところ、幕府は、「この給主職については、大掾職に在任する家系の者（平氏）以外の人は望むべくもない」との判定を下し、北条政子はそれを「不易下知」（未来においても不変の原則）として資幹に与えた。その折の下知状は私の舎弟である時幹が現に所持しているので、御調べ下さって明白である。

④さらにまた、前司入道（北条泰時）の時にも同様の趣旨の下知状が発給されており、これも時幹が所持している。

⑤しかるに、舎弟時幹は「給主職」を解かれて所領を没収されてしまった。この職を所帯する理由は明らかであるのに。

⑥この間、私共の「亡父常陸新大掾光幹」がその「父孝幹法師法名妙観」に先立って生死の間をさまよう中、私（経幹）が生まれながら嫡子とされていたので、父の死去後は祖父のはからいで「大掾職」に就いた。

⑦私（経幹）の舎弟兼幹（時幹の舎兄）が所持している祖父孝幹（妙観）の譲状には、兼幹が不忠の心をもち、公事負担を行わない時は兄経幹の所領経営に委ねよ、とある。

⑧現実、「公家」「関東御代官（幕府）」への奉公、「鹿島神役」の勤仕を恙なく行っているのは、光幹子息らの中、私（経幹）一人である。従って私が常陸大掾職に在ることは至当である。

⑨そのような私が、舎弟兼幹の所領、特にその嫡子（某）分の所領を経営することに当然問題はない。

⑩ところが、妙観の死去後、舎弟時幹はその末子という立場であるにも拘わらず、幕府の下知を得たと称しつつ、外祖父（母方の祖父）工藤次郎左衛門入道理覚殿（工藤高光）の権威を以て、佐谷郷内所領を一円的に管領してしまった。

⑪このことにつき、御前庭中（評定の座への直訴）が行われ、正応年中（一二八八～九三）には島田行兼を奉行として私が（?）越訴（再審請求訴訟）を申し立て、現在も但馬政有を担当の庭中奉行として審理（相論）が続いている（係争中）。

⑫しかもこの間、大仏宣時殿や北条宗方殿が引付頭人（審理責任者）の時、時幹の主張は殆ど根拠が無くなり、ひどい立場に落ちこんだ。むしろ、本人に対する幕府の憐憫があって然るべきである。本人の不忠のなせる結果とはいえ、このように所領を喪失した者に対する対策の要は他にも類例が多く、これ以上の発言は差し控えたい。因みに当国鹿島社領大窪郷（日立市）の給主である禰宜真則（中臣氏）の場合も同様である。

⑬総じて、これまでの私（経幹）の一貫した忠義は、一門・他門全ての人々が存知するところである。佐谷郷は親父光幹の遺領である上に、高祖父資幹墓所の所在地である。この点については、既に他人によって所有されるべき性格の土地ではないとの北条政子および将軍家代々の下知状に明らかである。以上の理由から、ここに改めて私の佐谷郷の知行を認知して欲しい。

必ずしも「闕所」発生の背景は明らかではなく、しかもこの申状自体、光幹子息間の遺領相続争いの感が深いが、しかし、常陸大掾職を固定的に継受しているこの氏族の立場は公認されていることがわかる。前述の安貞元年の鎌倉将軍家御教書案とともに考察するとき、資幹―朝幹―孝幹―光幹―経幹の家系が保持した国司（掾官）の地位は明らかである。

幕府は、常陸国守護の国府介入を斥け、また平氏族の幕府官人化（地頭職補任）を期待しながらも、なお、この氏族の大掾職世襲を認めざるを得なかった。ここに、鎌倉期の常陸国府の自立した様相の一端をみないわけにはいかないのである。

二　国府と在庁官人

既に何度も用いてきた「国府」という文言が、律令制下の地方支配のための行政拠点を意味することは言うまでもない。そして、常陸国の場合、その所在地が石岡市の恋瀬川左岸台地上に比定される状況も然りである。国分寺・国分尼寺・総社など国府所在の徴証群も明瞭であり、加えて、大掾氏・税所氏・清原氏など関係官人層の所伝も比較的多く残っている。従って、常陸国府の史的性格は現在でも種々推察可能と考えられがちである。

確かに関係史料（特に後述の「国府文書」）からも中世国府の実態に迫り得る点は特徴的であり、注目度が高い。しかし、冷静に国府の歴史を見ようとすると、その設置時期・規模・場所などの全体プラン、あるいは官人層と組織、そして行政次第など不明の点があまりにも多い。比定地への歴史考古学的な本格的調査が望まれること急務であるが、ここでは研究史の一端を踏まえて略説し、中世の常陸国府―大掾氏本拠としての側面―を理解するための一助としたい。

現在、中世の常陸国府については次のような解釈が得られている[7]

①十三世紀段階で「古国府」と称される旧国府空間が所在した。

②鎌倉〜南北朝期にかけて、「府中」とも呼ばれ、留守所（国庁）・大掾館・税所氏屋敷・在庁官人屋敷・国分寺・国分尼寺・総社などからなる国府空間が所在した。

③国分寺・国分尼寺は、その遺構発掘成果から創建以来移転の事実はない。

④総社は国府内で移転している。

⑤十二世紀末〜十三世紀初の頃に常陸平氏族が在庁官人の頂点に立つ。

大略、このような解釈であり、①については仮に「茨城国府」、②については「石岡国府」と区別し、前者から後者への移転を想定できる。移転時期は十二世紀末〜十三世紀前半である。そして、前者は石岡市茨城地区一帯を、後者は石岡市府中・国府地区一帯を比定地とする。いずれの地区においても、未だ国府遺構の本格的所見は得られていないが、前者では「茨城廃寺」の古代寺院（茨城郡の郡寺）としての性格が判明しており、従って後者に先行する行政機関の展開も想定される。

この機関を郡中枢部に設営された国府とみるとき、それが七世紀末〜八世紀初にかけて諸国に設けられた国府（便宜、始原国府と称する）であるのか。それとも二次的存在としての国府であるのかはわからない。つまり、常陸国の始原国府をやはり「石岡国府」域に比定し、二次的国府を「茨城国府」域に比定し、そして三次的国府を再度「石岡国府」域に比定するという如き想定もあり得る。しかし、現状ではこのような想定は慎むべきであり、①の「古国府」に比定され得る「茨城国府」の実態解明が望まれる。

1 「茨城国府」想定所見

①　十三世紀〜十四世紀段階に在庁官人であった税所氏の経済的基盤は、「稲久名」と呼ばれ、この中には「古国府西殿本畠」が含まれていた。[8] また、税所相伝所領中に「古国府弥太郎在家」があり、[9] しかも「稲久名」は総計二八丁七段六〇歩の田籍とされ、この中には「茨城」が加え定められていた。[10]

以上から、税所氏は「古国府」と呼ばれた一帯（「茨城地区」を含む）を「稲久名」と称して支配していたことがわかる。

②　正徳五年（一七一五）段階で税所氏は居屋敷（室貝屋敷、鎌倉期以来の税所氏居館）の他に「茨城屋敷」を所有し、しかもその中に氏寺万福寺を所在させている。加えて山林・鎮守もこの地に所有管理している。[11] この点は、税所氏と「茨城」の地の深い歴史的由緒を示唆する。

③　茨城地区には江戸期まで、健児所・国掌を名乗る氏族が居住しており、[12]「コンディ坂」「コニショ屋敷」「国掌屋敷」なる呼称地もあり、さらに「小目代」なる小字が残る。これらの氏族名称や地名の発生は、税所と同様に全て国府内の「所」職に由来するものであり、十世紀頃にその成立時期が求められる。「（小）目代」に至っては十一世紀初頭以降である。つまり、国守・国介の遥任（在京して任国に赴任せず）が一般化し、国府が「留守所」と称される行政体制に変質することに即応して派生する職掌である。

④　仁平元年（一一五一）四月八日常陸国留守所下文[13]・治承三年（一一七九）五月日常陸国総社宮造営注文案[14]では、「目代」（散位中原朝臣）に次ぐ地位に散位百済が署名している。この百済氏こそ税所氏の本姓であり、しかもこの時期、在庁官人の筆頭として国務を執行している。因みに所伝の『税所系図』[15]の冒頭に百済貞成が置かれているが、これは貞成の実在は確かめられないものの、国府税所に関与した氏族が百済氏であることの反映とみてとれる。

⑤右の①〜④の内容から、少なくとも十〜十二世紀の間の常陸国府の機能が推測される。「目代」の下で「留守所」体制が進行し、税所・健児所・国掌所などの所職によって国務が分掌され、国府域内にはそれぞれ所職に関与した氏族の居住区、即ち在庁官人屋敷が配置されていたと推測可能である。しかも各屋敷は、所職執行の、つまり公務の場であると同時に名経営によって生活を成り立たせる私宅でもあった。いわゆる「在庁名」とは在庁官人によって経営が進められた所領的存在とみてよい。税所氏の稲久名、大中臣氏の香丸名の如くである。

これが「茨城国府」の景観である。しかし、やがてこの地での国府機能は衰退し、大掾氏（平氏）主導の新国府が北方に展開する。そしてその段階でこの地は「古国府」と呼ばれるようになったのである。

一方、この国府を「古国府」として認識した〝現国府〟の実態はどのようなものであろうか。

2「石岡国府」想定所見

①「府中」内に所在する百済氏族平岡家成所有の「元久名」[16]はいわゆる在庁名であり、従って平岡氏も在庁官人である。家成はこの名中の田と在家を嫡子重成に譲っている。そして譲与対象所在地として、木地・大町屋・桶地・飯地・鬼越・藤木とある。このうち木地は府中二丁目の「木之地」、鬼越は市内染地から旧八郷町（現石岡市）根小屋へ越す小丘一帯と考えられる。また、この平岡家成は留守所宛の常陸国庁宣案[17]によって「府中」所在の元久名田畠と健児所検断職の永代管領を認可されている。あるいは税所詮治と思われる人物が、「青屋之内田畠」など府中の地を売却している[18]。この「青屋」こそ、府中二丁目所在の青屋神社に係わる地である。そしてまたこの地は、正安二年（一三〇〇）五月二日常陸国庁宣[19]の「宮部・高根・青屋」にも通じており、いずれも市内若宮・総社地区と染谷地区に比定される。

以上、「府中」内に所在する諸地がどうやら茨城地区の北方ないし西北方に集中することから、この時期の「府中」の位置が推測される。

②在庁官人税所氏の屋敷所在地は、鎌倉期〜江戸期の間「室貝」であり、これは現在の国府一〜五丁目に比定される。

③弘安二年（一二七九）常陸国作田惣勘文案[20]に所載の在庁名のうち香丸名・金丸名、そして別名の弓削名などは経営主体が江戸期の府中六名家として残り、同時に府中二丁目・国府一〜二丁目・同五丁目に香丸・金丸・弓削の地名を残している。この文書中の在庁名・別名の所在地は不明の点が多く、しかも名の所在自体、必ずしも「府中」域にとどまらず「茨城国府」域にも拡大していることから「石岡国府」検出の指標とはならない。しかし、この地域での複数の名の所在は「国府」域の構造を考える上で注目すべきである。

④国分寺・国分尼寺の所在地が古代以来不変であることに留意する必要があり、また所伝ではあるが、現総社宮の故地が「尼寺が原」であることも一考に値しよう。[21]

⑤市内若松地区（二丁目・四丁目）に「京馬場」の地名が残り、「京」は「庁」ともみられる。この「キョウ（チョウ）ノババ」は江戸期に「長馬場」「庁馬場」とも書かれるが、本来は「庁馬場」であろう。とすれば、ここに「庁」の所在が想定され、これこそ「国庁」（国府内の正庁）ではなかったか。その実態は、鎌倉〜室町期では留守所である。

鎌倉〜室町期の在庁官人の頂点に立つ常陸平氏族が馬場資幹（大掾氏）の如く馬場氏を名乗る背景には、この「庁馬場」の居館をもつ経緯が改めて注目されてよい。

⑥①〜⑤の内容から、少なくとも十二世紀以降のこの地に行政の中心があり、それは「府中」とも呼ばれ、大いに〝現国府〟を想定させるに足るものである。

このように二つの国府の所在を「茨城国府」「石岡国府」として措定することはかなり有効と思われる。もちろん今後の両地域の本格的調査は急務であるが、後述するように在庁官人層の動向からもこの両国府論は説得力をもつといえるのである。

三　在庁官人の経済的基盤

国府域およびその周辺に居住し、日々国務に従事していた官人たちであるが、十一世紀以来、その経済的基盤は国衙財政からの支出というよりは国衙納税対象地の分有支配であった。既述のように名（みょう）と呼ばれる単位がそれであり、国府行政上は「在庁名」とか「別名」といわれた。例えば弘安二年（一二七九）常陸国作田惣勘文案には、在庁名として総計一五四丁四段三〇〇歩が登載され、常安佐谷名・稲久名・石光名・稲貞名・米吉名・石宗名・香丸名・金丸名・稲国名・元久名・稲富名・延吉名・恒岡名の計一三名が知られる。特に、百済氏（税所氏）が稲久名と元久名を基盤としていた事実がある。つまり、個々の名が在庁官人層の生活を支えていたのであり、百済氏（税所氏）などはこの名からの納税こそが官人としての経済的保証であった。

従って、各名は官人の私領とみた方が理解しやすい。そしてこの名単位に耕作・納税請負者（有力農民）がいたのであり、彼らはその請負地（実はその中に水田一筆ごとの土地所有者がいて家族労働を主体とした作付けと収穫にあたった）全体に自分の名前をつけて他の請負地と区別した。この時、初期には三郎丸とか五郎丸といった実名を避けて「三郎丸名」の如くに呼んだが、やがて予祝を意味する「佳字」を用いるようになった。冒頭の「常安佐谷」は佐谷郷（かすみがうら市）に所在した水田の集積地（計一一七丁）に請負主体が「常安」と命名し（仮名）、ここでの耕作が〝常に安全に行われ、かつ収穫の安泰を願いつつ実施される〟ことを願った、ということである（被請負人の仮名でもある）。稲・久・光・米・吉・香・金・富・恒などの佳字はこの意味をもつ。

因みに「別名」として、福真・三郎丸・大橋・弓削・柴高・子野代・久吉の七名があるが、福真・久吉の二名は佳字を用い、三郎丸は実名、大橋は地名（ヵ）、弓削は官人の氏名を用いている（他の二名は命名背景が不明）。このようなばらつきが何故なのかはわからないが、在庁名に後続する別名としての性格であろう。

かかる命名方法によって生まれた土地呼称は、後世に及んでも地名として残る場合が多く、「香丸」「金丸」の地名が石岡市内に存するのはこのためである。しかし、この名の所在範囲を把握することはなかなか困難である。常安名が佐谷郷に、香丸名・金丸名が府中に、そして稲久名が茨城地区（「加茨城定」とあることによる）に、大橋（郷）が東大橋地区に、とそれぞれ想定するくらいである。官人たちがどのようにこれらの名（所領）を日常生活の中で支配していったのかをみる中でその輪郭が一部浮上する程度である。若干例示してその様子を眺めよう。

① 延応元年（一二三九）三月[22]

百済氏（税所）某は、稲久名内の田畠（田一丁・垣内一所・古国府西殿本畠）に関して、同氏長常の知行主張を斥けて、その領地を留守所（目代）から安堵された。

② 弘安七年（一二八四）七月[23]

大春日高家（同光家は元応元年〔一三一九〕の訴状で「掾官」に属す）は孫の〝みな法師〟に「稲富名」内の田畠と「所職」（椙大夫・五位職と称した）を譲与した。その内訳は、

水田……二丁三段（このうち一丁は車田と呼ぶ）、三段（宮部に所在）、五段（野寺郷〔かすみがうら市〕地頭〔益戸氏ヵ〕によって押領されている）。

畠・屋敷……一所は堀（大春日氏の居館の地）より南、他の一所は堀より西（但しここは大掾殿に押領されている）、さらにもう一所として「左衛門巷」（田五段が付属しているが平岡氏が押領している）である。

③ 弘安八年（一二八五）正月[24]

大春日高家の孫〝みな法師〟（実名成光ヵ）は、稲富名内の田四段の領知を留守所から認められる。車田の一部で係争処理の結果、大春日氏所有の稲富名に送付されたことによる。なお、このとき大春日氏は稲富名（主）であり、国衙内では「相大夫の所職」を有していた。

④ 弘安十年（一二八七）七月[25]

税所親幹は、自名（不明）内田畠の領知を留守所から認められる。

⑤ 永仁六年（一二九八）正月[26]

在庁官人であり、「稲富名主」である大春日光家は、「左衛門巷」所在屋敷を押領している平岡成幹を留守所に訴えた。

⑥ 正安二年（一三〇〇）五月[27]

総社の「御子職」は、国守より田畠（府中所在）が給与された。

⑦ 正安三年（一三〇一）九月[28]

総社神主清原師幸が、「森南北屋敷」（国衙進止の地）の知行領掌を留守所によって公認される。

⑧ 正安三年（一三〇一）十二月[29]

総社神主清原師幸、守護小田宗知によって「異国降伏」の祈願を依頼され、その遂行を報告する。

⑨ 正安四年（一三〇二）六月[30]

税所宗成は、同親幹（平氏系）と相論を止め、稲久名内の在家の所有帰属と「鎌倉大番役」（この勤仕から税所氏が鎌倉御家人として幕府へ奉公している事実がわかる）の分担を決着した。

⑩ 正和四年（一三一五）六月[31]

留守所は、小三郎大夫清原師親を「五位職」（相大夫）に補任した。

⑪ 元亨三年（一三二三）二月[32]

平岡家成は、税所氏惣領彦四郎成幹（平氏系）に「稲国名」（税所氏（百済氏）相伝の地）内の在家（賦課単位としての畠と屋敷）と水田（田畠と認識）を譲与した。

⑫ 元徳二年（一三三〇）十月[33]

総社供僧快智（元応元年の訴状の連署人。従って広義の在庁官人）が重代相伝の三郎丸名内の水田二段を養子である相大夫殿子息徳房に譲与した。この譲与を妨げる者は、大掾殿・税所殿に申し上げ、かつ府中の在庁官人・供僧に告示して府中を追放されることとなる。

⑬ 元徳三年（一三三一）十月[34]

伴家親は、在庁官人として書生を務めている。「かとちまた（門巷）」に居住しているが、屋敷の北の島尻（後）の「ほまち」（役得）部分を養嗣子に譲与した。ここでも、違乱者の府中追放が明記されている。

⑭ 貞和三年（一三四七）十一月[35]

清原師貞が五位職（相大夫）に補任される。

⑮ 貞和四年（一三四八）三月[36]

清原師家が相大夫に補任される。

以上、『常陸国総社宮文書』『税所文書』から取り上げた、在庁官人たちの経済的基盤の日常実態である。「名」の保持・相伝、屋敷地の分布、総社神主・供僧の私領保有および職掌にまで及んでいる。そしてこれらの府中内での許認可・訴訟などが、時には在京の国司(守・介)の裁定も加わって決着をみている。例えば、官人(含総社神主)個々の田畠譲与は、最終的には大掾・税所両氏の保証の下で履行されるわけで、ここに府中の都市的小世界が垣間見られる。

四　常陸「国府文書」

ここでいう「国府文書」とは、平安末期~戦国期(いわゆる中世)の国府の状況を伝えている古文書の意である。特に「国府文書」として一括する場合、国府機能と所管文書とがともに後世に存続・伝存しなかった日本では、現実に反する取り扱われようであるが、文書の授受関係と内容からは、伝来状況を吟味した上でこのように呼称すべきである。つまり、後述の『常陸国総社宮文書』『税所文書』はすぐれて代表的な「国府文書」である。

古代・中世の国府の国政上の位置と性格については、繰り返し述べてきたところである。特に常陸国府の行政的かつ都市的性格を概観しようとする本章では、限られた史・資料でその全体像が追求されている。そして、そのための条件として二種の関係古文書群(『常陸国総社宮文書』『税所文書』)が注目されるのである。では、これらを「国府文書」として注目すべき点は何なのか、改めて考えてみたい。

日本では、七世紀後半以来、中国古代法(律・令)の継受が盛んとなり、やがて八世紀初頭にはその整備を終えた。このうち「令」の中に「公式令」が設けられ、国政に関わる様々な公文書の様式が定められたのである。[37]

一例をあげると、この中に解式という形式があるが、『常陸国風土記』はこの様式に基づいて、政府に上申されたものであった。当然、諸国にも同様な形での風土記の上申があった筈であるが、その残存例は極小である。しかし、このように古代の基本文書の制度化の事実は、改めて日本の古代国家の政治的輪郭を考える上で、指針となるものである。

次いで、平安期には、この令制を基本としながら国制の新展開がみられ、官の新設もあり、文書行政も改変が加えられた。いわゆる新様式文書の出現で、「宣旨」(天皇の下命)・「官宣旨」(「弁官下文」ともいう。天皇の命の下達)に加えて、「庁宣」(在京国司から在庁官人への下達)、「大府宣」(在京の大宰帥からの在庁官人への下達)、「綸旨」(天皇の意志の伝達)、「御教書」(三位以上の貴人の意志を伝達)などが代表例である。このうち、「庁宣」は直接に諸国行政に関わる文書であり、「国府文書」の最大特色である。

平安中期には、次第に国守の遥任(在京して目代を派遣)が一般化し、国府は在庁官人による目代指揮下の「留守所」体制となる。親王任国の常陸国の場合、「茨城国府」も「石岡国府」もこの体制下に置かれ(国介も在京の場合が殆どである)、既にその間の在庁の現実を検討した次第である。この検討に際して常に基本とした史料こそ「常陸国庁宣」であり(残存例としては正文・案文・写本がある。案文は中世末期までの写し、写本は近世以降の写しとし、区分けする)、『常陸国総社宮文書』『税所文書』中に実例がある。

この「庁宣」をうけて「留守所」が改めて国守の命や意志(決裁など)を担当の在庁官人や国内諸機関(諸家・諸人)に伝達する文書が「留守所下文」である。あるいはこの「下文」をうけて在庁の諸官人が単独ないし連署して該当者に伝達する文書、そして諸官人相互の連絡文書、官人個々の分担国務の子孫への相伝、官人保有田畠・屋敷の相伝と相論、在庁管理書類の筆写・抄出と提出、等々文書の内容は委細に及んでいる。国庁・国衙・国府へと広がる景観について、国務の行政系統について、在庁官人の系譜と生活について、という具合に「国府文書」の世界は独特である。

ここに「国府文書」の一括は意味があり、現実に『常陸国総社宮文書』『税所文書』の残存は、全国的にみても白眉である。加えて『鹿島神宮文書』『吉田神社文書』[38]の中にも「庁宣」「留守所下文」が確認され、常陸国に関わる「国府文書」は比較的豊かであり、古文書を通して予測・検証される国府・国政研究の余地がある。

以上の「国府文書」の存在を踏まえて、次には関係する二種の文書群の性格を紹介する（但し、ここでは主として文書の授受関係を中心に考え、国務上の事実関係には再度言及しないこととする）。

1　『常陸国総社宮文書』

総社（宮）の起源は、平安期に求められるが、国ごとには国内諸神（六～八柱）を国府域に併せて勧請し、国府の守護と国司による崇拝対象とされたものである。従って、神官・僧侶層は、やがて在庁官人の一部として国務に奉仕した。このことから総社（宮）や関係神官の許には「国府文書」が保管される確率が高く、常陸国総社宮の場合などはその代表例である。

さて、伝来文書群（僅かに残ったというべきであり、古文書の伝来とは一般的にこのケースである）中に、国守（在京）の発給文書である「常陸国庁宣」が四点ある。

①　文永十一年（一二七四）六月[39]

発給者は介惟宗朝臣、受給者は留守所で、大嘗会用の米（段別三升）を国内一円に賦課せよとの指示である。そして、宣旨・院宣の写しを添えている。

②　正安二年（一三〇〇）五月二日[40]

発給者は大介藤原、受給者は留守所で、総社の御子職に対する給田畠を宛行った。

③　元亨三年（一三二三）正月二十八日[41]
発給者は大介藤原朝臣、受給者は留守所で、総社神主清原師幸の米吉名内田地五段の領知を認めている。そしてこれは綸旨に基づくものである。

④　嘉暦三年（一三二八）七月[42]
発給者は大介藤原朝臣、受給者は留守所で、大森太明神の神田で国府中に所在する車田七段の平氏女の知行を認めている。

このように在京の国介は、留守所に宛てて国務上の指示や在庁官人に係わる権利の認可等を「庁宣」によって執行している。これを受給した留守所は「留守所下文」を発給するが、中世の留守所へは武家（幕府）からの指令（在京国司への連絡済みを原則）もあるし、在庁レベルでの判断もあった。「庁宣」は文書群中には六点ある。

①　弘安八年（一二八五）正月二十九日[43]
発給者は国司代（目代）左近大夫将監橘朝臣と税所、受給者は稲富名（主）であり椙大夫を名乗る大春日成光で、「先度国宣＝庁宣」に基づいて成光の車田四段の領知を認めている。留守所（在庁）の責任者が国司代（目代）と税所（職）であることが明らかである。

②　弘安九年（一二八六）二月[44]
発給者は国司代（目代）左近大夫将監橘朝臣、受給者は清原師行で、「院宣・国宣（庁宣）」「重代相伝理（ママ）」に基づいて総社神主職（社務職）が認められている。

③　永仁五年（一二九七）四月一日[45]
発給者は目代藤原・大掾平・税所左衛門尉、受給者は清原師幸で、総社敷地内の田畠領掌が認められている。その

根拠として「関東（鎌倉幕府）度々御成敗・留守所裁許」がある。

④ 正安三年（一三〇一）九月二十七日[46]

発給者は目代前能登守平朝臣、受給者は清原師幸で、国府内の森南北屋敷の領掌が認められている。

⑤ 正和四年（一三一五）六月二十一日[47]

発給者は目代・大掾平・税所平、受給者は清原師親で、国衙の五位職（職掌不明）を補任している。

⑥ 貞和三年（一三四七）十一月[48]

発給者は目代・大掾平・税所平、受給者は清原師貞で、五位職に補任されている。

以上、「庁宣」「留守所下文」を通してみれば、中世の国府で執行された命令系統が如実である。この他、在庁官人（ここに登場する人々は総社関係の神官・僧侶である）の個別の所領譲与と相論（所有権争い）関係文書があるが、既に言及した。その他、特色ある文書グループを取り上げると次のようである。

【造営関係】

① 治承三年（一一七九）五月[49]

発給者は目代散位中臣朝臣・散位百済、受給者は総社（カ）で、社殿造営のための負担を国内諸社・諸郷に分担した際の注文（配分書）である。総社の起源にも関わる貴重な文書であろう。

② 正和四年（一三一五）三月[50]

発給者は総社神主清原師幸、受給者は鹿島社（カ）で、奉拝殿遷宮に用いる「御幣」の支度注文（内容明細）である。国衙へ提出した正文の控えともとれるが、総社と鹿島社の関係が明らかである。

③ 文保三年（一三一九）[51]

発給者は留守所（カ）、受給者は総社（カ）で、総社造営（修理・再建の意カ）に関わる国内地頭（武家）の請文一九通の一覧である。伝来する請文本文（六通）によれば、各地頭はこの負担を拒否していることがわかる。

【祭礼関係】

①　康永三年（一三四四）正月[52]

発給者は清原師氏、受給者は不明である。「目安」として作成された文書であるが、内容的には訴状のようである。総社神主としての不満が羅列されている。

○守護佐竹義篤は神馬を用意せず、従って流鏑馬が執行できない。小田・宍戸氏が守護の時は行われていたので、これは佐竹氏の罪科である。

○鹿島社の二月・十一月祭礼に際し、佐竹氏領の地頭・名主（有力農民）の負担が欠如している。これは佐竹氏の咎である。

前欠文書のため全ては知り得ないがどうやら、この時期の佐竹氏の総社への負担欠如を厳しく弾劾したものである。

②　文和三年（一三五四）六月二十七日[53]

発給者は鹿島社大宮司散位大中臣朝臣・案主散位三田、受給者は総社（カ）で、鹿島社七月の御船祭の祝料一覧の注文（配分）である。総社がどのように関与したかは不明であるが、何らかの負担を共有して参加したのであろう。

【武家関係】

①　安貞元年（一二二七）十二月二十六日[54]

発給者は執権北条泰時・連署北条時房（実質は将軍藤原頼経）、受給者は守護八田知重で、知重の大掾職への就任希望を却下したものである。直接総社に関わるものではないが、問題の大きさのために在庁内でもこのような案文（写し)が作成されたのであろう。授受関係の上からは国府に無関係である。

② 正安三年(一三〇一)十二月二十三日[55]

発給者は守護小田宗知、受給者は総社神主清原師幸で、総社での「異国降伏御祈」(元軍調伏)の挙行証(「巻数」)の受領書である。武家と総社の関係を知り得る。

③ 正和四年(一三一五)九月十二日[56]

発給者は執権北条基時・連署金沢貞顕(実質は将軍守邦親王)、受給者は守護宍戸時家で、幕府は守護に対して、総社造営役を負担すべき地頭の一覧を提出させようとした。

総社(宮)の存続背景を考えるとき、残存の中世文書は極少であるが、それでも鎌倉～南北朝期、即ち常陸国府機能存続時期に対応して文書がある意味は大きい。国府機能に保証されて総社機能があると考えればこれが当然であるが、「国府文書」にふさわしい。

2 『税所文書』

税所氏が百済氏族として常陸国司の系譜をもつことについては、前述した。国司系氏族の百済氏がいつ在庁官人として「税所職」を専任としたかは不明であるが、国衙の「所」の発生が十一世紀である一般的傾向からほぼ推察可能である。鎌倉期にはその一流が血縁的にも系譜的にも常陸平氏流馬場氏族に帰属しつつ、職掌「税所」を名乗り平氏系税所氏が成立する(百済氏族としての意識からは、新たに平岡氏として在庁、健児所検断職を世襲した)。

特に税所氏は、南北朝内乱期には大掾氏を惣領とする府中武家の一員として動き、その立場は北党であった。室町期、税所氏の伊勢役夫工米徴収等の任務は続行しているが、以後在庁官人としての立場は国衙機能の衰退の中で不明となっていった。しかし、戦国末期の大掾氏の滅亡時にも命脈を保ち、江戸期では茨城と室貝に屋敷を有し、万福寺を外護する府中の名家（六郎右衛門家）として存続している。

文化四年（一八〇七）には、水戸藩士立原翠軒による家伝文書の採訪があり、しかもこの時点で文書全体が三帖に分割表装された。現在、三帖とも税所氏の所蔵を離れ、第一帖（一九点）が石岡市内の山本氏蔵に、第二帖（三九点）・第三帖（四四点）が大洗町の山戸氏蔵に帰している。

唯一伝来した在庁官人の文書群であり、「国府文書」そのものである。特に中世文書の中には、常陸国の国務を知り得る貴重なものが多く、次に点描してみる。

【国務関係】

①　延応元年（一二三九）三月[57]

発給者は目代前筑後守平朝臣、受給者は税所氏で、税所氏内部の所領相論を裁決した「留守所下文」である。

②　弘安二年（一二七九）[58]

「常陸国作田惣勘文案」と称する一国平均役の賦課に耐えられる田籍台帳である。作成・保管は「税所」の本来的任務である。現存のものは延文六年（一三六一）に大掾詮国の証判（裏花押）を据えて鎌倉府に提出されたものの案文で、この時の添状（散位詮国署判）も残存する。

嘉元四年（一三〇六）作成の田数注文（写本が『佐竹文書』中に残存）とともに「大田文」と呼ばれる国内全域にわたる鎌倉期の田数目録として貴重である。いずれも地頭名の記載はなく、税所氏（百済氏）の国務遂行上作成・保管された「国府文書」の典型である。

③　弘安十年（一二八七）七月[59]

発給者は目代散位藤原朝臣、受給者は税所親幹で、田畠の領知が認められた「留守所下文」である。

④　元亨二年（一三二二）三月二日[60]

受給者は僧聖海・少祐親行、受給者は税所氏で、真壁郡内五か郷の役夫工米納入に関わる田数注文である。ここでも、税所氏が②にも述べた如き任務を現実に行っていることがわかる。

⑤　元徳三年（一三三一）三月[61]

発給者は大介（在京）、受給者は留守所で、百済家成（税所氏族）の「常陸国府中」での元久名田畠の保有と健児所検断職の管領が認められた「庁宣」案である。

⑥　文和二年（一三五三）六月五日[62]

受給者は目代・大掾平・税所平、受給者は目（さかん）米吉（氏族不詳）で、米吉が明年の鹿島社七月御祭小使職に補任された。

⑦　貞治五年（一三六六）二月十日[63]

発給者は伊勢神宮大使某氏道則、受給者は税所氏で、大使は奥郡内の役夫工米徴収を税所氏に示しつつ、その収納所務を依頼する。この時期の国務内容と大田文を基礎とする国役賦課の現実を知り得る。[64]なおこの後一連の文書として、正長二年（一四二九）、永享六年（一四三四）、文安五年（一四四八）のものなどが伝来している。

⑧　嘉吉二年（一四四二）正月十五日[65]

発給者は大掾平・税所平、受給者は国分僧寺（カ）で、布施料稲の額を公認した「留守所下文」である。

⑨　元亀三年（一五七二）六月五日[66]

発給者は大掾平・税所、受給者は鹿島郡の某氏で、鹿島社七月大使職に差定（補任）された。

⑩（年不詳）六月十一日[67]
発給者は在京国司、受給者は税所安房守で、近江守憲継が奉じた「庁宣」である。内容は眼代正作（目代の直営田）に関わるが不明の点が多い。戦国期のものであろうか。残存する「庁宣」の最新例といえる。

【武家関係】

① 建久五年（一一九四）二月十五日[68]
発給者は源頼朝、受給者は留守所（カ）で、伊勢神役勤仕を神領居住の武家に励行させようとした「下知状」である。しかし、文体・文言等の点から検討を要する文書である。

② 文永三年（一二六六）十二月十一日[69]
発給者は執権北条政村・連署北条時宗、受給者は税所広幹で、上野国・武蔵国での広幹所領の領掌が認められた「関東下知状」である。税所氏は常陸府中にとどまらない、即ち幕府御家人（武家）としての立場が明瞭である。このことは、正安四年（一三〇二）六月十三日税所宗成和与状[70]にいう「鎌倉大番役」勤仕文言とともに在庁官人税所氏、そして大掾平氏の武家的側面である。

③ 元弘三年（一三三三）六月十四日[71]
発給者は新田義貞、受給者は税所氏で、税所氏発給の「着到状」に新田義貞の証判（花押）が据えられている（上申文書の下達化）。

④ 建武五年（一三三八）八月[72]
発給者は某（北朝方の将）、受給者は税所幹治で、税所氏発給の「軍忠状」に某の証判が据えられている（上申文書の下達化）。

⑤　暦応二年（一三三九）十一月十三日[73]
発給者は高師冬、受給者は税所幹治で、足利尊氏によって「軍忠」が賞された。
⑥　康永三年（一三四四）正月[74]
発給者は高師冬、受給者は税所幹治で、税所氏の一連の軍忠が認められた。幹治の軍忠申請に対して高師冬が証判を加えて下達文書とした。
⑦　応永四年（一三九七）八月[75]
発給者は笠間家朝、受給者は税所氏（カ）で、笠間氏は留守所を通して笠間郡（実態は笠間氏の私領）の知行を宝戒寺（鎌倉）から返付されるよう望んでいる。武家笠間氏が、この時期の常陸国府に対して有する認識が注目される。
⑧　嘉吉元年（一四四一）三月八日[76]
発給者は（関東管領）上杉清方、受給者は鹿島税所氏で、税所氏の忠節が賞されている。「鹿島税所」の意味が注目される。

三帖所収文書のうち、特に留意すべきものを取り上げてみたが、鎌倉〜戦国期においては在庁職「税所」を世襲する故に受給し、かつ発給する文書群の存在が確かめられる。「庁宣」「留守所下文」の伝来はそのためであるし、伊勢役夫工米徴収関係文書も然りである。ただ、この間にあって「着到状」「軍忠状」の存在は武家税所氏の姿を雄弁に語っており、公武兼帯の税所氏像を鮮やかに伝えている。

この他、税所氏と鹿島社の関係を知る文書（神役関係）があるが、これは国務上の必然性と税所氏の大掾氏化（氏族的に）がその背景にある。第三帖には江戸期の文書・覚・記録が多く、ここでの言及は省略するが、系図・過去帳などを頼りにしつつ、府中域での税所（室貝）氏の所伝整理も有益である。

〝大掾氏文書〟など、他の在庁諸職保有者に文書の伝来がない中で、かかる「国府文書」の存在は重要である。

おわりに

ここで、国府の在庁官人の組織について言及し、まとめとしたい。

既にこれら在庁官人の経済的基盤については素描してきたが、平氏流大掾氏を頂点とする在庁官人の組織的な在り方について再度確認を行いたい。

既述のように「茨城国府」「石岡国府」に国守は不在（在京）で、「目代」主導の「留守所」体制こそ中世常陸国府の最大特徴である。加えて国介も在京となると実際上の国府は、事務官のみによって国務が保たれた感が深い。この事務官集団を「在庁官人」と呼ぶ。そして、彼らは国府域およびその周辺で世代を交代する氏族であり、それぞれに国衙内で「所」という専門部局を担当し、その権益を「職」として半ば世襲していた。「職」に対応した給田こそ「名」と呼ばれた田畠の集積地であり、これを「在庁名」「別名」と把握しつつ、在庁官人の経済的基盤が公認されていた。既に言及した税所氏の「稲久名」や同氏族平岡氏の「元久名」はかかる基盤である。では、このような在庁官人はどの程度存在し、そしてどのように国府（国衙）内で組織を形成していたのであろうか。元応元年（一三一九）十月日の常陸国在庁・供僧等訴状断簡（前欠）[77]は、在庁官人の間の相論（訴訟）文書の一であるが、この訴状に多くの官人が名を連ねている。上位から示すと以下の通りである。

①　掾官　大掾平時幹・左衛門尉平氏幹（税所氏）・右衛門尉藤原宗重・清原師幸・左衛門尉大中臣盛光・大春日光家・大中臣親成・清原師近

②中座　藤原親能・百済家成・大中臣為正・大中臣成正・大中臣行嗣
③書生　左兵衛尉藤原重久・藤原正依・藤原末重・藤原延安・藤原親光・源頼行・藤原家重・大中臣親光・藤原光氏・平忠親・伴家親
④一分　源行弘・藤原近行・藤原氏頼・清原弘成・清原家久
⑤その他　御子(八人)・国承仕・国掌・国雑色(二人)・国舎人(四人)

となり、合計四五人である。これに庁供僧・物社供僧・最勝講衆としての僧計一六人(国衙直属の僧と国分寺所属僧からなる在庁僧)を加えれば総計六一人を数える。訴状の性格上、立場を異にした人々もいた筈であり、これが在庁官人層の全てとはいえないとも考えられるが、組織的にはその大容を把握し得る。しかし個別にその系譜は不明である。

この中で特に掾官に注目すると、計八人の中で最高位に署名している平氏がいる。「大掾」としてこの時の訴訟人集団の長であり、同時にこの時期の国府在庁官人の首位に立っていた。時幹はかの馬場資幹の五世孫に当り、この系の人々に「大掾」の地位が与えられた例証といえる。この時幹に次ぐ左衛門尉平氏幹は、時幹の同族とみるのが自然であるが、その系譜は純然たる平氏系というよりは百済氏系税所氏とみるべきである。この経緯は次の通りである。

大掾氏に先立って「茨城国府」で主導的地位を占めた(在庁官人)百済氏(本来渡来系氏族)の常陸国官人としての関与は八世紀以来のことである。[78]他にもこの氏族は征夷策上でも東国と密接な関係をもち、「任常陸守」の履歴をもつ百済王遠宝(七〇〇年)・百済王敬福(七五二年)を始めとして東国国司歴任者が見出せる。この百済氏系の氏族であることを自認する税所氏は、所伝の系譜の初祖に十二世紀半ばの百済貞成を意識しているが、これは明らかに仁平元年四月八日常陸国留守所下文写[79]に基づくものである。従ってこれより以前の百済氏の国府官人としての立場は不明であるが、「散位百済」と署名して、目代とともに留守所下文発給に当たる程の地位は従前のことであろうし、十三世紀初頭に及んでいる。この地位こそ国務上の枢要ともいうべき「税所」としてのそれであり、十三世紀後半に、この立場の氏族(平氏)が「税所」を名乗りとする状況が現出する背景でもある。

しかし、史料上に税所氏を確認するとき、その初出形態は「税所新左衛門尉平広幹」であり[80]、「平広幹」は平姓と名前の通字「幹」から常陸平氏族所生の人物である。この人物が「税所新左衛門尉」とも称していることは、この段階での平姓税所氏の成立を考えさせられる。十三世紀初頭以来十六世紀後半に至るまで、常陸国留守所下文に目代に次いで署名加判する「大掾平」があり、その下位に「税所平」が署名加判する体制が一般的である[81]。国務上に大掾職をほぼ固定化させた常陸平氏族(資幹系)は、自ら大掾を名乗りつつ、実質的に在庁官人の頂点に立ち、同時に税所職を通して国務を領掌してきた百済氏にその職権を留保しつつも、官人組織上は当然の如く大掾の下位に立たせたのである。しかもこの時までに婚姻等を通して百済氏の平氏族化が急速に進んだと思われる。「税所新左衛門尉」とはその象徴である。

また、大掾氏主導下の在庁官人組織が形成される中で、「茨城国府」以来の百済氏族は健児所検断職を保有する平岡氏(原則として幹の通字を用いない)として国務に参画している。従って前掲の訴状に連署した左衛門尉平氏幹(大掾に次ぐ地位)を「税所職」保有者として判定し、平姓税所氏とみる。しかも、「中座」の次席である百済家成が健児所検断職にある平岡氏であることは自明である。

以上により、中世の常陸国府では、守・介は在京のままであり、現地では国掾として十三世紀には常陸平氏流馬場氏系が固定的に就任し、在庁官人の首位に立っていた。そしてこの大掾氏を中心に掾以下一部の所職などを含めて「掾官」グループが形成され、指導力をもっていた。さらに「健児所職・検断職」に関わる人々を軸として「中座」グループが「書生」(文書筆写と校正)グループ、「一分」(=史生、公文書の清書と四等官の署名をとる)グループ、そして

「御子」以下下級役人とともに職掌を分担していた。加えて僧侶たちも国務上必須な官人層ということになる。この限りで中世の常陸国府はその行政機能を充分にもっていたといえるのである。そして、この国府域に常陸平氏流大掾氏は、支配の拠点を扶植し、以降支配を展開していったのである。

註

（1）『吾妻鏡』治承四年十一月四日条（以下『吾妻鏡』の引用は『新訂増補国史大系』〈吉川弘文館〉による。
（2）『吉記』承安四年三月十四日条（『増補史料大成　吉記　一』臨川書店、一九六五年）。
（3）『山槐記』治承三年十月十日条（『増補史料大成　山槐記　三』臨川書店、一九六五年）。
（4）『吾妻鏡』治承四年十一月八日条。
（5）安貞元年十二月二十六日・鎌倉将軍家〈藤原頼経〉御教書案（『常陸国総社宮文書』二号）（『茨城県史料　中世編Ⅰ』茨城県、一九七〇年所収）。以下、同文書群中の引用は『総社』〇〇号のように記す。
（6）『金沢文庫古文書』所収（『神奈川県史資料編2　古代中世（2）』四〇七号、神奈川県、一九七三年）。
（7）義江彰夫「中世前期の国府―常陸国府を中心に―」（『国立歴史民俗博物館研究報告集―共同研究「中世の地方都市」―』八、一九八五年）。
（8）延応元年三月日・常陸国留守所下文（山本家蔵『税所文書』三号）（註（5）前掲『茨城県史料　中世編Ⅰ』〈茨城県、一九七〇年〉所収。以下、山本『税所』〇〇号のように記し、また出典は略す）。
（9）正安四年六月十三日・税所宗成和与状（山本『税所』七号）
（10）弘安二年・常陸国作田惣勘文案（前欠）（山本『税所』五号）。

(11) 正徳五年・税所氏除地書上覚（山戸家蔵『税所文書』、これは未翻刻史料。翻刻されている山戸家蔵『税所文書』は『茨城県史料　中世編Ⅱ』〔茨城県、一九七四年〕所収。以下、山戸『税所』〇〇号のように記し、また出典は略す）。
(12) 『新編常陸国誌』（崙書房、一九七四年）。
(13) 『吉田神社文書』三号（註(11)前掲『茨城県史料　中世編Ⅱ』所収）。
(14) 『総社』一号。
(15) 山戸『税所』（この史料は未翻刻である）。
(16) 延元元年八月三日・平岡家成譲状案（山本『税所』一四号）。
(17) 元徳三年三月日・常陸国庁宣案（山本『税所』一一号）。
(18) 応永十四年七月二十日・税所詮治渡状（『塙不二丸氏所蔵文書』六一号）〔註(8)前掲書所収〕。
(19) 『総社』一〇号。
(20) 註(10)前掲史料。
(21) 註(12)前掲書。
(22) 註(8)前掲史料。
(23) 弘安七年七月十七日・大春日高家譲状案（『総社』四号）。
(24) 弘安八年正月二十九日・常陸国留守所下文（『総社』五号）。
(25) 弘安十年七月日・常陸国留守所下文（山本『税所』六号）。
(26) 永仁六年正月日・大春日光家訴状案（『総社』九号）。
(27) 正安二年五月二日・常陸国庁宣（『総社』一〇号）。

(28) 正安三年九月二十七日・常陸国留守所下文(『総社』一一号)。
(29) 正安三年十二月二十三日・小田宗知判物案(『総社』一二号)。
(30) 註(9)前掲史料。
(31) 正和四年六月二十一日・常陸国留守所下文案(『総社』一四号)。
(32) 元亨三年二月十日・平岡家成譲状(山本『税所』一〇号)。
(33) 元徳二年十月二十三日・常陸国総社供僧快智譲状(『総社』二五号)。
(34) 元徳三年十月十三日・伴家親譲状(『総社』二六号)。
(35) 貞和三年十一月日・常陸国留守所下文(『総社』三二号)。
(36) 貞和四年三月日・沙弥某相大夫補任状(『総社』三三号)。
(37) 佐藤進一『古文書学入門』(法政大学出版局、一九七一年)等を参照。
(38) 『鹿島神宮文書』は、註(8)前掲書所収。『吉田神社文書』は、註(11)前掲書所収。
(39) 文永十一年六月日・常陸国庁宣案(『総社』三号)。
(40) 正安二年五月二日・常陸国庁宣(『総社』一〇号)。
(41) 元亨三年正月二十八日・常陸国庁宣案(『総社』二四号)。
(42) 嘉暦三年七月日・常陸国庁宣(『総社』二七号)。
(43) 弘安八年正月二十九日・常陸国留守所下文(『総社』五号)。
(44) 弘安九年二月日・常陸国留守所下文(前欠)(『総社』六号)。
(45) 永仁五年四月一日・常陸国留守所下文(『総社』八号)。

(46) 註(28)前掲史料。
(47) 正和四年六月二十一日・常陸国留守所下文案(『総社』一四号)。
(48) 註(35)前掲史料。
(49) 治承三年五月日・常陸国総社造営注文案(前欠)(『総社』一号)。
(50) 正和四年三月日・鹿島神宮拝殿遷宮御幣注文案(『総社』一三号)。
(51) 文保三年□月二十日・常陸国総社造営役所地頭等請文目録(『総社』二一号)。
(52) 康永三年正月日・清原師氏目安(前欠)(『総社』一八号)。
(53) 文和三年六月二十七日・鹿島神宮七月祭礼御祝料等注文(『総社』三〇号)。
(54) 註(5)前掲史料。
(55) 註(9)前掲史料。
(56) 正和四年九月十二日・鎌倉将軍家〈守邦親王〉御教書案(『総社』一五号)。
(57) 註(8)前掲史料。
(58) 註(10)前掲史料。
(59) 註(25)前掲史料。
(60) 元亨二年三月二日・真壁郡役夫工米田数注文(山本『税所』九号)。
(61) 註(17)前掲史料。
(62) 文和二年六月五日・鹿島神宮七月祭礼小使職差定(山本『税所』一七号)。
(63) 貞治五年二月十日・奥郡役夫工米切手在所注文(山本『税所』一八号)。

(64)小森正明「中世における常陸国衙の一断面―税所氏の基礎的考察を中心として―」(『書陵部紀要』四〇、一九八九年)。
(65)嘉吉二年正月十五日・常陸国留守所下文(山戸『税所』二二号)。
(66)元亀三年六月五日・鹿島社七月祭大使職差定(山戸『税所』二九号)。
(67)(年未詳)六月十一日・常陸国庁宣(山戸『税所』三二号)。
(68)建久五年二月十五日・源頼朝下知状案(山本『税所』一号)。
(69)文永三年十二月十一日・関東下知状(山本『税所』四号)。
(70)註(9)前掲史料。
(71)元弘三年六月十四日・税所久幹・同幹国着到状(山本『税所』一二号)。
(72)建武五年八月日・税所虎鬼丸〈詮治〉軍忠状(山本『税所』一三号)。
(73)暦応二年十一月十三日・高師冬奉書(山本『税所』一五号)。
(74)康永三年正月日・税所詮治軍忠状(山本『税所』一六号)。
(75)応永四年八月日・笠間家朝訴状案(山戸『税所』九号)。
(76)嘉吉元年三月八日・上杉清方書状(山戸『税所』二一号)。
(77)『総社』四一号。
(78)註(64)前掲小森論文。
(79)註(13)前掲史料。
(80)註(69)前掲史料。
(81)註(64)前掲小森論文。

第二章　中世陸奥の常陸平氏

はじめに

待望久しかった『茨城県史　中世編』も刊行され、常陸平氏についての叙述もあるいはきめ細かく、あるいは示唆的になされている。そして、特に印象強く残っているのは、常陸大掾氏として知られる当国（常陸国）中世武士団に対する認識には、まだかなり検討の余地が残されているという点である。大掾氏をも含む多くの武家によって常陸の中世的政治支配が推移したわけであるが、常陸平氏族の国内諸地域への分立の様相などを考えるとき、やはりこの氏族の当国中世史上における存在は多面的にみて重いと思われる。この視点は『茨城県史　中世編』でも示されたと思われるし、筆者自身も常に思っていることである。

しかし、そのための証明は多様であり、作業の行程はその緒についたばかりと言わねばならない。常陸平氏の系譜（系図論も含めて）を整理しつつ、当面その氏族論（氏族的展開）を追求しようと考えているが、本章も僅かに得られた知見を以てこの作業の一端とするものである。

その知見とは、宮城県石巻市在住の三宅宗議氏（当時、石巻高等学校教諭）より寄せられた二基の板碑と一面の懸仏に関する所見であり、三件の刻銘がいずれも常陸平氏と深い関わりがあるのではないかという提案である。果してそうであるのか、以下に紹介をかねて検討してみたい[1]。

一　弘安三年在銘板碑と平行幹

この板碑は、現在、宮城県栗原市仲町三八の福現寺（曹洞宗）境内に所在するが、江戸期に旧古川市（現大崎市）小野の羽黒堂より移転されたものである。

以下に掲げる実測図等でその全容は理解できると思われるが、地表部分の全長は約一九〇センチメートル、最大幅は約七五センチメートル、厚さは約一四センチメートルである。念のため銘文を示すと以下のようである。

先考幽霊
光明遍照　　右奉為　成仏得道
十方世界
歳次庚辰
（種子）「キリーク（阿弥陀如来）」
念仏衆生　弘安三季〔年〕　季春上旬
摂取不捨　　平行幹　敬白

種子（キリーク、阿弥陀如来）以下、堂々たる刻銘は、自然石塔婆としての当地方の鎌倉期板碑にみられる特色をよく表現していると思われるが、いかがであろうか。形状・刻風などからみて鎌倉期の東北の板碑としてよいであろう[2]と思われる。この板碑について、願主平行幹を常陸大掾氏とみることが現地では行われている由、ここで紹介するのもそのためである。

銘文によれば、行幹は弘安三年（一二八〇）季春（三月）上旬、先考（亡父）の菩提を供養するためにこの碑を造立している。造立されたもとの場所を大崎市小野羽黒堂としても、願主平行幹はこの地といかなる関係をもっていたのであろうか。平姓であり「幹」の一字を名に負うところから、常陸大掾氏との所伝も生じようが、これだけでは決定的要因とはならない。

平安期陸奥への常陸平氏進出は、所伝の限りでは「任鎮守府将軍」「任陸奥守」として桓武天皇四世高望王の子孫たちにみられるが、このことからその末裔が陸奥に残留して「陸奥平氏」を形成したとの説もなく、「幹」の一字を名に負う桓武平氏族は「維幹」を始祖とするいわゆる常陸平氏族が唯一著名である。では、この維幹流平氏の中で、特に陸奥へ進出を遂げた人物がいるのであろうか。

『吾妻鏡』建暦元年（一二一一）四月二日条には、

> 二日癸未、陸奥国長岡郡小林新熊野社壇堂舎等は、当国守秀衡（藤原）法師の時、豊前介実俊奉行として造営を加え、あまつさえ秀衡、元暦二年八月、郡内の荒野三十町をもつてこれを寄せ奉る、文治五年八月、右大将家（源頼朝）奥州に入御のついでに、狼藉を止むべきの由御教書を下されおわんぬ、その後畠山二郎重忠当郡（長岡郡）を知行するの時、殊にもつてこれを崇敬す、しかるにこの間、住僧隆慶参訴して云わく、平資幹地頭と称して、ほいしいままに神田を押領するの由と云々、よつて一決を遂ぐるのところ、資幹申して云わく、重忠件の寺社を管領するの間、先例を守りて沙汰を致すの上、寺家の訴に足らず、しかれども敬神の儀をもつて十町を加え、四十町神田たるべきの由申すの間、問注所よりこれを勘じ申すに就きて、今日御前においてその沙汰あり、社壇は実俊が私の建立と謂うべし、神田は勅免の地にあらず、たとい顚倒せしむといえども、定めて訴うる所なからんか、資幹十町を寄せ奉るの条、

すこぶる物儀に背かざるか、しかればすなわち四十町を免除せらるべし、其外隆慶が異論を停止すべき旨、直に
仰せ出だささる、図書允清定これを奉行す、（傍線筆者）

とあって、建暦元年前後の頃に平資幹なる人物が陸奥国長岡郡内の地頭であったことを伝える。この資幹こそ『吾妻鏡』建久四年（一一九三）六月二十二日・七月三日・九月一日各条にみえている常陸平氏族の馬場小次郎資幹であるとみてよい。(3)『吾妻鏡』所伝では、八田知家（常陸国守護）と多気義幹の対立を機に幕府裁定の所為として多気氏遺領と多気氏の有する平氏本宗の立場を移譲された氏族とされ、且つ確かに後の大掾氏の始祖となるのがこの資幹なのである。

従って資幹の本貫は常陸国であり、地頭職の補任も常陸国内で行われている。(4)この資幹の陸奥国長岡郡内への地頭職を得ての進出がいかなる状況を背景にして実現したのか興味深いところであるが、現在では、前述の建久四年事件以後、北条氏与党として傾斜した馬場氏が、元久二年（一二〇五）六月の北条時政による畠山重忠の討伐に際してその遺領である陸奥国長岡郡内に地頭（恩賞）として進出の機を得たと理解されている。(5)

長岡郡小林（宮城県大崎市宮沢字小林）の新熊野社住僧隆慶と資幹との神田をめぐる相論のいきさつもこのように考えて特に矛盾するところはなく、『吾妻鏡』の所伝は、馬場資幹の陸奥進出を確実に伝えているのである。資幹の長岡郡内地頭職補任の事実とその時の入部が、以後、果たしてこの地におけるこの氏族による領主的関わりとなって存続したのであろうか。(6)板碑の願主行幹はこの資幹の子孫なのであろうか。(7)

『吾妻鏡』建保二年（一二一四）九月十九日条に、

十九日庚辰、常陸国府中の地頭の間の事、自今以後、大掾資盛（ママ）沙汰を致すべしてへり、（後略）

とあって、この大掾資盛を資幹とみれば資幹の『吾妻鏡』所載記事の最後がこの常陸府中地頭としての姿であり、同時に常陸大掾として公権をも兼帯した姿でもある。この記事からさきに述べたように、常陸大掾氏の始祖としての資

幹の映像が明瞭に捉えられるのである。そして、『常陸大掾系図』[8]が伝える資幹の系譜は、以下の如くであって、資幹の子孫中に行幹の名は見当らないばかりか、陸奥国に居住したとか地頭職を得たなどの所伝は皆無である。資幹自身についてもこの『系図』中には陸奥との関係を示す注記はなく、『系図』はこの氏族の常陸国内での派生存続のみを伝えているのである。

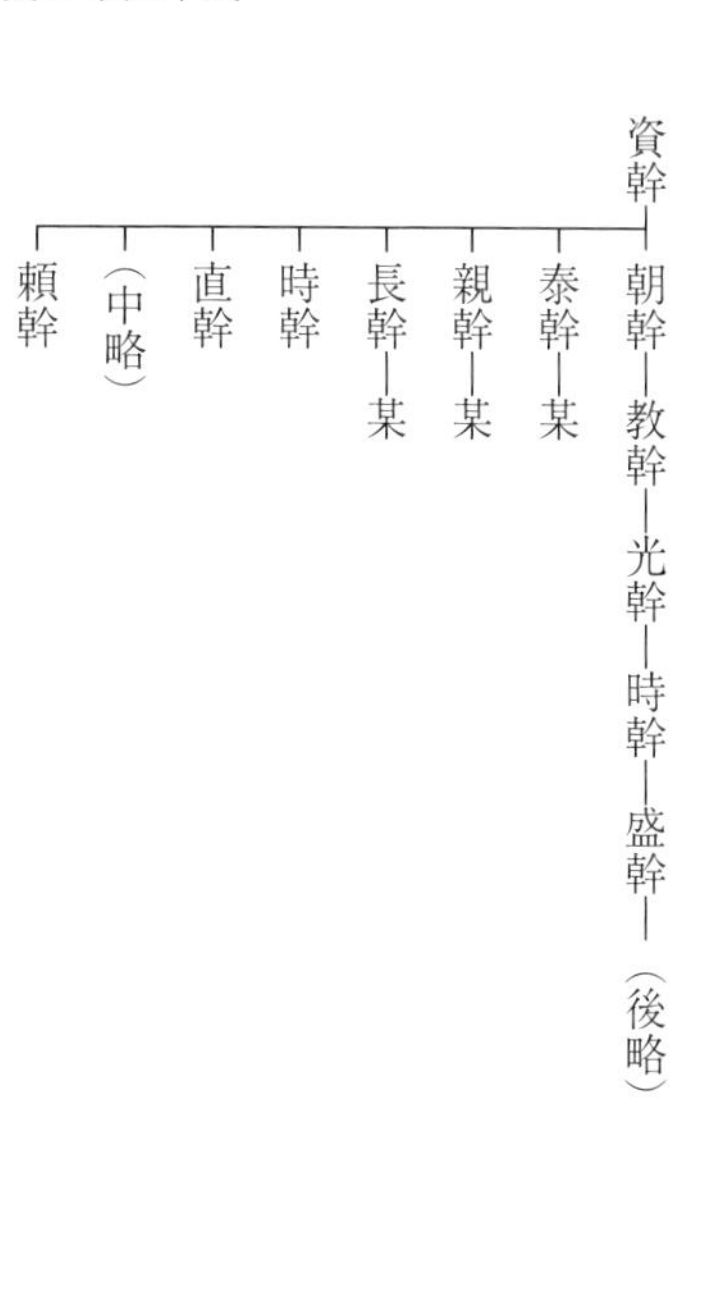

銘文中の「先考」の名が不明であることも残念であるが、少なくともこの『常陸大掾系図』の資幹の系には該当する人物はいない。馬場資幹の長岡郡内での地頭職補任という常陸平氏族の陸奥進出の確かな事実を捉えて、あるいはこの氏族の帰属する可能性をもつ「平行幹」をその系譜中に位置付けようとしても、このままでは無理といわねばならない。[9]さらに『吾妻鏡』中にみえる「行幹」は、宝治二年（一二四八）より弘長元年（一二六一）の間に同一人物とし

て計五か所に散見する「佐藤民部丞（民部大夫）行幹」（引付衆）のみであり、これは明らかに平姓ではないので該当しない。

そこで、試みに常陸平氏諸流の系譜に無作為にこの「行幹」と同名の人物を探索してみると、真壁氏族中に二人程確認できる。元禄年間に秋田藩士真壁充幹によって撰述された『当家大系図　全』[10]によれば、

とあって、真壁氏始祖といわれる長幹の三男が「三郎行幹」であり、また四代盛時の子で系譜上五代に相当するのが「孫次郎行幹」である。この二人の「行幹」の存在はあくまで系図的表現の枠を出てその存在が確実に証明されるものではなく、残存する『真壁文書』中にも二人の名は確認できない。そして、正安元年（一二九九）十一月二十三日の沙弥浄敬〈真壁盛時〉譲状[11]では盛時相伝の所領が「孫子彦次郎平幹重」に譲られており、その理由は系図に従えば孫次郎行幹の盛時に先立っての早逝にあったようである。つまりこの行幹は、弘安六年（一二八三）七月に三十二歳で没したという。父盛時の没年は正安元年（一二九九）十二月であるという系図の所伝から考えると、この行幹が弘安三年に

先考の菩提を供養する筈もなく、それはかりか陸奥への関与を考える傍証史料は何もない。
　では、長幹とその三男行幹についてはどうであろうか。『当家大系図　全』では長幹の没年を貞応二年（一二二三）九月とし、嫡子友幹の没年を嘉禎二年（一二三六）三月としている。この友幹の舎弟にあたる行幹が果たして弘安三年まで生存していたであろうか。『当家大系図　全』の表現からは困難と言わざるを得ない。ただ、乾元二年（一三〇三）二月五日の関東下知状にみえる文言中、真壁幹重と盛時遺領をめぐって相論を起した「六郎定幹」なる人物の、系図上への記述がないことから推して、この『当家大系図　全』自体、充幹の限られた調査・推量の域を出るものではなく、特に庶子らの動向には大幅な修正もあり得ることは自明である。
　しかし、そうであるからといって、この「三郎行幹」をもって当該板碑の願主と推定できるものではない。この他にも『真壁長岡氏系図』[12] 中に一人「行幹」がいるが、この系図自体、かなり検討を要することを思えば、今ここで考察の対象にすることはできない。[13]
　平行幹とは、いったいどのような人物なのか。資幹流平氏という現地での伝承こそ常陸平氏の陸奥への進出を考える上からは捨てがたいものであるが、以上の考察からは特定の系譜を決定することは不可能である。しかし、この行幹の系譜の上限に長岡郡内に地頭職を得た常陸大掾平（馬場）資幹の存在があることは否定できないであろうし、大崎市内宮沢と小林という東西指呼の距離を保つ地理的空間は、それを有力なものにしていると考えられる。やはり資幹流氏族の当地での存続の有無を問われる史料であるといえよう。

二　嘉慶二年在銘板碑と妙幹

この板碑は、宮城県大崎市宮沢馬田裏丁の長久寺[14]（日蓮宗）境内に所在する。前節で示した新熊野神社と同じ宮沢地区内にあり、寺域は社地の東北方に相当する。そしてこの寺域西北に接して宮沢城跡が残り、所伝では常陸大掾氏の居館といわれている。城跡の形状は僅かに土塁状の築堤跡がみられる平城、即ち館跡ともみられるものであり、低い丘陵地帯を館に造成した感が深い。従って戦国期特有の城館跡ではない[15]。板碑所在地の外観は以上であるが、この板碑はいわゆる題目板碑である。

自然石塔婆としては前項に紹介したものと同じであり、当地方の特色を兼備しているであろう。刻銘は、

右志者為妙幹聖霊
孝子
南無妙法蓮華経　嘉慶二季〔年〕四月廿八日
敬白
第三ヶ年所修白善也

とある。即ち嘉慶二年（一三八八）四月二十八日に願主（不明）は妙幹（亡父であろうか）の三回忌に際してその菩提を供養しているのであり、法名「妙幹」と宮沢城主の大掾氏なる所伝とが重なり、加えて前掲の行幹造立の板碑までもが関連してこの造塔も資幹流氏族の所為かといわれるのである。現地でのかかる歴史的状況から生ずる判断に対しては、全く検討を加える用意はない[16]。

嘉慶二年といえば南北朝の内乱も終末期に入った時期であり、この頃、資幹流氏族が当地方に政治的基盤を保持していたかどうかは想像もつかない。たとえ仮に『真壁長岡古宇田文書』[17]中の長岡妙幹を考察の対象とするにしても、かなり唐突であり、長岡氏族の陸奥入部譚は得られていないのが実情である。

この板碑の場合にも、やはり現地伝承に反して常陸中世史からの検証は困難であると言わざるを得ない。「妙幹」なる法名も強いて「幹」にこだわらなければ、資幹流に固執する必要もない筈であるが、周囲の歴史的状況からどうしてもかかる推測に到達するのであろうか。今後の現地での歴史的究明が望まれる。

三　弘安二年在銘懸仏と平盛幹

この懸仏は宮城県指定重要文化財であり、所蔵は大崎市宮沢字館内在住の長沼家（東北歴史資料館保管）。

刻銘は、

御祈所

藤原氏女

平朝臣盛幹男女子息等敬白

弘安弐年太歳己卯二月　日

とあって、弘安二年（一二七九）二月、平盛幹の妻子らが、恐らく亡夫（父）盛幹の菩提を供養するために発願したものであろう。長沼家への伝来の背景が不明であり、どこに奉納されたのかもわからない。この長沼家は藤姓の下野小山氏長沼氏の裔と称し、会津移遷[18]の後、伊達氏の支配下に入ってこの宮沢の地に入部したとの家伝を有しているが、この懸仏との関係ははっきりしていない。「藤原氏女」を藤姓長沼氏の人物ともみることもできるが、問題はやはり「平盛幹」なのである。弘安二年頃没したこの盛幹は、平姓であることと「幹」の一字を負うことから、加えてこの懸仏が長沼氏の移遷とは無関係に長岡郡内で造像奉納されたものであるならば、「平行幹」と完全に同世代の同氏族である可能性は高い。つまり、資幹流の常陸平氏族という推測を共有することになり、この氏族の陸奥国長岡郡での存在は改めて現実味を帯びて浮上するかもしれない。

前掲の『常陸大掾伝記』では、資幹六世の嫡孫に「盛幹」がみえ、この他にも「吉田盛幹」[19]「麻生盛幹」「立原盛幹」などがいる。また真壁氏の『当家大系図　全』中にも「真壁盛幹」（真壁時幹舎弟）がいて興味深いが、ともかく資幹六世の「盛幹」は、時代的に妥当する余地はない。[20]「真壁盛幹」は、兄時幹の没年が、『当家大系図　全』では文永六年（一二六九）とされるところから、年代的にはこの盛幹没年とも近似しているが、やはりこれを積極的に関係付ける根拠がない。麻生・立原氏に至っても同様である。[21]

おわりに

以上三件の史料を紹介した。結果としては、単に二基の板碑と一面の懸仏をめぐってその刻銘と旧陸奥国長岡郡域に残る常陸大掾氏（平氏）の伝承を整理したにすぎない。この三件の史料と大崎市の宮沢城主譚などが何故常陸平氏（大掾氏）に関するものなのかといえば、要するに『吾妻鏡』の伝える馬場資幹の長岡郡内地頭職拝領の事蹟に影響されたか、『吾妻鏡』所伝と民間伝承が奇しくも一致したかのいずれかである。

「平行幹」「妙幹」「平盛幹」と聞くだけで、常陸の中世史では大掾氏族（常陸平氏）に即応させて考察するのは当然である。無駄な検証を行ったのも、あるいは大掾氏族、否、常陸平氏の新たな氏族的展開の糸口を見い出せるかもしれないとの期待の故である。右の三人の人物の分析を常陸に引きつけてみたのが無駄であったかもしれず、もっと積極的に陸奥内部での諸史料から彼らの系譜を発掘することが先決であると痛感している。しかし、私自身現在その作業には着手しておらず、先行の諸説中にも見当らないようである。

かかる史料群の所在は常陸平氏の研究にとっては何よりも驚きである。今回の紹介文では資幹を軸にしても「陸奥平氏」と「常陸平氏」の有機的な繋がりは得られなかったが、常陸平氏族に関する紀年銘を有する金石資料が存外乏少な常陸からみると、鎌倉～南北朝期のこれ程明確な紀年銘のある金石資料の確認は貴重なことである。今後、両地域でのこれらの氏族に関する研究が深められ、特に『系図』の枠を越えて、各時期の政治的状況とも乖離しない解釈の中で魅力ある位置付けがなされることを祈るばかりである。

註

（1）宮城県石巻市史専門委員（当時）である三宅宗議氏より関係史料の提供をうけた。種々氏の御見解も得ており、同時に常陸平氏研究の現状から氏の問題提起に回答する要も痛感して、ともかく史料の紹介を急いだ次第である。各位の御教示を得たい。

（2）『宮城県史　第一七巻　金石文編』（宮城県、一九五六年）には栗原郡（四九基）の一として「弘安第三歳次庚辰季春上旬」とのみ刻銘が部分的に紹介されている。しかし、「弘安三季〔年〕…」が正しい。そして、この板碑について常陸大掾氏族の造塔とみる説には言及していない。伝承として存する説であり、報告書・論文等にも接していない現状である。

（3）馬場資幹の陸奥進出を示す『吾妻鏡』の記事に本格的に着目したのは近年である。まず小林清治他『中世奥羽の世界』

（UP選書、東京大学出版会、一九七八年）の中で入間田宣夫氏は「鎌倉幕府と奥羽両国」を執筆し、常陸大掾氏族馬場資幹の長岡郡地頭職確保の経緯に言及している。次いで『石岡市史　下巻（通史編）』（石岡市、一九八〇年）では、池田公一氏が「第二章　武家社会と常陸国府」を執筆しつつ、「馬場資幹の登場」の説明文中にこの『吾妻鏡』の記事を踏まえて「（前略）資幹の所領は常陸にとどまらず、陸奥にも地頭職を有していたことも考えられるが詳細は不明である」と結んでいる。そして『茨城県史　中世編』（茨城県、一九八六年）では「第二章第二節」（網野善彦執筆）「承久の乱の前後」の中でこの記事に触れ、北条時政に積極的に従って陸奥に新所領を得た資幹の立場を明示し、常陸平氏諸流の動向を示唆的に位置付けている。

（4）『吾妻鏡』建保二年九月十九日条（同書は『新訂増補国史大系』〔吉川弘文館〕による。以下同）。

（5）註（3）前掲『茨城県史　中世編』。

（6）豊田武編『東北の歴史　上巻』（吉川弘文館、一九六七年）「第五章2　鎌倉武士団の東北進出」で大塚徳郎は「東北地方に鎌倉武士団の与えられた所領は、多くの場合庶子に譲られ、かれらの系統はやがて本家から分出してそれぞれの所領に土着していった。（後略）」と説く。果してこの資幹の場合はどうであろうか。

（7）註（3）前掲『中世奥羽の世界』巻末付録「鎌倉期陸奥・出羽両国の郡（庄・保）地頭一覧表」のうち、長岡郡地頭として「畠山重忠（文治5）↓馬場大塚〔掾〕（高泉）氏（資幹…信幹…盛幹）↓」とある。この解釈によれば、長岡郡に入部した馬場大掾氏はやがて高泉を名字の地として土着し、その系譜中に「信幹」「盛幹」などが確認され、註（6）の如き展開をみることとなる。出典が不明なのでその検討ができないが興味ある説であり、常陸平氏流陸奥平氏と呼ぶべき氏族の存続に関するテーマが成立する余地はある。

（8）『続群書類従』（続群書類従完成会）所収。

(9)　資幹の父石川次郎家幹からみて、本宗に当るのが吉田氏である。この吉田氏族に「吉田太郎行幹」がおり、その関係を示すと、

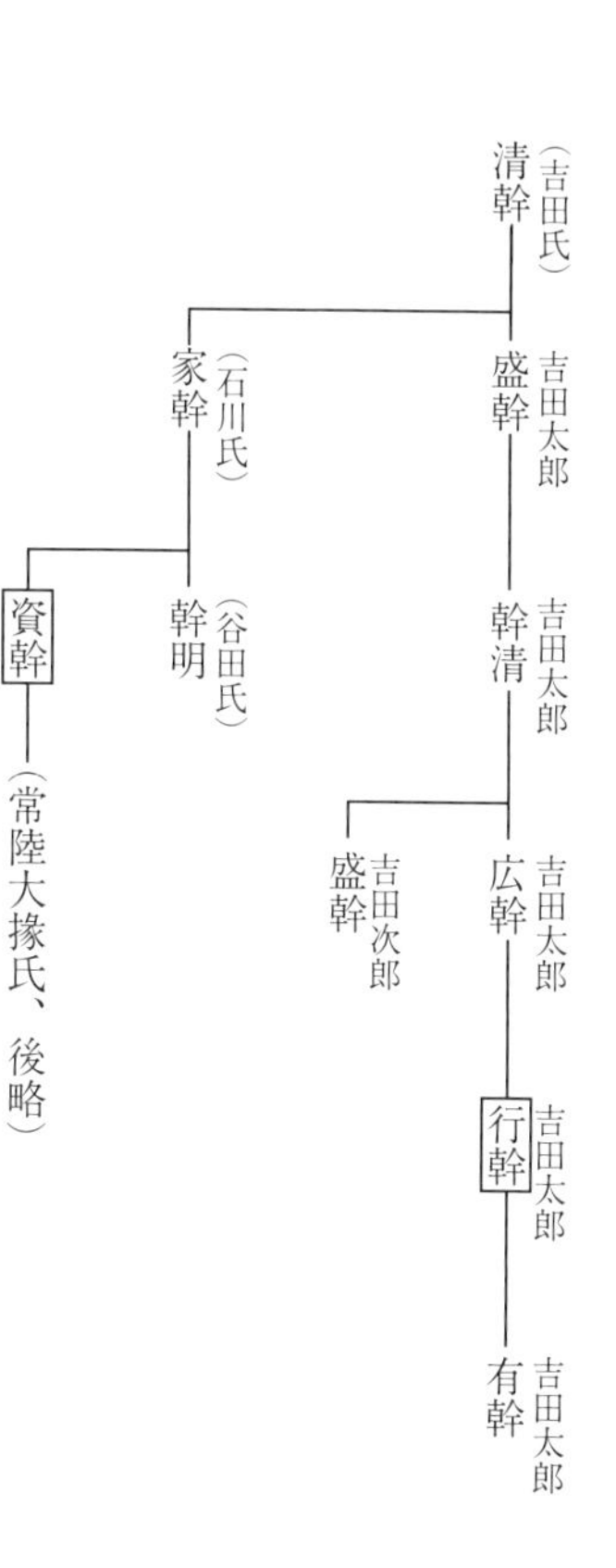

の如くである。これも、行幹の叔父に盛幹がいて、時期的にも懸仏刻銘の「平盛幹」に通じるなど格好の条件といえそうであるが、吉田氏自体の動向をかなり熟慮した上で考察の対象にしないと危険であろう。以下述べる真壁氏の場合と同様に、資幹系以外の同流他氏族が資幹所領の相伝者たり得るかどうか即断は許されないであろう。

(10)　真壁博氏旧蔵。『真壁町史料　中世編Ⅳ』(真壁町、一九九三年)所収。現在は、桜川市に寄贈されている。

(11)　『真壁町史料　中世編Ⅰ』(真壁町、一九八三年)所収『真壁文書』五号。

(12)　『同』右、六号。

(13)　『真壁町史料　中世編Ⅱ』(真壁町、一九八六年)所収。

(14)　貞和二年、越後国(三条市)本成寺陳師上人の弟子白幡上人の開山という。

(15) 以上は、三宅宗議氏よりの報告による。
(16) 本章全体を通してそうであるが、改めて現地での伝承・判断を整理し直さねばならないことは急務であるので、別稿を準備したい。
(17) 註(13)前掲書所収。
(18) 鎌倉期会津地方での長沼氏の所領は、陸奥国長江荘(南山)である。詳しくは『田島町史　第一巻』(福島県田島町、一九八五年)参照。
(19) 註(9)参照。この「盛幹」は「吉田次郎」の方である。
(20) 註(7)で留意した「盛幹」とは、本庶の関係を有する同名の人物なのであろうか。
(21) 註(9)でも述べたように、こうして常陸平氏流諸氏族の中に同名の人物を比定すること自体が無意味なのであり、常陸を離れた資幹庶流としての「陸奥平氏」なる氏族に本格的な検討を加える必要があるのかもしれない。真壁氏における「会津真壁氏」「美濃真壁氏」「備中真壁氏」等の解明が望まれる如く、『常陸大掾系図』(『続群書類従』続群書類従完成会)のみに束縛される必要はないのである。

第三章　八田知重と陸奥国小田保

はじめに

拙稿「中世陸奥の常陸平氏」（本書第二部第二章）は、常陸中世史上看過できない国内武家の国外移遷について論じたものである。次いでこの視点を踏まえつつ真壁氏（常陸平氏流）の場合について陸奥国蜷河荘（近衛家領）における「会津真壁氏」の成立に言及した。(1)そして同時に付言として乾元二年（一三〇三）銘の松島五大堂鰐口銘文中の願主真壁助安の紹介も行った。

一方、鎌倉期の常陸守護家として知られる小田氏族（八田氏・宍戸氏・小田氏・高野氏など）についても、八田知家の常陸守護職を帯しての筑波郡三村郷小田を拠点とした小田氏成立譚に疑問を呈した。(2)特に高野氏については八田（小田）氏系との所伝を認めつつも、その在地基盤（名字の地）が陸奥国高野郡（福島県東白川郡の古称）であることを推論した（先行研究に既に指摘はあるが論証はない）。そして、このような論証を展開する過程で最も留意すべきこととして注目したのは一連の東北中世史研究の成果であった。(3)なかでも鎌倉期の陸奥国小田保において八田氏系氏族の在住が確認されるとの所説は深く(4)「常陸小田氏」の成立に関わるものであり、八田知家の常陸国入部について解釈の整合を得ていないとする筆者の立場からは驚きと魅力を増大させるに足るものである。(5)

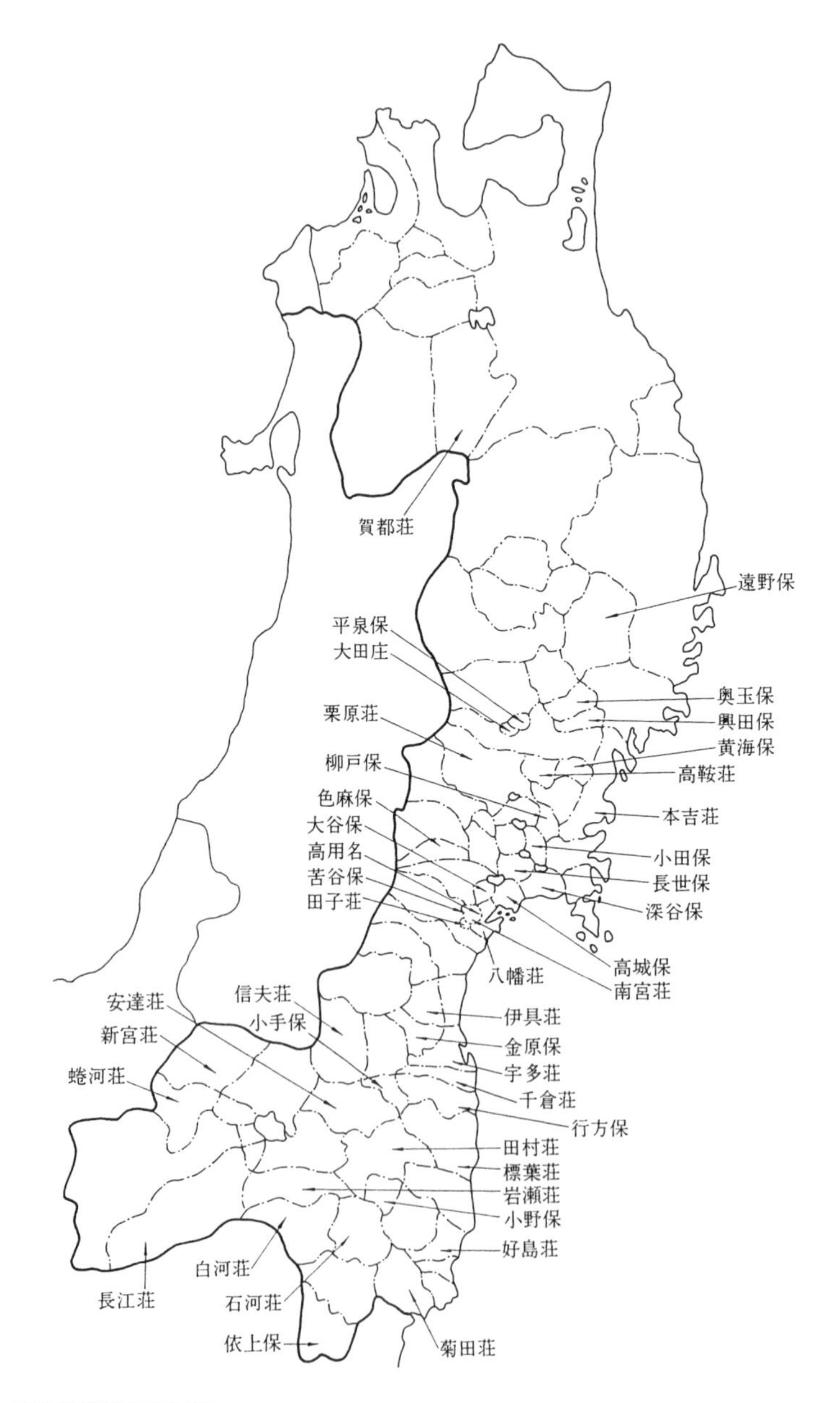

陸奥国荘園分布図図
(『講座日本荘園史５』〔吉川弘文館〕より)

このように、常陸中世武士団の基礎的研究は、特に鎌倉期の陸奥国を無視しては成り立たないと言っても過言ではない。本章では右にあげたいくつかの事例のうち、陸奥国小田保に焦点を当て考察する。それは、八田知重（知家の息）系の人々が保内に勢力を得ていわば「陸奥小田氏」を形成し、やがてこの系から小田時知が鎌倉幕府御家人として台頭し、常陸国守護職を得て国内に入部の後「常陸小田氏」として勢力を扶植するという想定ができるためである。(6)

一　奥羽征討と八田氏

文治五年（一一八九）七月十九日、源頼朝は自身、藤原泰衡征伐のために奥州に向けて鎌倉を進発した。(7)これに先立って七月十七日には征討軍の部署が定められ、八田右衛門尉知家は東海道大将軍の一人（他の一人は千葉介常胤）として一族ならびに常陸国内の勇士らを引率して北上することとなった。八田氏のかかる従軍内容は、常陸守護職を帯した立場での従軍とみられている。(8)

頼朝軍（大手軍）は途中、陸奥国伊達郡阿津賀志山で泰衡軍を撃破し（八月十日）、八月十二日に多賀国府に着き、この日、東海道軍も合流した。東海道大将軍知家の配下には子息八田太郎朝重・多気太郎義幹・鹿島六郎頼幹・真壁六郎長幹らがいたという。(9)常陸平氏族が八田知家に従属しているのである。

以後頼朝による奥州仕置は急速に進み、九月九日には遅れて京よりの後鳥羽天皇宣旨が後白河上皇院宣とともに頼朝のもとに届けられ、藤原泰衡征伐は結果として大義となった。九月十四日に至り、奥・羽両国に対して頼朝は「省帳・田文已下の文書」提出を命じて実質的な二国支配を開始した。そして九月二十日には平泉において「吉書始」とともに勇士らへの論功行賞が執行され、千葉介常胤（行方・亘理二郡地頭職）、畠山次郎重忠（葛岡郡地頭職）らが恩賞に浴したという。しかし、『吾妻鏡』は「果して皆数ヶ所広博の恩に預る」「このほか面々の賞、勝げて計ふべからず」と記すのみで、勇士らへの恩賞の具体的内容は皆目不明である。この限りでは八田知家・同息朝重らへの恩賞の有無もわからない。九月二十二日、葛西三郎清重が「陸奥国の御家人の事」を奉行するよう頼朝から下命を受け、同二十四日には「平泉郡内の検非違使所の事」を管領すべき源頼朝下文を賜るとともに「伊沢・磐井・牡鹿等の郡已下数ヶ所」を拝領したという。論功行賞という恩賞以上に、葛西清重の陸奥国での征討後の地位は明瞭である。清重のこの地位は、翌文治六年三月十五日に「陸奥国留守職」(多賀国府の留守職の意)に任ぜられた伊沢左近将監家景(九条家の家司)とともにやがて奥州惣奉行(『吾妻鏡』建久六年(一一九五)九月三日条が初見)と呼ばれる地位に展開し、鎌倉幕府の奥州支配上枢要な武家職制になるのである。

治承五年(一一八一)閏二月二十三日の武蔵国小手差原・小堤等の合戦で志田義広を敗走せしめた人物として初めて『吾妻鏡』に登場する「八田武者所知家」は、子息「八田太郎知重」とともに頼朝に近侍する武士として以後の『吾妻鏡』にも頻出する。しかし、『吾妻鏡』の幕府記録としての個性の故か、登場する御家人の描かれ方には多大な制約がみられる。当り前のことではあるが、不必要な御家人の系譜・所領等については記すことはない。従って頻出する八田氏族のことも御家人として鎌倉表へ奉公する場面はかなり克明であるが、彼らの武士団としての実像となるとむしろ『吾妻鏡』から得られる情報は皆無に等しい。従って傍証史料、特に家伝の古文書を残す武家は例外として、八田氏(小田氏)の如き家伝史料のない武家の場合は、その系譜・所領等に関する言及がきわめて困難である。通説に矛盾を感じても、あるいは通説を再考するときにも確たる根拠がなくてその実像に迫り得ない。

本章での主眼は、奥羽征討に際して八田知家・同息朝重の従軍を確認した上に、さらに恩賞の内容を知ることにある。しかし『吾妻鏡』は後者については何ら語るところがないのである。知家とともに東海道大将軍として参陣した千葉介常胤が第一番に恩賞を得たことに比して特に大過があったわけでもない知家が息朝重とともに恩賞に漏れたとは思わない。彼らの恩賞拝受のことは特記する程の必要を『吾妻鏡』編纂主体が感じなかっただけのことで、あるいは「皆数ヶ所広博の恩」とか「面々の賞勝げて計ふべからず」なる文言に委ねてしまったのかもしれない。[10]

つまるところ筆者の意図は、東北中世史研究の成果として示された陸奥国小田保内で確認される八田氏系の人々を、改めて「陸奥小田氏」と位置付け、且つこの小田氏の常陸国への関わりが「常陸小田氏」の成立をみるとの解釈を得ることにある。そのために、八田氏系の人々の小田保内での確認の背景となる遠因を、源頼朝による奥羽征討時の恩賞（論功行賞）に求めようとしたのである。残念ながら、『吾妻鏡』に当該関係記事はなく、利用し得る八田氏関係史料[11]にもその傍証は見出せない。

しかし、鎌倉期の陸奥国小田保内の八田氏系の人々が指摘される唯一の根拠である『吾妻鏡』の記事は、十分検討に値するものと考える。あるいは仮に『吾妻鏡』中に八田知家ないし同息朝重が恩賞として小田保を賜ったと明らかに記述されたとしても、かかる文言のみでは筆者の意図する論の展開は不可能に近く、[12]むしろ立論上からは、次節で考察する『吾妻鏡』の記事こそがきわめて貴重な史料と言えるかもしれない。

二　陸奥国小田保と八田氏

問題とすべき『吾妻鏡』の記事の紹介に入る前に、興味深い他の古記録を紹介しておきたい。その古記録とは『余目氏旧記』[13]である。永正十一年（一五一四）頃に成立したと推定される記録で、内容は陸奥国留守職の地位を世襲した伊沢氏（留守氏）の歴史を叙述したものである。[14]十六世紀初頭の編述とはいえ、陸奥国内の武家の濫觴を語る部分は、誠に興味深いものがある。濫觴の中でも、いわゆる坂東武士団の北遷（陸奥移遷）譚こそは、本論で最も注目したい部分なのである。大概当面する関係記事を抄出すると左の通りである。

①「（略）しほかまの大明神、（略）大同元年ニ宮城のこほりニ立給ふ、当永正十一年まで七百九年ニ成給ふ、昔ハ当国諸郡ニ神領有、（略）小田保ニ有（略）」

②「（略）留守殿ハ当国へ下之事、文治三〔六〕年ひとのひつし（ママ）（略）葛西（ママ）も同年也、伊達ハ関東伊佐より文治五年つちのとのとりニ被下候、（略）」

③「（略）葛西本所五郎二保とハ、江刺・伊沢郡・気仙ニ、元良ニ、岩伊郡・奥田保・黄海保、是也、大谷保ハ吉良也、（略）小田保荒井七郷ハ従文治給主ノ知行、大崎下りて十二郷大崎御知行候ヲ、伊達成宗以調法、遠田之為替地、（略）」

（傍線筆者、以下同）

①〜③のうち、①からは小田保内に塩釜社領が存するということ、②からは伊達氏が文治五年（一一八九）に関東伊佐（常陸国伊佐郡〔伊佐荘〕。新治郡の分立に伴って平安末期までに成立した西郡北条のこと。伊達氏の系譜は当地に居住した山陰流藤原氏で伊佐氏とも称した）[15]から移遷したこと、③からは小田保・荒井七郷（比定地未詳）が文治以来給主の知行下にあることなどが読み取れよう。特に③の「給主」とは、文言の意味あるいは奥羽征討時の被授与者とみるのが自然である。

さて、この古記録は誰人を以て「給主」としたのであろうか。東北中世史研究の成果は共通して八田知家を以て給主と推察しているが[16]、当該記録の文言のみからは判明不能であり、推察の根拠として言及している十三世紀初頭頃の諸史料に散見する下野宇都宮氏系山鹿氏（特に遠田郡地頭職や長世保内木万塚村地頭職としてみえる山鹿遠綱）[17]の事例が即ち小田保給主を同系八田氏だとする必然性はない。このような蓋然性を強く期待したいし、本章の趣旨もそれを志向しているが、そのためにはいささかより明確な傍証が欲しいところである。

ここで注目したい史料が『吾妻鏡』仁治二年（一二四一）五月十日条である。

十日、丁酉、江（大江）民部大夫以康問注奉行の間、非勘の咎あるに就きて、所領一所を召し放たれをはんぬ、しかるに傍輩中に御計ひあるべきの由、兼日にその法を儲けられ、宮内左衛門尉に賜ふべしと云々、これ紀伊五郎兵衛入道寂西と同七左衛門尉重綱と相論する陸奥国小田保追入・若木両村御下知の事なり、

明瞭な背景はわからないが、この時の問注奉行大江以康はその失勘によって所領一所(18)を没収された。理由は陸奥国小田保住人紀伊五郎兵衛入道寂西と同七左衛門尉重綱との間に起った保内追入・若木両村に関する相論についての下知（裁許）によることという。引用した記事の如く、当時の小田保内に「紀伊氏」なる武士（御家人）が居住していることに留意したい。ここでは相論以上にかかる氏族が住人として確認されることが重要であり、彼らは前述の山鹿遠綱同様、地頭職（保地頭か村地頭かの区別は不明）保持者であることは想像し得よう。先行研究が山鹿氏を下野宇都宮氏族とみたように、この紀伊氏についてもその系譜を見極めなければならない。

一見して「紀伊」とは「紀伊国」のそれであり、転じて国司任官時の国名である。即ち「紀伊守」「紀伊介」の如くである。国司任官に伴って国名を冠した人物呼称が始まる例は多く、（国名）殿・（国名）入道の如くである。ここで言及している八田知家の場合、建仁三年（一二〇三）の六月か七月頃、右衛門尉（大尉〈従六位下〉か少尉〈正七位上〉かは不明）から筑後守（従五位下相当）に昇進した。(19)この昇進を祝して以後この一族は好んで「筑後」を冠して自己を名乗り、あたかも筑後氏族の新生を呈する感が深い。この知家の子息（嫡子）知重も「筑後左衛門尉」(20)と称されているが、もちろん知重自身筑後守任官の事実はなく、彼に関する任官所伝は「左衛門尉」「常陸介」「紀伊守」である。「紀伊守」を知重の得た極官とすれば、これも従五位下相当の官職で、親父知家と同位である。知家同様に知重が「紀伊」を冠

して自己の名乗りとした例は『吾妻鏡』にもみられず（同書は一貫して筑後を冠している）、『尊卑分脈』に「母、法名蓮定、号小田、承久乱之時紀伊前司」とあるくらいである。

しかし、紀伊前司も称した八田知重の「紀伊守」任官を前提とすれば、この系に連なる人々の中から「紀伊」を冠して名乗る人物が存在しても奇異とはいえず、知家の場合が好例である。陸奥国小田保内の紀伊氏を八田知重系のそれとみることは、他氏の系譜にその出自を求める以上の蓋然性と合理性があると考えてみたい。この試論が成り立つならば前述の小田保給主＝八田知家なる所説も妥当なものとなり、遠田郡や長世保内に宇都宮系氏族が地頭職を保持した経緯にも、鎌倉幕府の陸奥国支配の上で新たな視点（国内への東国武士の所領配置の秩序性の有無）が考えられるのではなかろうか[21]。

知家の新所領小田保への関わりは、子息知重もそうであるように在鎌倉の父子には遠隔にすぎ、加えて父子共に常陸守護職の重任を帯しつつ、下野武家として改めて常陸国経営を余儀なくされた筈である[22]。文献上の徴証こそないが、八田氏系氏族が代官として小田保へ入部したことはあり得ることであろうし、知重子息らの中から「紀伊」を冠して小田保の支配に当った者が出たとの理解は成り立ち得る。ただ、小田保の惣領職は知家―知重―泰知と継承され、保内郷・村単位に例えば知重庶子系の人々が地頭職を得て入部した可能性は高く、追入村・若木村の地頭として紀伊氏が二名、記録に留められたのではなかろうか[23]。『尊卑分脈』に「号小田」とある知重の場合、この「小田」を通説の拠る常陸国三村郷内の「小田」ではなく陸奥国「小田保」のこととすれば、ここで「陸奥小田氏」の成立を考える必要がある。

八田（筑後）知重が小田知重と称し称された例は見当らないが[24]、知重子息（嫡子）泰知について『尊卑分脈』が「奥太郎」としていることは、容易に「奥」が「陸奥」の意味であることになろう。知重―泰知父子が「小田保」を確実に名字の地としたとはいえないが、常陸守護所の設営がままならない状況下で[25]、且つ在鎌倉の生活をも余儀なくされつつ、同時に陸奥国の新所領も放置することなく宝治年間に及んだ。

宝治元年（一二四七）六月、三浦泰村の娘を室とした八田（筑後）泰知は、三浦氏とともに北条時頼の攻勢に敗退した。敗退の内容は不明であるが、常陸守護職が宍戸壱岐前司家周（国家）に移ったことは明白である。知家以来三代に及んだ八田（筑後）氏族本宗の常陸守護の地位は断絶したのである。

この宝治合戦による八田（筑後・奥）泰知の失脚と、宍戸家周の常陸国守護職補任という二つの政治的事態は、北条氏体制下の常陸国支配に新たな局面を呈示したといえる。この間の推移とその意味については既に別に論じたことであるが[26]、宍戸家周に次いで常陸国守護職に補任される「小田左衛門尉時知」の存在が適確に位置付けられなければならないし、そのことによって「陸奥小田氏」と「常陸小田氏」の関係が明らかになる筈である。

知家―知重―泰知―時知なる系譜関係をもつといわれているいわゆる「小田氏」であるが、「小田」を名乗りとして『吾妻鏡』に登場する人物は時知が初例であり[27]、『吾妻鏡』の編纂条件に種々の留意すべき点があったとしても登場人物（武士）の表記には一定の型があり、「小田左衛門尉時知」なる表記は「八田右衛門知家」「筑後左衛門尉知重」などのそれと明瞭に区分されて考慮すべきと考える。時知は「小田」を名乗る武士であり、当時の幕府は「小田」なる地名をいわゆる名字の地とする武士を御家人として認知し、常陸国守護職への抜擢も行ったのである。時知が通行の系譜類の如く泰知の子息であるならば、当然その遺領のうちに陸奥国小田保があったと考えられ、幸いに宝治合戦での累坐も乗り越えて、むしろ北条氏体制への参入を果し得たと思われる。これは「号小田」といわれる知重を祖父にもち、保内には同族紀伊氏を村地頭に据え置いた、小田保惣地頭小田時知による八田氏系の政治的復権をみる思いがする。陸奥小田氏はこうして実在したのである。

しかし、時知の常陸経営は自身の守護職補任を最強の梃子として、知家以来の国内での布石をも頼りとして、やがて国内筑波郡筑波郷・三村郷を拠点とする常陸小田氏への転身が図られた[28]。ここで、前守護宍戸氏の系譜と守護就任の経緯、家周から時知への守護職交替、時知以後の守護家小田氏と守護所などの理解が必要となるが、別稿に委ねることとする[29]。

仁治年間の陸奥国小田保で確認できる紀伊氏族を八田知重系の人々とみなし、遡って八田知家の小田保拝領を推察し、降って小田時知を小田保惣地頭に出自する存在と判定した。八田氏族の鎌倉前半期の陸奥国とのかかる関わりをみることによって、八田知家以来常陸の地でいわば無難に守護家として存続したといわれる小田氏の展開過程に大胆な推論を投じてみた。「陸奥小田氏」なる新たな武家呼称も今後一層考究される必要があるが、鎌倉期の武士団研究の一例として示しておきたい。

おわりに

笠間市上郷地区(旧岩間町内)にある難台山普賢院龍光寺(現在は真言宗)蔵木造大日如来座像膝下墨書には「安貞二戊正月　従五位下紀伊守知重入道蓮定」とある[30]。本像は小軀で、伝来経緯や造像時期も未詳のものであるが、中世以来のものであると思われる。特に墨書銘文からは「知重入道蓮定」が本像の造像願主の如き理解も成立する余地はある。しかし、今は本像・銘文ともに紀年よりはかなり後世(中世後期)の作とみつつも、小鶴荘故地内に比定し得る上郷地区で本像銘文にみられる如き八田知重譚に接し得ることに注目したい[31]。

小田時知の常陸国内での在地性[32]に比して、八田知家・同知重・同泰知らのそれは史料的にはきわめて乏しく、宍戸家政・同家周についても同然である。総じて八田氏系氏族の常陸守護家としての国内での建長年間（一二四九～五六）以前の実態は、なかなか把握しかねる現状である。泰知に替って常陸国守護となる宍戸家周の場合も、その父家政同様、本来国内小鶴荘に入部成長し来った存在だとみる考えは明らかに再検討を要するものであり[33]、八田知家を始祖とするこの系の人々と常陸国との関わり方を改めて問い直すことが望まれるのである。この時期、守護職在任の確認と当該氏族の在地性を一致させて考える必要はなく、常陸国にあっては知重と国府官人（常陸平氏系大掾氏）との間の激しい対立[34]にみられるような鎌倉幕府による国内支配の困難さが指摘される所以である。

鎌倉政権の構築当初に常陸守護職を入手した八田知家の場合、多くの子息らに対しても地頭職を軸とした所職を入手させているが、本領下野国茂木保は例外としても他は決して常陸に集中する傾向にはない。国内所領を基盤として幕府への出仕が明らかなのは、田中荘（筑波郡）地頭と認め得る第九子知氏（『吾妻鏡』貞応二年〔一二二三〕四月十三日条に初出する「筑後九郎知氏」が該当するが、「田中」を名字として所載されるのは同書仁治二年〔一二四一〕十一月四日条にみえる「田中太郎」、寛元三年〔一二四五〕八月十六日条にみえる「田中右衛門尉」が早い例であり、知氏の息知継と思われる）のみである。

知家の筑波郡三村郷（南野荘）域への守護職を帯しての入部を説く考えに反して、「三村」「南野」を名字とする氏族（御家人）は成立していない。三村郷（南野荘）内に「小田」なる地名が永仁六年（一二九八）三月七日を史料的初見として確認されるが[35]、ここを八田氏族が名字の地とするにはあまりにも狭隘であり、それ以上に所領としての単位が明らかでない[36]。

以上の状況判断から、小鶴荘においても根本領主たり得なかった[37]八田氏族本宗の拠点を、陸奥小田保に求める理由としたい。この場合、八田知重の動向は重要であり、特に「紀伊氏」の確認は陸奥小田氏と常陸小田氏の段階的成立を関係付ける根拠となるものである。前に示した小鶴荘故知地内所在の大日如来座像墨書銘文中に「知重入道蓮定」とあることは、家周以降宍戸氏との名乗りを変えることなく深く小鶴荘域内にその領主的基盤を固定させることとなる「常陸宍戸氏」[38]によって意識された、鎌倉幕府成立期の守護家八田氏に対する理解（伝承）の所産ではなかろうか。つまり、宍戸氏の認識の中にも八田知重の本格的な小鶴荘入部の事実確認はなく、府中を掌握できない知重による小鶴荘内での仮設的守護館の経営などを推測させる情報の一つとして受けとめておきたい。

八田知重は、父知家や子息泰知とともに、常陸国守護職を通して、武家による基本的な国内支配の立場は保持するが、同時に固定的領主基盤を国内に所有した形跡はなく、下野国茂木保（八田氏本領）が知家より知基（茂木氏）に相伝された事実とも異って、陸奥国小田保が新たに与えられたとみるべきであろう。ここに中世武家小田氏の濫觴があるようである。

註

（1）糸賀「常陸中世武士団の在地基盤」（『茨城県史研究』六一、一九八八年）。本書第一部第三章。

（2）註（1）前掲拙稿と糸賀「成立期常陸小田氏の研究と現状」（『常総の歴史』四、一九八九年）でこの視点を明らかにしたつもりである。本論はむしろ後者の続論である。

（3）豊田武「東北の荘園」（『歴史』三、一九五一年）、大塚徳郎「鎌倉御家人の奥州移住」（『文化』一七―三号、一九五三年）、塩谷順耳「武士団の東北移住―橘氏（小鹿島氏）を中心に―」（『歴史』一九、一九五九年）、入間田宣夫「郡地頭職と公田支配―国における領主制研究のための一視点―」（『東北大学日本文化研究所報告』別巻六、一九六〇年）、豊田武編『東北の歴史　上巻』（吉川弘文館、一九六七年）、入間田宣夫「東北中世史研究の再検討」（『国史談話会雑誌』

一二、一九六八年）、小林清治・大石直正編『中世奥羽の世界』（UP選書、東京大学出版会、一九七八年）などが主要文献であり、筆者の立論動機を強く支えるものである。

そして、近年、佐々木慶一『中世東北の武士団』（名著出版、一九八九年）、大石直正「陸奥国の荘園と公領―俯瞰的考察―」（『東北学院大学東北文化研究所紀要』二二、一九九〇年）の二労作が加えられた。一方、これらの研究史の成果は『宮城県の地名　日本歴史地名大系4』（平凡社、一九八七年）、『角川日本地名大辞典4　宮城県』（角川書店、一九七五年）でも踏襲され、かつ『講座日本荘園史5　東北・関東・東海地方の荘園』（吉川弘文館、一九九〇年）に至って中世地名の簡便な解説が出典とともに紹介されている。この他にも一九五〇年代以降今日に至る東北中世史研究の個々の成果は枚挙にいとまがないが、「小田保」を立論する際に踏まえるべき研究成果は、以上でほぼ通覧可能であると思う。

（4）保域は確定できないが、『和名抄』所載の「小田郡」域に平安末期までに成立した保であるとされる。比定地としては現在の宮城県遠田郡涌谷町（一部、小牛田町・桃生郡河南町など隣接町域を含む）一帯である。なお、保域内には天平年間の産金地（黄金明神社が奉斎されている）が所在する。小田郡（小田保）に言及する研究も多いが、最近の例では奥野中彦「奥六郡の成立と変容」（『民衆史研究』四一、一九九一年）が得られた。

（5）大塚徳郎「鎌倉武士団の東北進出」（註（3）前掲『東北の歴史　上巻』）、遠藤巌「北条氏所領の検出」（『東北大学日本文化研究所研究報告』別巻七、一九六一年）に明示されている。しかしながらその論証例は研究史に見当らず、本論の位置付けは今後の批評次第である。

（6）通行の小田氏系譜からは、一様に八田知家の四世の子孫とされている。

（7）以下、『吾妻鏡』を出典とする記事が続くが、個々の出典は省略する。なお、ここでの引用は『全訳　吾妻鏡』（貴志正造訳注、新人物往来社、一九七六〜八二年)を参考とした。

(8) 佐藤進一『増訂鎌倉幕府守護制度の研究』(東京大学出版会、一九七一年)参照。

(9) 八田知重の「知」の表記は『吾妻鏡』中でも「知」と「朝」が一定しない。本論でも基本的には「知重」と統一したいが、『吾妻鏡』の記述を踏まえたときには本文中の表記に従うこととした。

(10) 『吾妻鏡』のこの記事が直接の根拠となっているわけではないが、この状況の委細ともみられる検証の結果が、註(3)前掲『中世奥羽の世界』巻末に付された「鎌倉期陸奥・出羽両国の郡(庄・保)地頭一覧表」(遠藤巌編)である。試論・想定もあるが奥羽両国内で一一六か所を視野に入れての鎌倉期地頭の検出作業であり、その史料的根拠を含む解説は未だ完璧ではない。本論も当然、この解説たらんことを望むばかりである。

(11) 『筑波町史史料集　第八篇(中世編Ⅰ)』(筑波町、一九八四年)・『同　第十篇(中世編Ⅱ)』(同、一九八六年)。

(12) 本論ではあくまで「常陸小田氏」成立の前提を陸奥国に求めるわけであるから、その間の関連を導き得る状況が必要である。

(13) 『続々群書類従　史伝部』所収本(但し、誤読が多く定本とはなし難い)、『宮城県史30(資料編7)』所収本がある。

(14) 本書研究と留守氏研究という両面の研究史を踏まえた伊藤信「留守家旧記　解説」(『大郷町史　史料編三』宮城県大郷町、一九八六年)がある。この作業によって当該記録が多面的に利用可能となった。本論でもその成果に負うところ大である。

(15) 網野善彦「常陸国における荘園・公領と諸勢力の消長(上)」(『茨城県史研究』二三、一九七二年)。

(16) 註(5)および(10)参照。

(17) 遠田郡地頭山鹿遠綱については、承元四年正月三十日付将軍源実朝下文写(『高洲文書』、『鎌倉遺文』一八二六号)による。なおこの山鹿氏を下野宇都宮氏系とみることは、『尊卑分脈』（栗田関白道兼公孫）宇都宮〈八田〉朝綱息家政を始祖とする山鹿氏に比定しての所為である。しかしこの系に遠綱は見当らない。註（5）前掲、遠藤巌「北条氏所領の検出」参照。

（18）「追入」は宮城県桃生郡河南町和淵字笈入（おいれ）に比定されるが、「若木」は不明とされる。註（3）前掲『宮城県の地名　日本歴史地名大系4』参照。

（19）糸賀「鎌倉時代の筑波」（『筑波町史　上巻』筑波町、一九八九年、第一章所収）。ここでは通説を踏まえながらも固定的解釈の是非を問いつつ成立期小田氏論の問題点を提言してみた。従って、この提言は多様な視点の設定によって検証されなければならないと心得ているこれらの記述は、本書第一部第四章に反映させている。

（20）近世に流布する小田氏系譜類は『尊卑分脈』所収本とともに『筑波町史史料集　第十篇（中世篇Ⅱ）』に所収してある。流布本はその性格上、知重の任官所伝に「筑後守」を加えるなど情報過多のものもある。本論では『尊卑分脈』所収本を基準としている。

（21）註（3）において示した東北中世史研究の傾向が語るように、鎌倉期に限って言えば各地域の武士団の系譜と支配構造（地頭職の相伝関係）、そして北条氏支配の浸透に作業の進展がみられる。この中で次第に整理がつけられている移遷武士団の入部に関する幕府側の基本的対策がみられるのかどうかは今後の課題であると思う。北条氏体制下に組み込まれる背景にはすぐれて政治的策略があることは明白であるが、頼朝による奥羽征討に対する論功行賞時、果してどのような基準で多くの武士が東北各地に入部したのかが研究視点に定まれば、前述のテーマも意味ある展開を遂げる筈である。

（22）註（1）拙稿で、下野武士による常陸国支配の実現を試みた源頼朝政権の施策の一端に言及した。佐竹氏・常陸平氏によるいわば伝統的領主支配が、比較的強固な常陸国の鎌倉期の支配構図の中では、守護家八田氏をあえて下野武士と位置付けることに幕府を介して常陸国と関わりをもつことになる八田氏の立場が客観的に浮上すると考えられる。

(23)　つくば市大字小田のことであり、小田城所在の地として著名であるが、古代～中世では筑波郡三村郷の一所である。古代末期に郷域が「南野荘」の一部をなすこととなるが、鎌倉幕府成立期(十二世紀末)に「小田」なる地名は史料上に確認できない。

(24)　近世以降の系譜類・記録等は必ずしも八田・小田の区別を厳密に行っているわけではなく、この点は是正されるべき重要な視点である。参考のため、古文書中の「知重」検出例は左記の通りである。

①応永十三年七月二十三日付鶴岡八幡宮一切経并両界曼荼羅供養記案(『鶴岡八幡宮文書』(註(11)前掲『筑波町史史料集　第八篇(中世編Ⅰ)』所収。本文中に「建久五年甲寅十一月十三日」とある)に「八田左衛門尉知重」とみえる。

②(年月日欠)右大将家善光寺御参随兵日記(『大日本古文書　相良家文書』東京大学出版会、一九七〇年。本文冒頭に「建久八年三月廿三日」とある)に「八田太郎左衛門尉」とみえる。

③安貞元年十二月二十六日付鎌倉将軍家御教書案(『常陸国総社宮文書』(『茨城県史料　中世編Ⅱ』)所収)に「而知重属国司令競望之条」とみえる。

④安貞二年五月十九日付関東下知状(『鹿島神宮文書』(『茨城県史料　中世編Ⅰ』)所収)に「鹿島郡地頭并神官・供僧連署状及守護人知重申状顕然也」とみえる。

(25)　糸賀「鎌倉時代の友部地方」(『友部町史』友部町、一九九〇年、第一章所収)において「第二節　宍戸氏の支配」中に「守護所を求めて」「堀の内と御正作」と題した小論を試みている。

(26)　『筑波町史　上巻』掲載の拙稿(第一章第二節)、『友部町史』掲載の拙稿(第一章第二節)。これらは、本書第一部第四章・第二部第四章に反映させている。

(27)『吾妻鏡』中の小田時知の初出は建長四年十一月十一日条で、将軍家供奉人中「小田左衛門尉時知」とみえる。

(28) 布石の例証として左の如き点が考えられる。

①極楽寺銅鐘銘(土浦市等覚寺蔵、『筑波町史　史料集　第八篇』所収)。この銘文には「建永□□筑後入道尊念」とみえ、尊念(八田知家)の国内極楽寺への発願を示すものとして貴重だが、その経緯については未だ定説が得られない。

②知家および息知尚信太荘入部説(『茨城県史　中世編』第二章第二節)。

③知家息知氏の田中荘入部。

(29) 註(1)(2)(19)(25)に示した拙稿参照。

(30)『図説　岩間の歴史』(岩間町、一九九一年)。

(31) 関周一氏は、「社会のしくみ」(『友部町史』第五章第一節所収)で「荘園公領制の成立と友部地方」「九条家領小鶴荘」「地頭宍戸氏の小鶴荘支配」「「宍戸荘」呼称の成立」「円覚寺正続院領小鶴荘」「「常陸国中富有仁等人数注文」の世界」「中世「宍戸荘」の終焉」なる項目を執筆しており、小鶴荘の解説が得られた。この解説は「宍戸荘」を無批判に平安末期に遡って実在した国内荘園の一とする見解に厳しく是正を求める貴重な作業である。

(32) 糸賀「三村山と忍性」(『筑波町史　上巻』第三章第一節第一項所収)では、忍性の三村山止住と小田時知の在地領主としての対応を明瞭に述べてみた。この点に関しては、糸賀「忍性の開いた寺—三村寺」(網野善彦・石井進編『中世の風景を読む2　都市鎌倉と坂東の海に暮らす』新人物往来社、一九九四年)でも言及した。

(33) 註(25)拙稿でもこの態度は提言として示してみたが、本論に続くべき必要な作業であると考えている。

(34) 註(24)の③に示した史料は、大掾朝幹の帯する「常陸大掾職」を知重が競望したことに対して幕府は「非分之望」としてこれを否定した経緯を伝えるものである。

(35)　永仁六年三月七日付彩色願文(本文中に「南野庄小田之住人藤原氏」とある)をもつ嘉禎三年正月造立の広智上人座像(東城寺祖師堂蔵、墨書銘は全て『筑波町史史料集　第八篇(中世篇Ⅰ)』所収)がある。

(36)　註(23)とも重なる筆者の印象であり視点でもある。古代行政区としての三村郷に中世的それとしての「小田郷(村)」の成立する過程を否定するものではないが、八田氏が当所を入手する動機が必ずしも明らかでなく、その事実は得られない。これが陸奥国小田保に関心が深まる理由であり、例の建久四年の多気義幹失脚譚(『吾妻鏡』)は八田知家の筑波郡入部動機を語る史料としてはやはり問題が多いと考える。

(37)　小鶴氏の存在が確認されるのは応永三十三年十月付烟田幹胤申状(『鉾田町史　中世史料編　烟田氏史料』〔鉾田町、一九九九年〕所収『烟田文書』)が初見である。文中に「小鶴修理亮」「小確〔鶴〕五郎」とみえるが、その系譜は全く不明である。十五世紀に至る過程で、この荘を名字の地とした氏族が出てくること自体は不思議ではないが、八田氏族が少なくとも鎌倉期において小鶴氏として台頭しない現実を重要視すべきである。

(38)　本論では「陸奥小田氏」「常陸小田氏」「常陸宍戸氏」などの表現をとりつつ、武家(武士団)呼称に差をつけてみた。氏族の展開過程で微妙に異なる在地基盤の推移を適切に判断したいからであり、このような方法論をしばらく続けてみたいと考える。

第四章　宍戸氏支配の展開

はじめに

鎌倉期から戦国期の間、いわゆる中世の友部地域（旧茨城県西茨城郡友部町、現在は笠間市内）の領主は一貫して宍戸氏である。宍戸氏は八田知家の子息家政（第四子とある『吾妻鏡』の初出〔建久四年（一一九三）五月八日条〕[1]も「宍戸四郎」とあるので知家四男は妥当と思われる）を始祖とする。『尊卑分脈』を始め江戸期の常陸国内に流布した小田・宍戸両氏関係系図[2]によると、八田知家嫡子知重（太郎、小田氏）の弟たちのうち、有知（二郎）は伊志（自）良氏（美濃国山県郡）、知基（三郎）は茂木氏（下野国茂木保）、家政（四郎）は宍戸氏（常陸国宍戸荘）、知尚（六郎）は浅羽氏（筑後氏、入部地不明）、明玄（八郎、為氏とも所伝される）は筑波氏（筑波山中禅寺別当）、知氏（九郎）は田中氏（常陸国田中荘）、時家（十郎）は高野氏（入部地不詳）の始祖とされている。

右の八氏のうち筑波氏以外は『吾妻鏡』[3]の中でその存在と幕府への奉公の事実が確認されるし、筑波氏についても南北朝期に武家としての組織が知られることで鎌倉期に遡及してのこの氏族の実在した蓋然性は高い。ただ各氏の在地領主としての動向は変化に富み、承久の乱（一二二一年）で京方に参陣した宇治川で戦死した筑後知尚、霜月騒動（一二八五年）で安達氏方に立って鎌倉で自害した田中氏（四郎知泰と五郎某）の場合はその好例である。

さて、ここではこのうち宍戸荘を領した宍戸氏を中心とし，この地で展開された宍戸氏の支配について考察したい。

一　宍戸氏の成立

1　常陸宍戸氏

前述のように宍戸氏は家政を始祖とする。従来、常陸宍戸荘を入部地（名字の地）として宍戸氏が成立するという通説が唱えられてきたが、この通説には根本的に矛盾がある。

「宍戸荘」との呼称は文献上十四世紀のことであり、この荘域は十二世紀以来九条家領「小鶴荘」として鎌倉期を経過している。つまり、家政の時代に涸沼川流域を「宍戸荘」と呼称したことはなく、家政がこの地に入部して小鶴荘を名字の地とすれば八田氏流小鶴氏が成立する筈である。これは、茂木保に入部した知基が茂木氏、田中荘に入部した知氏が田中氏を成立させた如くである。さらに付言すれば小田氏が陸奥国小田郡（保）を、高野氏も陸奥国高野郡（荘）を名字の地としていたとの説(4)をも踏まえ、小鶴氏とは名乗らなかったこの宍戸氏を、家政の段階で否応なく茨城郡内に分立した氏族とする必要はないのである。事実、この郡内に「宍戸」なる地名はいかなるレベルでも確認されず、「宍戸荘」と呼称された十四世紀以後にあっても「宍戸」は地名にその名を刻まなかった（「小鶴」は現在の茨城町に大字として残る）。

では、家政が名字の地とした「宍戸」なる地名はどこに存在しているのか。残念ながら未だ見つかっていない。建暦三年（一二一三）五月二日・三日にわたって鎌倉で発生した和田合戦（初代侍所別当を歴任した和田義盛を北条義時が討滅した合戦）で幕府方に立って討たれた人々の中に「筑後四郎兵衛」「壱岐兵衛」「同四郎」の宍戸氏三名がいる。このうち「筑後四郎兵衛」は宍戸家政に比定され、たとえ幕府方として始祖家政のかかる死去はこの氏族の一時的没落も推測される。

家政の『吾妻鏡』への登場は、建久四年（一一九三）五月八日条（頼朝の富士野夏狩に供奉）とこの和田合戦の二か所のみで、家政の死去後三〇年間はこの氏族の奉公は不明である。その後、家政子息家周（常陸国守護）およびその子息家氏の幕府への奉公が確認されるのは寛元二年（一二四四）である（『吾妻鏡』寛元二年六月十三日、同年八月十五日条）が、この時点でも宍戸氏の本貫地は不明である。

ここで、筑後（奥）泰知の宝治合戦（一二四七年）での失脚について再度注目したい。安貞元年（一二二七）、常陸大掾職就任を望んで停止された筑後知重であったが、翌安貞二年の常陸国守護職在任は明らかである[5]。やがて知重の失脚および死去（年次不詳）に伴って嫡子泰知に守護職が移ったと思われるが、この泰知が遭遇した宝治合戦での失脚が宍戸家周への守護職補任を現実のものとし、知家以来の常陸国守護所（比定地未詳）の経営が家周に委ねられることになったと考えられる。『吾妻鏡』宝治二年（一二四八）四月二十日条に、

> 常陸国の悪党蜂起の事、所々に訴訟出来、仍つて厳密の沙汰を致すべきの旨、直ちに宍戸壱岐前司に仰せ含めらると云々、

とあり、国内悪党捜査を幕府から命じられた宍戸壱岐前司、すなわち宍戸家周の守護在任が明証される[6]。従って、この家周の常陸守護補任をもって宍戸氏の成立とみておきたい。

2　御家人宍戸氏の奉公

御家人宍戸家政の入部地（名字の地）を明らかにし得ないことは残念であるが、八田氏（筑後氏・小田氏）の宍戸家周の

常陸国守護への就任と小鶴荘入部が成り、その結果、筑波郡での小田時知の復権（筑波郡三村郷〈南野荘〉域への本格的入部が実現）があった。この立場を前提として御家人常陸宍戸氏の幕府への奉公を眺めてみたい。

和田合戦（一二一三年）の宍戸家政の幕府側に立っての死去は、この氏族にとってかなり打撃的であり、以後三〇年に及ぶこの氏族の雌伏を余儀なくされたものと思われる。子息家周（壱岐守）及び孫家氏（二〈次〉郎左衛門）の復権活動は功を奏し、寛元二年（一二四四）六月十三日には家氏が将軍頼嗣の御行始に際して、鎌倉市中甘縄にある秋田城介義景の家に入御の供奉をしている（『吾妻鏡』）。この年八月十五日には父家周が一族の高野時家らとともに頼経父子の鶴岡放生会参詣に供奉し、翌十六日には鶴岡流鏑馬の儀において一六番の的立となっている（『吾妻鏡』）。これで宍戸氏の御家人としての立場は明らかである。以降、『吾妻鏡』にみえるこの氏族の行歴は、以下のようである。

○寛元四年（一二四六）八月十五日条
宍戸家周・家氏父子、一族の田中知継・高野時家・茂木知定らとともに、将軍藤原頼嗣の鶴岡放生会参詣に供奉する。

○宝治元年（一二四七）十一月十五日条
宍戸家氏、将軍藤原頼嗣の鶴岡放生会参詣に扈従する。

○宝治元年（一二四七）十二月二十九日条
宍戸家周、京都大番役に結番される。

○宝治二年（一二四八）四月二十日条
宍戸家周、常陸国内の悪党捜査を命ぜられる。

○宝治二年（一二四八）閏十二月十日条

宍戸国家（家周）、一族の高野時家らとともに、将軍藤原頼嗣の方違に供奉する。
○建長二年（一二五〇）十一月二十八日条
宍戸家周、常陸国での賭博を禁制させられる。
○建長四年（一二五二）十二月十七日条
宍戸家氏、一族の小田時知・高野時家らとともに、将軍宗尊親王の鶴岡社参に供奉する。
○建長六年（一二五四）正月一日条
宍戸家氏、将軍宗尊親王の御行始に際してその供奉に参らず。
○建長六年（一二五四）正月二十二日条
宍戸家氏、一族の高野時家らとともに、将軍宗尊親王の鶴岡社参に供奉する。
○建長六年（一二五四）六月十六日条
宍戸家氏、一族の田中知継及び常陸平氏流真壁時幹らとともに、鎌倉市中を警固する。
○弘長元年（一二六一）八月十五日条
宍戸家氏、一族の小田時知・高野時家らとともに、将軍宗尊親王の鶴岡放生会参詣に供奉する。
○弘長三年（一二六三）八月九日条
宍戸家氏・宍戸壱岐左衛門太郎（家周嫡子家宗ヵ）、一族の小田時知・田中知継・高野景家（時家嫡子）らとともに、将軍宗尊親王の上洛供奉人となる（但し、風害のため上洛停止）。

このうち、家周二男家氏の奉公が目立つが、やはり父家周の常陸国守護としての「悪党捜査」と「賭博禁制」は見逃し難い。家周のこの国の守護職補任の時期を宝治元年中とみて、小田時知による本宗としての守護職回復を建長四年頃と考えると、家周の守護職保持はこの間数年程であったといえる。[7] また家周の嫡子家宗が御家人として奉公したことは想定し得るが、これ以外に宍戸氏本宗の鎌倉期での動向を知る史料はない。

小田時知が回復・入手した幕府への奉公と常陸国守護職は、嫡子宗知に継承される。しかしこの間、小田氏本領三村郷の隣接地田中荘では地頭田中氏が霜月騒動（一二八五年）で安達氏に連坐して没落し、やがて北条泰家の田中荘地頭職入手が成った。北郡においても八田氏族伊賀（高野氏流）景家の所領が没収されて、北条氏領（後に北条貞時室大方禅尼領）となるなど、小田氏領の近接地に北条氏の侵攻が認められる。[8]

このような小田氏の窮状の中で、守護職は再び宍戸氏に移ることとなった。正和四年（一三一五）九月十二日、宍戸壱岐前司（時家）は、幕府より常陸国総社の社殿造営役を負担すべき国内地頭の調査を命ぜられている。[9] この時家の任務は明らかに常陸国守護としてのそれであり、正和四年以前の補任を推測し得る。

しかしこの宍戸時家の場合を最後として、この国の守護職も遂に小田・宍戸両氏の手を離れて北条氏に奪取され、文保年間（一三一七〜一九）には北条氏族佐介時綱の在任が確認される。[10] 守護人時家以外のこの氏族の御家人としての奉公は、宍戸氏領の保持とともに鎌倉末まで存続はしているが、具体的な所領内での農民支配などについては全く不明である。

二　守護所と支配拠点

1　守護所の検証

宍戸家周の常陸国守護への就任は、即ち家周の居館が常陸国守護所としての機能をもつことである。そして八田知家以来の常陸国守護所の所在地は小鶴荘域内であり、家周の小鶴荘入部の経緯もまた前代の守護所の継承を推測させる。

守護所、それはまさにその国の守護の行政的中核であり、守護職を得た武家の中心的居館でもあった（守護館ともいう）。この場合、守護人が国司を兼帯すると守護所は国府内に設けられた（安芸・筑前・豊後国などが好例）が、多くは国府外の地に設けられた。その国の守護が平安期以来の伝統的領主の場合はその本領中の居館が守護所となり、新参の守護の場合にはわずかに入手した国内の一所に守護所を仮設し、次第に国府域への進出を遂げながら、やがて国府近傍の地に居館を設営することもあった。国府といい守護所という場合も、政治的・交通的要衝の地を選ぶものであり、この限りでは国府にかなり後続する守護所の移動は自然であり、守護職の遷替はそれを当然のこととしている。

鎌倉期の守護所は全国的にも不明の国の方が多く、判明している国は極小である（山城・河内・摂津・三河・相模・近江・信濃・播磨・備後・安芸・伊予・筑前・豊後・薩摩などが確定的で、推定の国を入れても総計二〇数例で全体の三分の一程度である）[11]。武蔵・常陸・下野などは全く判明していないのが現状である。

時知によって復興された守護家小田氏の居館は筑波郡三村郷内に設営され、後年「小田城」と呼ばれる場所（つくば市小田）が守護所であった可能性は高い。この小田城（館）に先行する守護所を小鶴荘（涸沼川流域）内に求めるとき、八田知家・同知重らによって設営された可能性のある居館は伝承の世界にも皆無であり、確認の方策は殆ど存在していない。従って、まずは戦国領主となるまでこの地域で中世を一貫してその領主支配を貫徹した宍戸氏の居館に注目したいのであるが、実は明瞭な宍戸氏居城（館）なる遺構も把握しにくい状況である。慶長七年（一六〇二）、出羽国へ移封された佐竹義宣に従って宍戸氏も北遷し、宍戸領へは出羽国より秋田実季が領知五万石で入封した。この秋田氏が居城とした宍戸城跡が、旧友部町陣屋地区(笠間市)一帯に残っている。

しかし、秋田氏の四〇年を超える在城(正保二年(一六四五)、陸奥三春へ転封)のためか、あるいはこの居館が秋田氏による新規の築城のためか、遺構自体に明確な宍戸氏関係の伝承が得られない。ただ、この遺構中の本丸部分は方一五〇メートルの居館空間がみられ、加えてこの本丸跡の東側水田(堀跡と思われるがその形状は不整形)に東方より突き出した舌状台地上に東西一六〇メートル、南北一五〇メートル程の整形部分が確認できる。「古館」と呼ぶこの地形は北・西・南を低湿地(現状は水田)で囲まれた半ば独立した半島状の舌状台地であり、要害としての利用は可能である。南方には至近に涸沼川が東流し、西方には国府、笠間を結ぶ古道も確認されるなど、水陸交通の至便さは格好である。これらの遺構を守護所に比定するにはあまりにもその徴証に欠けすぎるが、秋田氏・松平氏の入封時の拠点となった当該地の歴史的求心性は、旧町域各地に残る城館遺構の中では最も注目されてよいものと思われる。

小鶴荘域内に鎌倉期の八田氏・宍戸氏の居館、すなわち守護所を求めることはまさに夢のような課題であるが、この地域内に所在したことは確実であろう。この前提を踏まえて紹介したい遺構が笠間市上郷に所在した。残念ながら現在は圃場整備事業(昭和四七年～同四九年)によって全面的に消失したが、事業前の地形を頼りに遺構の意味を考えてみたい。

遺構所在地は笠間市大字上郷(昭和二十九年(一九五四)以前は岩間上郷)小字堀之内および小字御正作である。「堀之内(ホリノウチ)」は一般的に中世領主の居館の呼称であり、「御正作(ミショウサク)」は領主直営田の呼称と解されている。この二種の地名を同時に残している岩間上郷(以下旧大字名を使用する)の遺構は、当該地が小鶴荘の故地に含まれることを考えれば、中世のある段階での宍戸氏関係の居館である可能性は高い。小鶴北荘(小鶴荘の南北分割に際して、涸沼川流域の山根地帯を称したものと思われる)が特に「宍戸荘」とも称された。背景には、宍戸氏居館を含む宍戸

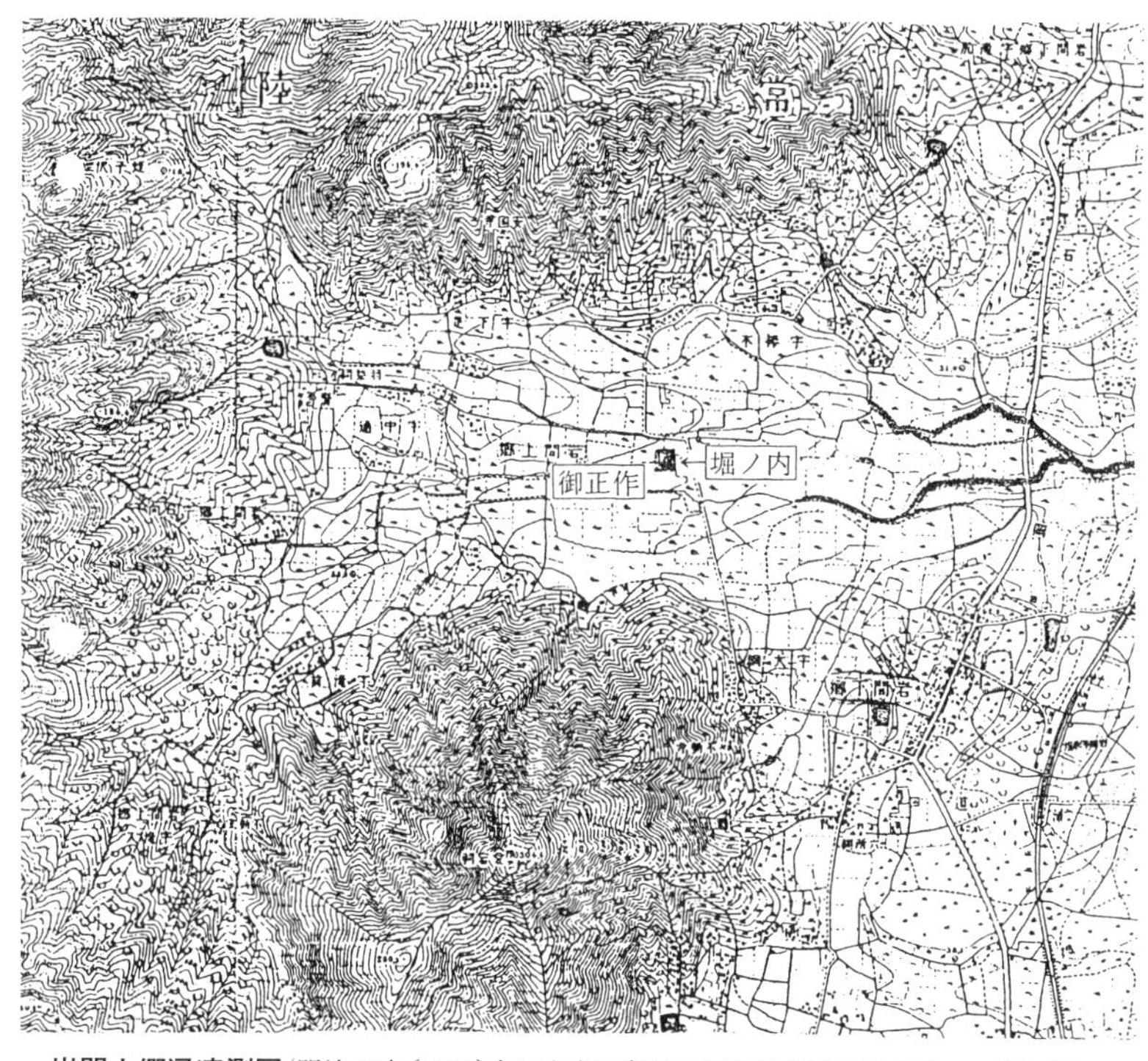

岩間上郷迅速測図（明治30年〔1897〕大日本帝国参謀本部陸軍部測量局作製、一部加筆）

氏本領が、この遺構をも内包する一帯であったということができる。このように考えるとき、岩間上郷の遺構はすこぶる興味深いものとなるのである。

岩間上郷の立地は、難台山（標高五五三・〇メートル）の東麓を東流して涸沼川に注ぎ込む桜川と、随光寺川に沿って形成された緩やかな扇状地形に最大の特色がある。そして北側には館岸山（標高二五六メートル）と金毘羅山（標高二二八・四メートル）が東西に並び立ち、南側には愛宕山（標高三〇六・四メートル）がこれに相対している。西側と南北両側を山に囲まれ、東方にのみ開けた東西約一・五キロメートル、南北一・〇キロメートルの盆地状の地域空間が特に注目され、難台山東麓でこの盆地西端には羽梨山神社（『延喜式』神名帳所載の「茨城郡三座」のうちの「羽梨山神社」に比定される）が鎮座する。この地は熊野社の

岩間上郷小字「堀ノ内」周辺土地宝典図（笠間市所蔵）

鎮座地ともいわれ、羽梨山神社の他所よりの遷座も所伝される。

また、近傍には別当普賢院（真言宗、本尊十一面観音）、安国寺（曹洞宗、本尊釈迦如来）などがあり、難台山は南北朝末期の小山若犬丸・小田五郎の挙兵地として知られ、館岸山の城館跡（戦国期）および西麓一帯（小字西寺付近）での古代寺院跡の残存など、古代・中世的世界を多分に検証し得る空間である。その上、愛宕山南麓の泉城跡は結城合戦（一四四一年）直後に結城氏朝方に立った宍戸持里が挙兵した地でもあり[12]、難台山東麓一帯はやはり宍戸氏と無縁の地ではない。

守護所を求めたいあまり、この岩間上郷の遺構を以て小鶴荘域内に設営された守護所跡であると考えることは危険だが、これ程の好条件に恵まれた地理的・歴史的空間に確認される「堀之内」「御正作」は他の類例を凌ぐものであり、宍戸氏研究の一助のためにも紹介しておくことにする。

2 堀の内と御正作

小字「御正作（ミショウサク、ミソサク、ミゾサク、ミソザクなどと呼称）」は涸沼川流域では岩間上郷でのみ確認されるが、「堀之（の）内（ホリノウト、ホンノウチ、ホンノウジなどと呼称）」は旧友部・旧岩間町内でも数例は確認される。特に「堀の内」とは、文字通り一定の方形に近い土地の周囲を堀割りがめぐらされた地形を共通の条件としていることが多い。堀割りは地形と築造年代によって差はあるが、低湿地における微高台地上にあって水堀（水田として残存）を主とし、舌状台地上や山地内では空堀（水を溜めることは目的ではなく主に防禦中心）として造作された。このような遺構は、村落に居住して農民とともに共同体を運営・維持する宿命をもった指導者、つまり在地領主の居館であることが多く、全国的にみられる中世社会の貴重な歴史的所産である。いかに有力な農民でもその居住形態を知る遺構は少なく、鎌倉期に遡及してその痕跡を見出すことは至難である。そこで領主館の確認は、その立地・景観などから水系・古道の条件をも考慮しつつ、土地の開発状況も勘案して領主にとっての「所領」、農民にとっての「村」を復元する重要な状況証拠となるのである。

例えば、平安末期以来真壁郡内山根寄りの桜川（筑波川）流域に、近世初頭まで根強く領主支配を展開させた常陸平氏族の真壁氏の場合、真壁郷（現在の桜川市真壁町古城、真壁一帯、真壁城の遺構を残している）を本宗が支配しつつ周辺諸郷に庶子族を入部させ、庶子家は郷々それぞれに名字の地としながら郷地頭（郷領主・村落領主）を世襲していった。この一家に長岡郷（桜川市真壁町長岡に比定できる）を所領とした長岡氏が知られ、家伝の『真壁長岡古宇田文書』[13]は、鎌倉～室町期の村落内部の詳細な状況を伝える史料群として有名である。この史料群の中に、「長岡郷内田三町・在家三宇并堀内」[14]「長岡郷内田在家・堀内」[15]「こうたのほりのうち」[16]などの文言が確認され、長岡地内に残る小字名「ミソザク」を「御正作」と理解すれば、明らかに「堀の内」「御正作」の併存を知り得るのである。筑波山塊加波山西麓の長岡郷は、岩間上郷ほどの盆地状地形ではないが、桜川に流入する二神川に沿って形成された扇状地形には、両所の地理的条件の酷似に驚かされる。加えて「堀の内」「御正作」を併せもつ共通性は、岩間上郷の歴史的条件をほぼ決定するものであり、長岡地内で不明な「堀の内」の輪郭も岩間上郷ではかなり明瞭である。さらに長岡の「堀の内」の北方加波山麓には寺院（円鏡寺・五輪堂など）と神社（加波山三枝祇神社）があるなどの史的空間も岩間上郷の典型的な領主支配の世界を浮上させるに足るものであろう。

さて、岩間上郷の小字「堀之（ノ）内」は「ホンノウジ」とも呼ばれ、小字「仲通」（ナカドオリ）の東方随光寺川左岸台地上に所在している（基盤整備前の状況で表現する）。小字の区域は必ずしも方形区画を限定してはいないが、ここに小畔および小溝で区画された東西約一〇二メートル・南北約七八メートルの区域を見出し得る。現状は大部分が陸田化していて、堀と平地部分の明解な地形上の区分はみられず、特に出土遺物なども報告されていない。江戸期に畑地のかなりの陸田化が進んだと考えられ（明治期以前の村絵図の確認は見聞せず）、中世の地表的原形は失われている。この「堀の内」の西脇にある二等辺三角形の珍しい不整区画が小字「御正作（ミソザク）」である。東南辺は随光寺川左岸低湿地との間に一メートル程の落差をみせており、この「御正作」の区画がきわめて人工的な耕作地であることを思わせる。現在でも水漏れのない良質田であるとの状況は、あるいは領主直営田以来の技術と伝統に裏打ちされた耕地状態なのであろうか。この「堀の内」「御正作」を中心にして、「郷中（ゴウナカ）」（岩間上郷の中核（本郷）の意カ）、「随光地（ズイコウジ）」（随光寺の所在も推測される。堀の内に居住する領主の外護下の寺カ）、「竹花（タケハナ）」（館花→館鼻→館端と解し、やはり領主館に付随した小字カ）、「縄初（ナワハジメ）」（領主館の所在に左右された検注・検地の基点の意カ）などの小字名が残り、これらもまた見逃し得ない領主館周辺特有の中世的遺称地名とみられる。

一国を代表する守護クラスの武家館の規模は、方二町（二〇〇メートル四方）程の大きいものもあるが、必ずしも方二町とか方一町（一〇〇メートル四方）に限定されるものではなく、地形に応じてこの中間規模の居館も多くみられる。ただ基本的プラン（方形および長方形）を中心にして室町〜戦国期に改修・拡大される場合も多く（小田城などがその典型である）、守護権力の保持と地域支配の集権化が進むにつれて館周辺の城下町化がみられる傾向は、この岩間上郷の領主像に一定の制約を与えることになる。八田・宍戸氏の守護在任は全く鎌倉期に限定されており、この限りでは彼らの設営した守護所が城下町化することはなかった。その意味では長岡氏の場合と同様に、自然地形に依拠した牧歌的ともいえる村落共同体の維持を最優先にした計画的占地の中で営まれた居館がふさわしい。山からの谷水を所領内に管理的に配水する機能がこの居館によって体現されたとする説[17]は、長岡郷の研究の所産であり、それは同時に岩間上郷にもあてはまる。

ただ宍戸氏の守護在任は鎌倉期の一時であるが、在地領主としての生命は戦国期に及ぶものであり、戦国領主としての宍戸氏の居館はどこかに所在した筈である。もちろん岩間上郷に求める必要もなく、あるいはやはり旧友部地区の旧秋田氏居館跡に比定されても不自然ではない。その東隣の「古館」とて名の通り八田氏居館の宍戸氏への継承であったかもしれない。八田・宍戸両氏の守護職歴任を前提として彼らの設営・居住した居館を「守護所」とみることが許されるならば、その地を小鶴荘内のどこかに見出すことも可能と思われる。岩間上郷の「堀の内」「御正作」遺構が、その地理的・歴史的条件をあまりにも良く具備しているために参考までに注目しただけである。

永享七年（一四三五）八月九日付の常陸国中富有仁等人数注文写[18]によると、この時期岩間郷には黒田左衛門三郎なる富有仁（有徳人）が住み、この郷の知行人は鎌倉府奉公衆の一人竜崎弾正少弼である。宍戸氏は「山尾道場」の知行人として所載され、旧友部町域に相当する山根地帯に支配の拠点が移っていたようである。果して岩間郷における富有人黒田氏の居館が岩間上郷の「堀の内」であったか、あるいは知行人竜崎氏の居館に比定されるものなのか不明である。

真壁郡長岡郷との比較から、岩間上郷の「堀の内」「御正作」が、きわめて中世前期の領主館の立地条件を備えた遺構であると思われる印象は大切にしたい。建長三年(一二五一)十一月二日付の平忠幹注進状写[19]は、平望幹なる人物が所有地の田一町を要用のため僧修挙房に売り与えたが、修挙房が殺害の科で「守護所」に召し籠められてしまったと伝えている。宍戸家周の守護在任中とも考えられるし、小田時知の復権が成り、あるいは守護に補任されていた時のことかもしれない。いずれとも決し難い微妙な時期の修挙房の罪科であるが、確かに鎌倉期の常陸国守護所は実在しているのである。

岩間上郷の遺構を紹介しながら、その性格付けを明言し得ないことは残念であるが、小鶴北荘(宍戸荘)域内における最良の中世前期の領主館遺構との推測から、鎌倉期八田氏・宍戸氏による居館設営過程での所産の一つとの試論にとどめておきたい。

おわりに

以上、宍戸氏の成立を中心とし、また守護所の探索をも含めて考察してきた。ここで、宍戸氏の庶子であった岩間氏の西遷について新たな知見を披瀝し、むすびとしたい。この事実の提示は、宍戸氏族の族的展開の一端を示すことになると考えるためである。

『和名類聚抄』によれば、常陸国茨城郡内一八郷の一つに「石門」郷(高山寺本)・「石間」郷(古活字本)とあり、即ち古代「岩間」郷の存在が確認できる。この郷域を『新編常陸国誌』[20]では「按ズルニ、今ノ上郷・岩間下郷コレナリ」

として旧岩間町上郷・下郷（現笠間市内）の一帯に比定している。この比定の是非はともかく、旧岩間町の町名の由来でもある古代以来の地域名称である。

　さて、この地域（岩間郷を含めて平安末期に九条家領小鶴荘域となる）に鎌倉前期に宍戸氏が入部する（その支配対象を厳密に明示することは困難であるが、小鶴荘（南北に分かれている）域に相当すると思われる）。そして、この宍戸氏の分流の一家として岩間氏が想定可能である。例えば、

①「知宗　号笠間（岩カ）」（『尊卑分脈』）

②「知宗――胤知　笠間（岩カ）太郎　笠間（岩カ）門彦四郎」（『系図纂要』）

③「知宗　笠間（岩カ）ト称ス」（『小田本宗支族系図』）

とあり、「岩」を共通に「笠」と誤認（写）しているが、宍戸家政の四世孫知宗および五世孫胤知を岩間氏と所伝している傾向がわかる。

　また、この知宗の叔父にあたる家氏（常陸守護宍戸家周の二男）が鎌倉での奉公に励む姿は『吾妻鏡』に詳しい。そして知宗の舎弟家時は小鶴北荘（後に宍戸荘と私称する）に深く定住して宍戸本宗家を確立していった（この系から真家・一木氏が分立するし、この系と家氏系によって安芸宍戸氏が成立している）。

　康永三年（一三四四）十二月二十七日、足利直義は小鶴南荘の年貢の納入をめぐる領家九条家雑掌と地頭「宍戸上野四郎知連」代官賢心との間の相論に決裁を下した[21]。知連は年貢抑留の科を免れているが、この知連こそ知宗系宍戸氏の人物であり、即ち岩間知連とみられる。代官を立てての相論であり、このこと自体とくに奇異ではないが、この後、

宍戸氏族岩間氏の行動は小鶴荘および常陸国茨城郡内ではみられない。岩間知連は小鶴南荘を不在にしていたのであろうか。

ここで舞台は鎌倉期の播磨国(兵庫県)に移る。正和四年(一三一五)十月二十八日・二十九日の両日にかけて、南禅寺領矢野荘別名(相生市、この荘の例名西方は東寺領である)に数百人からなる「悪党」が打ち入って殺害・刃傷・放火・狼藉をはたらき、さらに数百石の年貢米を奪い取った。(22)この「悪党」の構成は多様で「寺田悪党」とも呼ばれる程、在地土豪寺田氏の一族・家人を中心に近隣の地頭御家人らも加わった。この近隣の地頭の一人に「小犬丸地頭岩間三郎入道道貴」がいる。小犬丸は兵庫県龍野市揖西町小犬に比定され、当時は播磨国揖西郡布施郷内の単位で「小犬丸保」と呼ばれた。この保は九〜十世紀頃に「穀倉院」(内廷経済を司る)領となり、応保年間(一一六一〜六三)には平清盛の異母弟頼盛と播磨国司が共謀してこの保を取り込んで布施荘を立荘した。後に、平氏滅亡に伴って建長八年(一二五六)には穀倉院領小犬丸保に戻るが、実質は院の別当を世襲している中原氏の所領となって南北朝期に至っている。

さて、この鎌倉期の小犬丸保地頭岩間氏を常陸宍戸氏族岩間氏とみて論述することにする。この岩間氏がいつこの地に入部したかはわからない。想定されるのは承久の乱(一二二一年)による論功行賞であろうか。三郎入道道貴の実名も不明である。東国の、関東の、常陸国宍戸氏族以外に特に岩間を名乗りとする当該期の武家が他に見当らないので、ここでは右のような見解を示しておきたい。

この前提に立つとき、見逃せないもう一つの史実がある。越前島津家(薩摩島津家・若狭島津家と同族)の周防三郎左衛門尉忠兼は建武年間、足利尊氏の軍勢催促に応じて新田義貞軍と戦って軍忠を遂げた。その恩賞として建武五年(一三三八)二月に播磨国下揖保荘地頭職を与えられた。(23)さらに貞和五年(一三四九)七月二日には播磨国布施郷地頭職を与えられるが[24]、この布施郷は前述の小犬丸保を含む一帯である。しかもその地頭職は「岩間四郎左衛門尉跡」なのである。「跡」とはこの場合は没収地の意であるから、この時、岩間氏はこの職を奪われて、この地を去るか、没落するか、といった状況であるが、この岩間氏を悪党小犬丸（保）地頭岩間氏と同一ないし同族と考えると、ここに宍戸流「播磨岩間氏」が浮上する。

さらに永和元年（一三七五）九月二十二日に島津忠兼の子息周防五郎左衛門尉範忠も亡父忠兼の跡（ここでは遺跡、つまり遺領の意）として「播磨国布施地頭職岩間四郎左衛門尉跡」が室町幕府から与えられている[25]。布施郷がこのように「岩間四郎左衛門尉跡」と公認されていることは、岩間氏は小犬丸保地頭（御家人）として鎌倉幕府に奉公していたが、足利尊氏に反する行動、即ち南朝方に立って内乱期に突入する中で没落（所職・所領の足利尊氏による没収）した可能性が高い。

西遷御家人宍戸氏族岩間氏に関する所見は以上に尽きるが、前述の小鶴南荘における九条家との年貢相論の主体「宍戸上野四郎知連」は「布施郷内小犬丸保」に在住した「岩間四郎左衛門尉」と同一人物であろうか。つまり西遷した岩間氏は、代官を立てて本領常陸国の小鶴南荘の所務にも当ったとみられる（小鶴北荘〈宍戸荘〉の地頭は家時系宍戸氏の相伝）。

そして、この相論の直後、小犬丸保地頭職は没収され、没落したのではないかと考えられる。以後、この地にも小鶴南荘にも岩間氏の活動は認められない。ただ、既述のように岩間上郷に残存した「堀の内」「御正作」は宍戸氏族岩間氏の居館跡（少なくとも鎌倉期であるが）として注目したいが、小犬丸保との関係もあり、また宍戸氏の守護所としての擬定地としても今後の再検討が望まれるのである（なお、小犬丸保での岩間氏の居館等は不明である）。

註

(1)　ここで利用する『吾妻鏡』『尊卑分脈』等は、ともに『新訂増補国史大系』（吉川弘文館）所収である。
(2)　『筑波町史史料集　第十篇（中世編Ⅱ）』（筑波町、一九八六年）所収。
(3)(4)　『筑波町史　上巻』（筑波町、一九八九年）による。
(5)　安貞二年五月十九日・関東下知状（『鹿島神宮文書』三一七号〔『茨城県史料　中世編Ⅰ』茨城県、一九七〇年〕）。
(6)　佐藤進一『増訂鎌倉幕府守護制度の研究』（東京大学出版会、一九七一年）。
(7)　註(3)前掲『筑波町史　上巻』。
(8)　『安達泰盛乱自害者注文』（『筑波町史史料集　第八篇（中世編Ⅰ）』筑波町、一九八四年）。
(9)　正和四年九月十二日・鎌倉将軍家御教書案（『常陸国総社宮文書』一五号〔『茨城県史料　中世編Ⅰ』茨城県、一九七〇年〕）。
(10)　『茨城県史　中世編』（茨城県、一九八六年）。
(11)　『国史大辞典　七』（吉川弘文館、一九八六年）「守護所（田沼睦執筆）」。
(12)　享徳四年二月日・筑波潤朝軍忠状写（『筑波町史史料集　第八篇（中世編Ⅰ）』所収）。
(13)　『真壁町史料　中世編Ⅱ』（真壁町、一九八六年）所収。
(14)　元徳三年八月二十八日・結城朝高遵行状案（『真壁長岡古宇田文書』七号）。註(13)前掲書所収。
(15)　元徳三年十二月十三日・八木岡高政遵行状案（『真壁長岡古宇田文書』八号）。註(13)前掲書所収。
(16)　応永五年正月十六日・長岡政長譲状案（『真壁長岡古宇田文書』七三号）。註(13)前掲書所収。
(17)　小山靖憲『中世村落と荘園絵図』（東京大学出版会、一九八八年）。

(18)『常総遺文』所収文書(『筑波町史史料集　第八篇(中世編Ⅰ)』所収)。
(19)『吉田神社文書』八四号(『茨城県史料　中世編Ⅱ』茨城県、一九七四年)。
(20)宮崎報恩会版(崙書房、一九七四年)。
(21)康永三年十二月二十七日・足利直義裁許状(『図書寮叢刊　九条家文書　五』一四五五号、宮内庁書陵部、一九七五年)。
(22)これら一連の悪党の動向については、佐藤和彦『南北朝内乱史論』(東京大学出版会、一九八五年)参照。
(23)建武五年二月七日・赤松則村挙状(国立歴史民俗博物館所蔵『越前島津家文書』)、『兵庫県史　史料編　中世9』(兵庫県、一九九七年)所収。
(24)貞和五年七月二日・足利尊氏袖判下文(『越前島津家文書』)、註(23)前掲『兵庫県史　史料編　中世9』に所収。
(25)永和元年九月二十二日・室町幕府御教書(『越前島津家文書』)、註(23)前掲『兵庫県史　史料編　中世9』に所収。

第三部　常陸中世武士団と史料

第一章　常陸平氏の系譜をめぐって

はじめに

本章は、常陸平氏流各氏族の動向を追うのではなく、この氏族に関する諸系譜の成立と伝来に焦点を定めつつ、特に平安期常陸平氏の研究にみられる系譜への絶対視とも思われる現状を再考することにある。近年、平安期常陸平氏に関する研究は、依然として多くの研究者の研究対象とされている平将門の乱と相乗的に注目されつつあり、私の視点も、間接的には将門の乱の歴史的位置付けに及ぶことは今後の願望でもある。そして、この作業の順路として、将門を含む平氏族の経緯を再検討する中から、平安期の常陸平氏に限ってその氏族的展開の跡付けを行う要を感じ、既に別稿で二、三の問題を呈示してみた[1]。

その結果、特に高望王の臣籍降下に始まり、平(多気)義幹の常陸大掾職失墜譚[2]に至る九～十二世紀末の間の常陸平氏の系譜には、通行の解釈のままではこの氏族の実態に迫り得ぬ後世の付会が残り、思いもよらぬ常陸平氏系譜が定着してしまう恐れがあると思われてならない。加えて、平安期以来のこの氏族を以て常陸大掾氏と命名してきた事実は、「任常陸大掾」の世襲の実態と、その在地領主としての性格を精査した上で、鎌倉期以降のこの流の氏族とは呼称の上からも峻別されなければならないと考える。

以上の観点に立ち、本章では、現在利用されている常陸平氏族の系譜について若干の考察を加えてみたい。

一　常陸平氏流系譜の諸本

平安期の常陸平氏本宗に関わる系図の主なものは、左の通りである。

(a)『尊卑分脈』所収『桓武平氏系図』
(b)『続群書類従』所収『尊卑分脈脱漏平氏系図』
(c)同書所収『桓武平氏系図』
(d)同書所収『常陸大掾伝記』
(e)同書所収『常陸大掾系図（村上本）』
(f)同書所収『常陸大掾系図』

この六本の系図は利用度合が高く、これまでの研究にも必備の書として知られている。一方、常陸平氏の支流系図としては、

(g)『続群書類従』所収『石川系図』
(h)同書所収『小栗系図』
(i)同書所収『磐城系図』
(j)同書所収『岩城系図』
(k)同書所収『北条系図』

(l) 同書所収『北条系図〔浅羽本〕』
(m) 同書所収『伊勢系図』
(n) 同書所収『勢州系図』
(o) 同書所収『伊勢系図〔別本〕』
(p) 同書所収『千葉系図』
(q) 同書所収『千葉系図』
(r) 同書所収『相馬系図』
(s) 同書所収『相馬系図〔総州本〕』
(t) 同書所収『奥州相馬系図』
(u) 『新編常陸国誌』所収『烟田系図』
(v) 同書所収『石川系図』
(w) 『相馬文書』所収『相馬之系図』
(x) 真壁博氏旧蔵『真壁氏系図』
(y) 『千葉大系図』

などがあげられよう。(3) これら本・支流に関わる諸系図は、個別の氏族に関係した論考の中では博引されているが、常陸平氏流という観点に立ってその系譜間の脈絡を辿るという作業は稀である。もとより、系図を操作して系譜の成立を探ること自体至難の業であり、また少例を除き無意味ともいえる結論に達する場合が多いことは先学の指摘の如くである。(4) この点を念頭に置いて、以下、右掲諸系図の個々の特色を一覧してみる。

(a)周知の如く、『尊卑分脈』の成立は十四世紀の洞院公定らによる編纂企画の所産であり、諸系図中でも、一応信頼度の高いものとされている。平氏系図中の『桓武平氏系図』が平安期常陸平氏族を所載しており、この氏族の系譜を確かめる基本史料ともなっている。『新訂増補国史大系』の底本となったのは前田家蔵脇坂氏本と宮内庁書陵部蔵谷森氏旧蔵本等である。これら底本となった『尊卑分脈』の伝存背景以上に問われるべきは、『尊卑分脈』の編纂過程で集められた諸氏系図原・写本等の具体像であろう。かなりの原・写本が導入された筈であるが、同時に、所伝としての伝承・記録・文書等の利用は当然あったわけである。ところで、『尊卑分脈』所収の『桓武平氏系図』のうち、いわゆる常陸平氏の系譜記述はどうであろうか。

一見して明瞭な如く、『尊卑分脈』にみられるこの氏族は「為幹」で了えている。しかもこの「為幹」についてはⒸⒹⒺの三本にはみえず、支流系図中にもⒼⒽ二本にみえるのみである。また、ⓐⓑ両本の「為幹」の注として「イ五下(従五位下)」とあるのは、あるいは『左経記』寛仁四年(一〇二〇)閏十二月二十六日条に拠る記載であるとも考えられるが、これだけでは『尊卑分脈』の編纂態度を位置付けることにはならない。[5]

総じて、「為幹」を以てこの流を止めているのはⓐⓑ両本のみであって、ⓑ本がⓐ本と同時期に、しかも『尊卑分脈』編纂の企画内で生まれた系図とする説からすれば、[6]南北朝期の『尊卑分脈』編纂時、常陸平氏(大掾氏)系図なるものは公定らの周辺ではかかる認識しか存在しなかったことになる。同じ平氏流の中で、良兼流・良文流・良茂流が、維将流(北条氏)・維衡流(伊勢平氏)とともに、長田氏・三浦氏・土肥氏・秩父氏・畠山氏・千葉氏などとして鎌倉初期に及ぶ系譜を明示しているのに比べ、常陸平氏本宗の系譜が為幹で終止していることは注目すべきである。『尊卑分脈』編纂時、常陸平氏は本宗(大掾氏)および国内の支流は健在であって、特に系譜上、本宗を為幹で終止させる理由はない。

『尊卑分脈』所載の東国武家では北条氏・足利氏などの系譜はさすがに克明で、その歴史性からも他氏系譜と比較するのは無理とはいえ、少なくともこれら武家は鎌倉幕府御家人として把握の内にあったといえる。とすれば、除外されたともみえる常陸平氏流などは、御家人としての優劣度合いからくる『尊卑分脈』編纂過程での対処の結果なのであろうか。以下の詮索は後述することとして、「為幹」を以て止めてある『尊卑分脈』所載の常陸平氏の系譜に注目しておきたい。

(b)『群書解題』(続群書類従完成会)によれば、この系図は、次の(c)本とも別系統のもので、『尊卑分脈』本系図(a)本)と基本的には同一であるという。確かに、国香を軸とする氏族の配列には少なからず出入りがみられるが、常陸平氏を「為幹」で止め、且つ貞盛―舎弟繁盛―維幹―為幹と系を繋ぐところは(a)本と同一である。そしてまた、この(b)本は群書類従編者の増補編集の事実もさることながら、貞盛―維衡―正度―貞季……と連なる伊勢氏(室町幕府政所執事)の後裔による江戸初期の増補があり、群書類従本に「永禄六年九月十一日於…」の注を付した伊勢貞孝の記事はその証左であるという。

もちろん(a)本にも伊勢貞孝はみえ、且つその子貞長もみえるが、これは(a)本が(b)本からの補入部分を含むことの反映とみられ、江戸期に入って『尊卑分脈』諸本が成立する過程で伊勢氏内部で考案された系図が参照された所為といえる。(m)(n)(o)三本との関係は後述するが、(a)本を規定した(b)本の存在は無視できず、さらに『尊卑分脈』所収の『桓武平氏系図』の一部が伊勢氏に所伝された系図に基づき増補されていることは留意すべきであろう。

(c)『群書解題』によれば、本系図は『諸家系図纂』(巻之十一上)に拠るとされるが、完全に貞盛流中心の系図で、常陸平氏も「維幹大掾先祖」の記事で止まっている。『諸家系図纂』の底本は不明である。

(d)(e)　この二本は、常陸平氏流(大掾氏流)を所載しており、(d)本は平安末期まで、(e)本は戦国末期に及んでいる。『群書類従』本奥書によれば、磐城平藩士村上氏蔵本(『諸家系図纂』では「村上氏者大掾氏之嫡流也」と付記)を底本とし、中山信名本で一校を加えたという。伝記部分と系図部分から成っているのが特色であるが、前者は直訳漢文体で書かれ、維幹を貞盛の子とし、また為幹には触れず「維幹ノ孫重幹」と記述している。そして、一族派生の状況を下総平氏六頭、武蔵平氏六頭などと紹介し、常陸国内の諸流として鹿島六頭、行方四頭、吉田三頭を掲げ、末尾に「吉田郡一族名字」の解説を加えている。後者は桓武天皇から並記して大掾貞国に至る三〇代の大掾氏の系図であり、やはり為幹は見当らない。系図というよりは粗悪な「覚」の感が深い。

(f)　奥書によると、中山信名本を底本としたことがわかり、さらに、参考とした異本について『群書解題』では不詳としつつも、『諸家系図纂』所収『常陸大掾流』、同書所収『芹沢系図』、中山信名旧蔵『常総諸家系図』を想定している。良望に始まり大掾景幹に至る系図で、江戸初期頃の成立かと思われ、平氏系譜のうち完全に常陸平氏(大掾氏)の系図に限定している。貞盛—同舎弟繁盛—維幹—為幹—繁(重)幹—致幹—直幹—義幹と続く点では、為幹までは(a)(b)両本と共通し、(d)(e)二本の系列とは異なり、通行の平安期常陸平氏を考える系譜としては最も一般的なものである。

(g)　系図冒頭に「常陸国吉田郡恒富主石川六郎高幹二十一代平戸甚五郎幹道書之」とあって、江戸初期(幹道の子息三人の注に万治、貞享の死没年がみえる)の成立である。維幹を貞盛の子とする点、『常陸大掾伝記』((d)本)と共通している。

(h)　奥書に「以中山信名本校合」とあり、また「以内閣諸家系図纂校合畢」とある。江戸幕府大御番を勤仕した小栗氏に至る記事からみて、江戸初期の小栗氏に残る所伝を踏まえて小栗正盛の作成と思われる。繁盛—維幹—為幹—重幹—重家—重能—重成……と続ける点、(a)(b)本や(f)本と共通している。

(i)『群書解題』では、塙氏の編纂台帳に拠り本系図の底本を『諸家系図纂』所収の『磐城之系図』とするも、その出所は不明のままである。また中山信名本『岩城系図』一巻も静嘉堂文庫に蔵されているが、いずれにしても原本の成立は江戸初頭であろう。国香を良望王の子とし、良将を二男、良兼を三男、良文を国香の子とし、その子に繁盛を置き、貞盛を載せないなど常陸平氏の系譜はかなり異様である。

(j)『群書解題』では、底本を『諸家系図纂』としているが、(i)本より簡略な形で重隆に及んでいる。良望(国香)―貞盛―繁盛―安忠とあり、他本では貞盛、繁盛、安忠が兄弟であることと大いに相違する。

(k)(l) いずれも『諸家系図纂』所収本を底本とし、(l)本奥書には「以浅羽家蔵本写之」と記し、『群書解題』によると、この奥書は『諸家系図纂』の奥書の転写であるという。貞盛―維時―直方と始まり、北条氏の祖に平貞盛を位置付けている。(a)(b)(c)各本では貞盛―維将―維時―直方とするが、本系図はいずれも維時の注に「実維将男、貞盛朝臣為子」として貞盛に直結する操作をしている。

(m)(n)(o) いずれも底本は『諸家系図纂』である。(o)本のみ冒頭に「自古来之系図破損及之間、改新以自筆、寛文拾二年于八月書置者也、生年六十八歳書之　伊勢兵庫頭貞衡(花押)」とあって、故実家として幕臣の列に加わった伊勢貞衡(貞丈の曾祖父)の自筆本を『諸家系図纂』が底本としたことがわかる。そして、この(o)本前書により、古本とも称し得る『伊勢系図』の所在が知られるが、その成立については不明である。なお、詳細に過ぎるとも思われる注記は、古本の注というよりも貞衡の自注の感が強く、古本の体裁をかなり崩しているといえる。

この三本とも、常陸平氏に関しては、高望王―国香(o)本のみ良望王と記述)―貞盛―維衡―正度と繋ぎ支流は載せず、また前述(b)本解説の如く、(o)本の伊勢貞孝の注は、(m)本の彼の注にもまして詳細である。しかしこの注には、(a)(m)二本にみえる「永禄六年九月十一日於長坂(山)討死」の文言は明示されていない。従って前述の『伊勢氏系図』の

(b)本での補入とは、(o)本よりもむしろ(m)本によるとみられ、(b)本の貞孝の注にある「永禄六年九月十一日於……」の省略文は(o)本をも参照にはしたものの、体裁上全文引用するには耐えず欠落させ、(a)本への補入時に(o)本の注を踏まえつつ、(m)本に拠ったと思われる。なお(m)本の永禄六年は他書によれば永禄五年の誤認であり、(a)本では貞孝の子息貞良の注のみは訂正してある。[7]

(p)(q)　『群書解題』では、いずれも底本を『諸家系図纂』とする。(p)本の奥付(『諸家系図纂』の奥付)には「以浅羽氏家蔵本写之」とあり、底本が水戸浅羽氏蒐集本であることは自明だが、その成立は寛永年間(一六二四～四四)とされる。(a)本は奥付による限り『諸家系図纂』との校合を知るのみで出所は不明である。成立はやはり記事の状況から(p)本と同時期である。両本とも桓武平氏流の立場をかろうじて明示するために(p)本は桓武天皇を、(q)本は平高望を氏祖としつつ、高望の子平良文(村岡五郎)より系譜を繋いで江戸初期に及んでいる。(q)本に至っては、かの将門を良文の子として千葉氏の遠祖のうちに入れる点、特異である。常陸平氏の系譜を考えるという観点からは殆ど無縁の系図である。

(r)(s)(t)　(s)本を除き底本は『諸家系図纂』である。『群書解題』では(s)本の底本は不明とする。三本ともその成立は近世初頭と考えられ、相馬氏の祖を(r)本は良文、将門の二流に、(s)(t)本は将門に置いている。常陸平氏に関しては高望王―良将―将門―将国…師常、及び良文―忠頼…常胤という系譜を導き出すための略譜にとどまっている。

(u)　系図の最後は幹長に至っており、享保十七年(一七三二)八月一日を以て芹沢家より養子に入ったとの注があるので、この時期の成立とみられる。烟田氏は在常陸国鹿島郡の平氏流氏族だけに、始祖親幹に至る系譜は(d)(f)(g)本などと差異はない。

(v)　(g)本に同じ。(g)本の底本となった石川氏所蔵の本である。

(w)　この系図は、福島県相馬市中村にある歓喜寺所蔵のもので、『史料纂集　古文書編　相馬文書』[8]に同時収載され、新たに紹介されたものである。成立は寛永年間と明記され、将門・良文の流を意識している点、前述の(r)(s)(t)諸本と同類である。常陸平氏は殆ど意識のうちには無い。

(x)　秋田藩士真壁充幹によって編まれたもので、元禄十年(一六九七)の成立である(『当家大系図　全』と称する)。真壁氏の始祖長幹が多気直幹の子であることもあり、桓武天皇より常陸平氏流を大掾清幹に至るまで併載している。

(y)　本書は、大正十五年(一九二六)に千葉開府八百年記念祭協賛会編になるものであり[9]、基本的には(p)本に類するものであろう。寛永年間千葉重胤の撰とされ、若干の書継ぎを経て明和年間(一七六四〜七二)に及んでいる。常陸平氏の記述は(p)本以上だが、支流を網羅せんとの態度が先行し、随所に誤認が目立つ。特に平安期常陸平氏の注記は異様である。

以上、(a)〜(y)の諸本についてその成立と性格を概観した。常陸平氏支流系図の選定に問題が残るとも思われるが、一応(g)本以下に代表させておく。結果として、現存の常陸平氏関係系図は、(a)(b)本に中世に遡って、それまでに伝存していた系譜の姿が想起されるものの、系譜としては「為幹」で止まり、他の諸本、特に(f)本などとの関連はわからない。

平安期の常陸平氏を考える中で利用されるのは常に(d)(e)(f)の三本であり、かかる諸本を羅列したことにどれ程の意味があるかは前述の通り、結果として不要ともいえるが、中世に遡って伝存が確認され得る系図が判明しない今日、現存系図の全体像を眺めておくことこそ手順の一つと考えた。次節では、これら諸本記事間の若干の異同について言及しておく。

二　諸本内容の異同

鎌倉初期までの常陸平氏の任官については別稿で一覧しておいた[10]。ここでは、次頁の表に諸本の任官以外の記事を任意に取り上げて比較の材料とする。

かかる表にして諸本を対照すること自体、諸本の作成意識がそれぞれに異なるのであるから無意味といえばそれまでである。事実、常陸平氏を軸にしても、(i)〜(t)本は常陸平氏を意識下にもたず、この氏族の系譜は無い。また本論で意識している常陸平氏とは為幹―重幹―致幹―直幹―義幹、および重幹―清幹―盛幹―家幹―資幹―朝幹……と続くとされる氏族であるが、この系譜自身、(d)(e)(f)(g)(u)(v)(x)(y)本によってのみ知られるという、いわば限定された系図からの把握である。つまり表中に掲げたわずか一〇項目の記事も結局は、平安中末期の常陸平氏の記事に終始しているが、これらの記事の異同から何を問題点とすべきであろうか。この悲観的予測をよそに多少の指摘をしてみたい。

(a)本の解説の中で、『尊卑分脈』所載の常陸平氏が為幹で止めてあることに着目し、『尊卑分脈』編纂主体の各氏族への関心を推測してみた。その点に再度もどって考えたとき、『尊卑分脈』の拠った平氏系譜は何であるのかがどうしても疑問として浮上する。『尊卑分脈』所収の原系図探索という途方もない命題である。もちろん、本論で為し得る業ではない。

しかし、桓武平氏流系図全体にとって、『尊卑分脈』においてその体系化が為されたわけであり、そのためには諸記録はじめ平氏流各氏系図が集合された筈である。問題は常陸平氏の系図(大掾氏系図など)がその中にあったかどうかである。(b)本の解説中、伊勢氏の所伝が江戸初頭に『尊卑分脈』へ補入されるべき機会があったことに触れた。

表 常陸平氏の系譜上にみる記事の異同

	始祖	高望の呼称	国香の呼称	貞盛の位階	貞盛の舎弟	維幹の父	維幹の位階	維幹の子	為幹の子	維衡の位階
a	桓武天皇	高望王	国香	従四位下	繁盛・兼任	繁盛	従五位下	為賢・為幹		従四位上
b	桓武天皇	高望王	国香	従四位下	繁盛・兼任	繁盛	従五位下	為賢・為幹		従四位上
c	桓武天皇	高望王	国香		繁盛	繁盛				正四位□
d	桓武天皇	高望親王	良望	従四位上	繁盛	貞盛			重幹	
e	桓武天皇	高望王	良望			貞盛			重幹	
f	良望		良望		繁盛	繁盛		為幹・為賢	繁幹	
g	良望		良望			貞盛		為幹・為賢	重幹	
h	繁盛					繁盛		為幹	重幹	
i	桓武天皇	高望王	良望王							
j	高望王	高望王	良望	従四位下						
k	貞盛									
l	貞盛									
m	桓武天皇	高望王	国香	従五位上						
n	桓武天皇	高望王	国香	従四位下						
o	桓武天皇	高望王	良望王	従五位下						従四位下
p	桓武天皇	高望王	良望							
q	高望	高望								
r	桓武天皇	高望王	良望							
s	桓武天皇	高望親王								
t	高望王	高望王								
u	葛原親王	高望	良望	従四位上		貞盛		為幹	重幹	
v	良望		良望			貞盛		為幹・為賢	重幹	
w	桓武天皇	高望王	良望							
x	桓武天皇	高望王	良望	従四位下	繁盛	貞盛		為幹	重幹・賢幹	
y	桓武天皇	高望	良望		繁盛	兼忠		為幹	重幹	

伊勢氏は言うまでもなく桓武平氏流であり、遠祖維衡は平貞盛の子といわれる。この伊勢氏の所伝の中で、前述の伊勢貞孝、同貞良の記事からどれほど遡及させて『尊卑分脈』への影響付けがあったかは即断できない[11]。

しかし伊勢氏所伝の如き系譜が『尊卑分脈』に対しての補入行為があったという見方は、他にも同様の関係を想起せしめて興味深い。むしろ諸系図の体系化という長期に及ぶ事業にとっては自然でさえある。しかるに、常陸平氏流はおよそ『尊卑分脈』中への後補の機には恵まれず、為幹以後は歴代が付加されることはなかった。別掲の表は、まさに常陸平氏の系譜上の記載内容の異同こそ示すものの、常陸平氏の系譜を相乗的に産み出すような諸本間の相互作用は感じられない。それ程に個々の系図は一見類似性をもつようで、むしろ独自性が強い[12]。(a)〜(h)と、(u)〜(y)(w)を除く)の諸本と、(i)〜(t)の諸本にみられる如く、貞盛および舎弟の系譜中の記載の有無、維幹・為幹の記載などから二様に分かれるのも面白いが、他に、系譜上に始祖を選ぶその態度、人名の称、位階の微妙な差異等々にも容易に比較対照を許さないものがある。

結局は(f)本の成立をめぐることで常陸平氏系譜の考察を深めることになるが、それにしても平安期常陸平氏研究にとっては、これら諸本のより深い総体的点検が望まれる必要性はなお強いと思われる。これらの作業は全て今後の課題であるが、その作業の中から諸本中に残る諸氏の帰属伝承とともに、常陸平氏系図復原に有用な要素が新たに析出しないとも限らない。

ところで、平安期常陸平氏の系譜について考察する本章の意図は最初に述べた通りであり、また、系譜の人脈も例えば(f)本のような記載ではほぼ問題はないと思っている[13]。しかし、別稿でも指摘したように、その所伝の中で、特に鎌倉初期までの任官履歴には再考の要を捨てきれないでいる。さらに、現存の常陸平氏流系譜の成立が殆ど江戸初期ということを踏まえると、なお一層、中世段階での系譜の在り様が問題となる。

戦国期まで常陸平氏本宗の地位を保守した大掾氏、および国内諸域に分散し命脈を保った支流諸氏族が、それぞれに常陸平氏族を意識し、一族結合のために伝承を重んじ、子孫に伝え、時折、系図作成に当ったと想定することは至って自然であろう。系図作成の背景が常陸平氏においてはどうであったのか、今は不明である。加えて、平安期、この氏族に関する系譜が存在し、鎌倉期の子孫により、順当に書き継がれつつ相伝されていったと考えるのも現状では空想である。

一般に系図作成の動機付けには、かなり政治的背景の色彩が強いともいわれる。つまり、系図は必要に迫られて作成される面を濃厚にもち、決して初発から氏族の生成展開と並行して歩を進めるのではなく、氏族への強い外圧が生じた時の所産ともいわれる。特に中世武家間の系図はそのような視点から分析されるべきであるという。(14) 常陸平氏も全く例外ではない。以上の点を踏まえて、次節では(f)本を軸にして考察する。

三　常陸大掾氏とその系譜

私は、鎌倉期以降のいわゆる大掾氏族の動向については未調査の部分がある。本節ではわずかに知り得た当該氏族本宗に関する史料から「(常陸)大掾氏」の成立について考えてみたい。(15) (d)(e)(f)各本の表題にある「常陸大掾」とは、国司職としての大掾官を世襲した家という意識とともに、官名「大掾」を本宗の氏名に負った家という鎌倉期に入って以後の、この氏族の系譜と対応する。もちろんこの三本は、ともに江戸初頭で命名された系図名ではあるが、大掾氏の動向からみて中世にあっても系譜上の意識は同様であったといえる。残念ながら、中世の系図が伝存しないだけである。ここで注意したいのは、例えば(f)本『常陸大掾系図』にみられる大掾氏の人々のうち、良望より直幹までは大掾を名乗った例はなく、問題は義幹以後、諸史料での彼らの自他両面での表記である。試みに年次を追って掲げてみると以下の如くである。

史料の出典については、以下の通りである。『鹿島神宮文書』『塙不二丸氏所蔵文書』『税所文書』『常陸国総社宮文書』は、『茨城県史料　中世編Ⅰ』（茨城県、一九七〇年）所収。同書の文書番号を付した。『金沢文庫古文書』は、『神奈川県史資料編２　古代中世（２）』（神奈川県、一九七三年）四〇七号。

①『吾妻鏡』文治五年（一一八九）八月十二日条
「多気太郎」（義幹）
②『吾妻鏡』建久元年（一一九〇）十一月七日条
「馬場次郎」（資幹）
「多気太郎」（義幹）
③『吾妻鏡』建久二年（一一九一）二月四日条
「馬場次郎」（資幹）
④『吾妻鏡』建久四年（一一九三）五月一日条
「多気太郎義幹」
⑤『吾妻鏡』建久四年（一一九三）六月五日条
「多気太郎義幹」
⑥『吾妻鏡』建久四年（一一九三）六月十二日条

「義幹」

⑦『吾妻鏡』建久四年（一一九三）六月二十二日条
「馬場小次郎資幹」
「多気義幹」

⑧『吾妻鏡』建久四年（一一九三）七月三日条
「多気義幹」

⑨『吾妻鏡』建久四年（一一九三）九月一日条
「資幹」
「多気義幹」

⑩『吾妻鏡』建久五年（一一九四）十一月十九日条
「多気義幹」

⑪『吾妻鏡』建久六年（一一九五）三月十日条
「馬場次（二）郎」（資幹）

⑫承元二年（一二〇八）七月五日・常陸国留守所下文（『鹿島神宮文書』三三〇号）
「大掾平□□」（署名部分）

⑬『吾妻鏡』建暦元年（一二一一）四月二日条
「平資幹」

⑭『吾妻鏡』建保二年（一二一四）九月十九日条

「(常陸)大掾資盛」(資幹の誤記か)

⑮ 安貞元年(一二二七)十二月二十六日・鎌倉将軍家〈藤原頼経〉御教書(『常陸国総社宮文書』二号)

「常陸大掾朝幹申状折紙遣之、件大掾職者、始祖相承之上、父資幹(馬場)帯故大将殿(源頼朝)御下文、令相伝于朝幹歟、而知重(八田)属国司令競望之条、事若実者、新儀之企、頗無其謂、且停止非分之望、且可令申子細給之状、依　鎌倉殿仰、執達如件、

安貞元年十二月廿六日　　武蔵守　御判

相模守　御判

常陸前司殿」

⑯ 『吾妻鏡』建長二年(一二五〇)三月一日条

「常陸大掾跡」(平朝幹)

⑰ 永仁五年(一二九七)四月一日・常陸国留守所下文(『常陸国総社宮文書』八号)

「大掾平」(署名部分)

⑱ 乾元二年(一三〇三)・正月青馬之事并七月御祭大使役之事案(『鹿島神宮文書』一一八号)

「(前略)常陸大掾被許内昇殿、賜官途為重役、七月御祭使役准　勅使、正衣冠、乗四方輿、烈(列)神官・在庁等一座、令勤仕御祭者也、其後右大将家御代以来、任先例大掾之余流七郷之地頭等不交他門、七ヶ年一度七郷巡役相勤之、于今無退慱(転)、当国内他門雖多之、非彼余流之間、於祭使役者不能勤仕、勤迊(ママ)当役之輩補大掾官」

⑲ 嘉元四年（一三〇六）八月十日・常州田文写（『安得虎子』所収文書）

「大掾平」（署名部分）

⑳ 徳治二年（一三〇七）五月・常陸大丞平経幹申状案（『金沢文庫古文書』）

「常陸大丞〔掾〕次郎平経幹言上

欲早高祖父常陸大丞資幹墓所、不可及他人競望候、二位家（北条政子）并代々御下知明鏡上者、且依代々相承理運、且任真則以下先傍例、預御計、継多年無足侘傺身命、致重代奉公忠、弥仰道徳行貴旨、舎弟時幹被収公所領常州佐谷郷内給主分闕所事、

右、当郷者、云給主分、云地頭職、常陸大丞代々兼帯相伝所職也、而常陸介知重（八田）令言上国司大納言家帥御方、掠給当職之間、資幹令言上子細之曰、於彼給主職、大丞之外者於他人者、不可競望之由、二位家御代、資幹預不易御下知畢、彼御下知状舎弟時幹所帯也、被召出之処、無其隠歟、将又前司入道殿（北条泰時）御代、当職同以他人不可相綺之由、被仰下畢、彼御下知状等、同人所帯也、而時幹□□□被召置闕所□□□、云理運、云傍例、顕然也、其故者、亡父常陸新大丞光幹先立于父孝幹法師法名妙観、未分死去之間、経幹依為生得嫡子、光幹他界以後者、為祖父妙観計、以経幹居置于大丞職之上、如舎弟兼幹時幹舎兄所帯祖父妙観譲状者、心不忠用仁志天、御公事等令闕如者、可為経幹計云々、此上為　公家・関東御代官、鹿島神役以下致其忠事、光幹息男之中経幹一人也、依之云奉公、云忠孝、顕然也、仍居于大丞職之条、勿論之上者、於彼跡者、尤至于嫡子分者、経幹不可有相違之処、妙観死去以後、時幹于時長寿為末子之身、奉掠　上、称預御下知、以外祖父工藤次郎左衛門入道理覚権威、一円管領之間、御前庭中刻、去正応年中、為島田民部大夫行兼今者出家奉行、申立于越訴、為但馬外記大夫政有当奉行、相論最中也、（後略）」

㉑ 正和四年（一三一五）六月二十一日・常陸国留守所下文（『常陸国総社宮文書』一四号）

「大掾平」（署名部分）

㉒文保三年（一三一九）□月二十日・常陸国総社造営役所地頭等請文目録（『常陸国総社宮文書』二一号）

「一通　田余郷地頭常陸大掾請文」

㉓元応元年（一三一九）十月・常陸国在庁・供僧等訴状断簡（『常陸国総社宮文書』四一号）

「大掾平時幹」（署名部分）

㉔元徳二年（一三三〇）十月二十三日・常陸国総社供僧快智譲状（『常陸国総社宮文書』二五号）

「大掾殿」

㉕（年月日未詳）常陸国総社敷地田畠坪付注文断簡（『常陸国総社宮文書』二三号）

「大掾時幹」

「大掾次郎経幹」

「馬場左衛門次郎」

「大掾孝幹女子」

㉖建武五年（一三三八）八月・税所虎鬼丸〈幹治〉軍忠状（『税所文書』一三号）

「大掾十郎入道浄永」（高幹）

㉗康永三年（一三四四）一月・税所幹治軍忠状（『税所文書』一六号）

「常陸大掾入道浄永」（高幹）

㉘康永四年（一三四五）十二月二十五日・大春日盛家譲状（『常陸国総社宮文書』二九号）

「大せう殿」（沙弥浄永、高幹）

㉙貞和三年（一三四七）十一月・常陸国留守所下文（『常陸国総社宮文書』三二号）
「大掾平」（署名部分）
㉚文和二年（一三五三）六月五日・鹿島神宮七月祭礼小使職差定（『税所文書』一七号）
「大掾平」（浄永、高幹）
㉛貞治四年（一三六五）二月二日・足利義詮御教書案（『鹿島神宮文書』三六五号）
「常陸大掾入道殿」（宛所　浄永、高幹）
㉜貞治四年（一三六五）十月七日・小高直幹書状（『鹿島神宮文書』三六六号）
「常陸大掾入道」（封紙ウワ書、浄永、高幹）
㉝貞治四年（一三六五）十月二十五日・益戸徳犬丸義綱請文（『塙不二丸氏所蔵文書』三三号）
「常陸大拯〔掾〕入道」（端裏書、浄永、高幹）
㉞貞治四年（一三六五）十一月十五日・沙弥浄永〈大掾高幹〉請文（『塙不二丸氏所蔵文書』三四号）
「常陸大拯〔掾〕入道」（端裏書、浄永、高幹）

⑬の表記を除くと、十三世紀以後は全て自然に「（常陸）大掾（丞・拯）」を氏に負った呼称に定着している。しかも⑮は誠に興味深い。文言によれば、朝幹は幕府への申状に含めて、大掾職相伝の由緒を自らの系譜に位置付け（「始祖」を系譜上の誰に設定しているのかは不明）、加えて頼朝下文が親父資幹への当職相承安堵を明鏡にし、今また自分が相伝していることを確認している。

　この現状に対し、小田知重の当職競望のことがあり、朝幹に代表されるこの氏族の在庁官人としての勢力の基盤が動揺していると伝える。⑤～⑩の史料は、八田知家による多気義幹の失脚を伝えているが、この期、知家の子知重の大掾職競望事件は、一連の常陸守護家八田氏（後に筑後氏・小田氏を称す）の勢力伸長の線上で生起したものといえる。[16]
ところで、朝幹の主張の如く、当時のこの氏族にとり、在庁への関与の有無は自己の勢力の根幹を左右する問題であったようである。その理由は、資幹―朝幹と相承されたという大掾職は、遡って「始祖相承」の職であるという。多気義幹に続く常陸平氏本宗の系譜からすれば、資幹―朝幹は支流吉田氏の支流の石川氏に属する資幹、朝幹が常陸平氏本宗として、同時に在庁有勢者として大掾職を保持することは、氏族内の対立こそあれ、新参の守護勢力に対応する無二の権勢保守の策であった。[17]

朝幹は、幕府裁許によりかろうじて在庁職を固守できたが、彼の主張ほどその正当性は不動とは言い難いものであった。つまり、⑱では鹿島社七月御祭における大使役勤仕の規定を示し、常陸平氏七流の奉仕形態（巡役）を示す。[18]ここでは、祭儀に先行してこの氏族内の当役者が内の昇殿を許され、改めて官途を賜わったという。

そして、先例に依って、当役勤仕の輩が大掾官に補せられたともいわれることから、この時期、常陸平氏流大掾氏にとり常陸大掾職は必ずしも家重代の世襲官として存在したわけではなかった。多分に鹿島社大使役という常陸平氏七流に限定された巡役奉仕に応じて、当役者が「常陸大掾」に任官する体をとっていた。『鹿島大使役記』[19]では、この七流の巡役状況を伝えているが、真壁・小栗・吉田・東条・鹿島・行方六所（六氏）と国府の計七所（七氏）を当役負担の地と差定している。

国府では、国府佐谷左衛門尉・国府岩代・国府石河六郎幹親・国府大掾時幹・国府大掾跡・国府長岡などとあり、他の六氏が、郡郷荘保の地名を負う氏族として展開していることを併せ考えると、いわゆる資幹流氏族は「国府氏」とでも呼び得る七流の一であった。しかるに、この流は紛らわしくも大掾を冠して氏名の如く使用する態度が目立ち、それにより本宗たらんとする意識はかなり積極的であった。⑳[20]で経幹（文言より時幹の長兄となり、舎弟には時幹の兄兼幹もいた。この二人とも(f)本にはみえない)が「常陸大丞〔掾〕次郎」と自称し、亡父光幹を「常陸新大丞」と称しつつ、舎弟時幹跡である佐谷郷の給主職・地頭職取得を望み、他の舎弟兼幹を退け、大掾職任官への強い願望を露骨にしている。(21)この経緯の趣意は、時幹跡式の自己への安堵に尽きる。その点は、所帯相伝上の対立であるが、彼をして、現任でないにも拘わらず、あえて「常陸大丞次郎」と自称させたところに、この流の大掾(丞)を冠した氏族の汎称が象徴的に表出している。

さて、この氏族にこれ程まで「常陸大掾」を意識させたものは何であったのか。⑱でみたように、当役者の大掾任官の例からすれば七流の「任常陸大掾」は異例ではない。そしてこの七流が全て大掾氏と呼称されても不思議ではないが、資幹流のみが官名大掾を冠して大掾氏と称した背景には、現実の大掾職任官もさることながら、国香以来常陸平氏本宗に付帯して相伝されたといわれる常陸大掾任官の古例が強く影響していた。(22)それに鹿島祭使役の古例とが重なり、加えて、八田氏の大掾職競望にみられる他門の在庁進出に直面し、常陸平氏の伝統を守るためにも本宗意識の高揚は必至であり、大掾氏の私称も次第に定着していった。

常陸大掾氏成立は、かかる鎌倉期の氏族の動向に拠るものであり、(f)本に代表される『常陸大掾系図』の祖本の成立もこの次第を踏まえてのことではなかったか。その成立時期こそ不明だが、中山信名本の底本(江戸初期カ)、および他の数本もこの域を出るものではなかろう。(f)本は、良望を始祖とし、将門を記載せず、ひたすら常陸大掾を世襲した体を崩さず、石川氏流資幹の系を中心に景幹に及んでいる。資幹流の所伝がみごとに『常陸大掾系図』として伝存したわけである。

こうして、きわめて冗長に過ぎる検討の後で常陸平氏系譜に関して気が付くのは、前掲諸本の中央的所伝と在地的所伝の明らかな差異である。この差異は、(c)(k)(l)が北条氏、(d)(e)(f)(g)(u)(v)(x)が大掾氏流、(m)(n)(o)が伊勢氏、(p)(q)(r)(s)

(t)(w)(y)が千葉氏・相馬氏というように、常陸平氏流では全く捉え得ない独立氏族の所伝を内包することにもよる。
あるいは、(a)(b)本を中央的所伝とし、他を全て地方的所伝ともいえようが、所伝の実否は決し難い。平安期常陸平氏の所伝をどう見極めるかが重要な課題であるが、本節での印象として『将門記』など平安期の諸記録の分析とともに、鎌倉期以後の関係史料の深い読解が急務と思われる。平安期常陸平氏の所伝（特に国香を除く人物の任常陸大掾の所伝）は、多分に資幹流氏族の付会があったのではなかろうか。その付会は、資幹流が大掾氏として常陸平氏本宗の地位を保持し続けるための必須の策であったようである。

おわりに

本章は、特に平安期常陸平氏についての系譜的所伝を再考するという観点で論を進めた。再考の結果は、なお今後の論証を経ない限り容易に得られるものではない。別稿[23]とともに平安期常陸平氏の任常陸大掾の虚実を、研究の一課題とすべきではないかとの提案におえたが、主に系図の問題であるため論証過程での矛盾が恐ろしい。本章の軸となった現存系図諸本の点検、底本の追求、文書・記録等との対比照合を続けることにより、当面する関心をより確かな課題とし、静かに研究の途が開かれつつある常陸中世史研究の一隅に参加していきたいと願うばかりである。

註

（1）糸賀「常陸平氏の任官と所伝」（『国史研究会年報』三、一九八二年）。本書第一部第二章。
（2）『吾妻鏡』（『新訂増補国史大系』吉川弘文館）建久四年条では、特に大掾職に関する記載はないが、一般には所領収公と同時に大掾職を失ったと解釈されている面があり、常陸大掾多気義幹の像が定着している。
（3）支流系図として掲示するとなれば、今一層厳密な選定を必要とするかも知れないが、身近に考察可能なものとして参照して頂きたい。なお、支流として位置付ける条件は多々あろうが、当面は以上に代表させておく。
（4）岡田清一「相馬系図成立に関する一考察―諸本の異同を中心として―」（『地方史研究』一四九、一九七七年）。
（5）『左経記』（『増補史料大成』臨川書店）には「故常陸守惟通朝臣妻、強姦彼国住人散位従五位下平朝臣為幹」とある。為幹の記事は他に『小右記』（『大日本古記録』岩波書店）寛仁四年閏十二月八日条に「召在常陸国為幹朝臣之使」とあり、また、同十三日条に「漏闌為幹朝臣之使」とあるのが知られる。
（6）『群書解題』（続群書類従完成会）一、一五一頁。
（7）『お湯殿の上の日記』（『続群書類従　補遺』続群書類従完成会）永禄五年九月十一日条。
（8）『史料纂集　古文書編　相馬文書』（続群書類従完成会、一九七九年）所収。
（9）一九七五年、崙書房より影印復刻されている。
（10）註（1）拙稿参照。
（11）『群書解題』一、一五三頁。
（12）註（1）拙稿に付載した「常陸平氏任官所伝一覧」によってもこの感は残る。
（13）石井進『日本の歴史12　中世の武士団』（小学館、一九七四年）において、石井氏もこの氏族の流れに言及し、常陸平氏系譜の作成を試みているが、為幹と重幹の間に一代入ることを予測してはいるものの、現存諸系図の伝える系譜を流れの上ではほぼ妥当なものとしている。ただ、「中世につくられたものをふくむ数種の系図のどれにも、それほどの差異はない」として、中世作成の系図の所在を示しているが、その具体的姿は紹介していない。どの系図を以て中世系図とみているのか、管見にはないので今後の課題としておきたい。

(14) 網野善彦「桐原家所蔵『大中臣氏略系図』について」(『茨城県史研究』四八、一九八二年)の中で紹介者網野善彦氏が注目すべき系図学・系譜学についての所見を披瀝している。本稿でも大いに啓発された。右掲系図が事実、鎌倉期〜南北朝期に作成されたものであるだけに、立論の次第が説得的であり、系譜分析上の試金石的労作となっている。系図の内容自体も常陸中世史にとってかけがえのない好材料であり、中郡氏・那珂氏の動態がより鮮明に浮かび上がることとなった。網野論文は、同『網野善彦著作集　第十四巻　中世史料学の課題』(岩波書店、二〇〇九年)に再所収。

(15) この作業は、註(1)拙稿でも任官記事をめぐって多少調べてみた。しかし、鎌倉期の大掾氏の動向については、系図と記録、文書の相互検証が相当に注意を要すると思われるので詳しくは今後の課題としたい。

(16) 筑後氏については『土浦市史』(土浦市、一九七五年)で初めて論証がなされている(雨谷昭執筆)。傾聴すべき説であり、一層の考察が必要である。『吾妻鏡』では知重は、初め八田氏、のち筑後氏となっている。

(17) (f)本に拠れば、本宗致幹の舎弟清幹が吉田氏の祖となり、その孫幹清の舎弟家幹が石川氏の祖で、資幹は家幹の子幹明(谷田氏)の舎弟である。

(18) この問題を取り扱った論文として、水谷類「鹿島大使役と常陸大掾氏」(『茨城県史研究』四二、一九七九年)がある。この論文は、同『中世の神社と祭り』(岩田書院、二〇一〇年)に再所収。

(19) 『安得虎子　六』(東京大学史料編纂所蔵)所収。

(20) この史料については、註(18)前掲水谷論文と宮田俊彦「「常陸大掾平経幹申状」に就いて」(『金沢文庫研究』一〇―二、一九六四年)の先行研究がある。

(21) 『和名類聚抄』(『日本古典全集』所収)には筑波郡「佐野郷」とある。

(22) 厳密には、国香・貞盛・維幹・為幹・直幹・義幹に大掾任官の所伝が残り、繁盛・繁(重)幹・致幹には無い。

(23) 註(1)前掲拙稿。

第二章　常陸国田文の史料的性格

はじめに

中世の土地台帳として重視されているいわゆる諸国大田文の中で、常陸国に関するものとしては鎌倉期の二種が知られている。即ち、弘安二年(一二七九)と嘉元四年(一三〇六)のそれである。これら二種の「田文」[1]についての考察は、他の諸国田文の場合と同様に、作成目的、作成主体、作成過程、記載内容などの究明に力点が置かれてきている。この考察の内容は、確かに中世の一国単位での土地台帳である田文の重要性を認知するために、欠かせない視点である。事実、その成果として得られつつある鎌倉幕府と国衙の関係などは、中世国家史研究の基幹部分をなすものであり、総じて田文の分析過程で浮上する命題は実に多岐に及んでいる。

ところで、このような田文の歴史的史料としての取扱い方に全く問題はないのであろうか。常陸国田文に則して考えるとき、前掲二種の「田文」はかなり文言のみが注目され、利用・分析の際に当然考察されなければならない史料の現状や原写本間の伝存関係などが甚だ軽視されていると言わざるを得ない。現状で一般に通用している二種はともに原本(正文および案文)ではないという前提を踏まえるならば、まずもって現在利用できる「田文」底本のテキストとしての史料的性格の位置付けが肝要となるのではあるまいか。

諸国大田文研究の現状と問題点を自身の大田文研究との関連で展望した中野栄夫氏は、これまでの研究史を概観した後で、次のように研究の視角を五類型に分けている。(2) つまり、

①　個別大田文それ自体の史料的性格の研究
②　個別大田文による一国内の所領構成、御家人制に関する研究
③　個別大田文による一国内の別名を中心とする国衙領の研究
④　個別大田文から中世所領に関する一般論を導き出す研究
⑤　一連の大田文の類型分析の研究

の如くである。そして氏は、さらに大田文研究の反省と展望として、「……要するに、このあたりでふりだしにもどって、もう一度大田文とは何か、という問題を考えてみる必要があろう。また、現存大田文の作成目的、諸写本の校合、その伝来といった問題を体系的・系統的に検討する必要があるのではあるまいか。そして、その上に立って、内容の吟味、比較論を行なうべきものと思われる。安易な大田文利用は、もはや避けるべきであろう」(3)（傍点筆者）と述べている。

つまり、かかる言及の背後に含み置かれていることは、現存の田文関係諸史料が、必ずしも統一的条件で利用されているわけではないという盲点を指摘せざるを得ないということである。さて、氏が一覧した諸国大田文研究の動向から得た印象・述懐は、常陸国田文についても十分に相応して適用されなければならないと思われる。もちろん本論は前掲五類型中の①にあたる論考で、②以降には及ぶことはないが、この国の「田文」自体にとっての新知見となるかもしれない。

なお、主たる常陸国田文についての論考には、島津久紀・鴨志田昌夫・錦織勤の三氏によるものがあり、他に、石

井進・高田実・網野善彦・中野栄夫氏らの言及もある。論証の各段階で必要に応じて各氏の田文利用状況にも触れてみたい。

一　「弘安田文」について

この「田文」は、『税所文書』[4]所収の一本として存するものを以て相当させ、「右弘安二年作田惣勘文大略注進如件」という末尾文言から、最近では、「常陸国作田惣勘文」などとも命名されている。しかし、結論から言えば、この末尾文言から判断されるように、そして、この現存文書自体の性格からもそうであるように、古文書学的には「注進状案」が妥当であろう。この帰結を得るために、以下少々の検証を加えてみる。

現在利用し得るいわゆる「弘安田文」の状況は、およそ左の通りである。

1　原本とテキスト

①　原本（底本）の現状

茨城県石岡市山本家蔵『税所文書』（帖仕立）中の一本として残存する。前欠で現存料紙は一〇葉から成っている。前欠であることと、前掲本奥貼付文書から、作成目的が不明であるだけでなく、弘安二年（一二七九）作成のいわゆる田文正文でもなく、また、案文でもあり得ないことは明白である。さらに、料紙継目裏花押計一一箇が、表装による結果不鮮[5]とはいえ判別され得る（花押主体は後述の如く大掾詮国[6]である）。即ち、表装の際に裏打ちとした料紙の上端に模写されたもとの花押が原文書継目裏花押である。

ここで立ち入っておく必要があるのは、現状の『税所文書』についてである。税所氏伝来文書は、文化四年(一八〇七)までの間に、水戸藩儒臣立原翠軒(一七四四～一八二三)の調査および書写整理にかかった。この時まで原形で伝来した一群の古文書は、立原の手で三帖に分かたれ、且つ、彼自ら表装を施した由である。彼はその第一帖に、

常陸国府中税所氏家蔵文書数十通、予嘗就其家模之、而恐其散失、今茲請主人借之、手自背装為三帖以与之、希子孫宝重勿失、

文化四年丁卯春二月　　　　水戸翠軒老人識　印　印

の識語を残してこの間の経緯を明示している。[7] 立原六十歳頃の文書調査であった。従って、前述の裏打ち料紙上端に残る花押影は、立原による原本紙継目裏花押の摸写と考えられ、右端より第二番目の花押影右側朱筆傍注「大掾詮国」[8] は立原の私注と思われる。一見して無雑作な表装は、立原による自表装の仕業であったのである。

三帖のうち、第一帖は石岡の山本家蔵に、そして、第二・第三帖は茨城県東茨城郡大洗町の山戸家蔵(いずれも手鑑仕立)となって現存している。立原のこの整理作業が、深く本論と関係することはないが、『税所文書』の伝来を知る上では見逃し得ず、同時に、後述の論点とも関連して再確認の要を指摘しておきたい。

② テキスト

『税所文書』中に現存唯一の底本が残存する以上、諸種の写本について言及する要はないであろう。[9] 今は主要な刊本のみ掲示して、史料としての性格付け、特に命名の態度などに留意したい。

(a) 『続群書類従』(巻九七二)

「常陸太田文〔大〕」として所載。冒頭には、延文六年(一三六一)五月三日付大掾詮国書状(10)を載せ、奥書には、
秀按、是即下巻ニ見エタル常陸太田文ナルベシ、今但馬美含郡帝釈寺ニ存スル太田文モ弘安八年ト見エタリ、スベテ是頃注進セルモノナルベシ(11)、
拠楓軒文書纂抄出本一校

とあって、水戸藩士小宮山楓軒(昌秀、一七六四〜一八四〇)編の『楓軒文書纂』抄出本による校合を明記している。ここで注目されるのは、『続群書類従』の編者もためらわずに引用した小宮山の私注である。つまり、小宮山は『税所文書』中の当該文書を書写するにあたって、下巻(立原によって分類整理された第二帖に相当するか。小宮山の『税所文書』採訪年時は不明だが、『楓軒文書纂』による限り立原の整理後であることは明らかである)所収の延文六年五月三日付大掾詮国書状にみえる「常陸国太田文」なる文言に照会して比定しているのである。恐らく『税所文書』中の当該文書を改めて「常陸(国)太田文」とみたのは小宮山が最初ではなかろうか(12)。

(b)『新編常陸国誌』(中山信名編、栗田寛増補)

『府中税所文書』を所収するが、特に命名はなく、解説文中では「弘安太田文」として引用。完全な本文のみの掲載で、花押等への言及は皆無である。

(c)『常陸国郡郷考』(宮本茶村編、万延元年〈一八六〇〉版)

「弘安(作田)勘文」として解説文中に引用する。

(d)『茨城県古文書集成 第二 税所文書』(宮田俊彦編、一九六二年)

「弘安二年作田惣勘文」として所載。はしがきで改めて前述の如き立原翠軒の調査概要を紹介した功績は大きいが、本文および解説では、かなり文書の現状を無視している。紙継目を注記してはいるものの、立原の模写花押にのみ注

目し、裏花押の存在には触れず、両者の関係にも言及なきが如くである。
(e)『茨城県史料　中世編Ⅰ』(茨城県、一九七〇年)
『税所文書』より「常陸国作田惣勘文案」として所載。紙継目裏花押を註記し、且つ「この文書の紙継目裏花押は、大掾詮国のものである」と付言する。さらに「一　奥郡」の「一」に「(異筆)」との傍注を付す。(13)
(f)『鎌倉遺文』(古文書編第十八巻)(東京堂出版、一九八〇年)
一三八二四号文書に「常陸国作田惣勘文案」として所載。紙継目を線示し、「この文書の紙継目裏ごとに、大掾詮国の花押がある」と付記する。

2 研究の状況

原本(底本)及びテキストの検討から、この「田文」は注目度の高い史料であることが再確認されるものの、現存史料を点検してみると、テキストとして再録する場合の当事者間の姿勢には、命名などにも避け難い差異があることに気付く。次に、この「田文」を利用した主要な研究の状況を同様の観点から検討する(発表年次不順。また、後のため「嘉元田文」についても併せて検討しておく)。

① 石井進「鎌倉幕府と律令制度地方行政機関との関係―諸国大田文の作成を中心として―」(14)(一九五七年)
いわゆる「嘉元田文」とともに諸国大田文のうちに加え入れつつ、両者を国衙側大田文として類型化した画期的な論考である。氏は、紹介した常陸国大田文二例のうち、一は「弘安二年常陸国作田惣勘文」とし、他の一を「嘉元四年八月十日常陸国田文」としている。前者の出典については『税所氏旧蔵文書』『茨城県古文書集成　第二　税所文書』『続群書類従　巻九七三』を、後者のそれは『安得虎子　三』を明記している。加えて、成稿にあたっての諸国大

田文引用の心得として次のような注言を付している。(15)

ここで大田文の本文批判の問題について一言しておく。後にも言及するであろうが、反銭賦課の場合などの基礎史料として大田文がかなり後代までしばしば利用されていたことなどからみても、伝来の課程で内容に追書・改竄が行なわれ、あるいは脱落・錯簡の生ずる可能性の大きいことは、その性質上、否定しがたいところである。しかしながら、その記載内容の一々に吟味を加え、正確な本文を整定することは、実際上まことに困難である。大田文を史料とする一国ごとの精密な分析を目的としていない本論の場合には、さしあたってその記載形式はじめ、事書・注進文言・差出書などの基本部分を当時のものと認定できれば十分であって、記載内容の一々の確定まではとくに必要あるまい。したがって、以下、本文批判の問題について必要な場合以外、あらためて言及しないこととする。

本稿が大業であることを思うとき、当然の帰結とも言い得る態度であるし、実際には大田文個々の精密な分析の要を痛感した上での所感とも思われる。従って、本稿における「弘安田文」は、「(中略)」による前後七行の引用紹介と、国衙側大田文として分類するための所論にとどまっている。

② 島津久紀「中世常陸の国衙」(16)(一九六六年)

本稿では、常陸国衙を中世の推移の中で一貫した機能及び成員構造等々の面から捉えようとしている。そして、鎌倉期の常陸国衙の性格を追う中で「田文」二例に言及している。石井進氏の先行論文で類型化された二例の国衙側田文説を支えつつ、作成目的・記載様式上の諸問題にも触れている。そして、「弘安二年の『作田惣勘文』については茨城県古文書集成第二税所文書所収のもの、嘉元四年の大田文については佐竹古証文所収のものを基礎とす」との出典についての注を加えるものの、本文中においても史料への命名や、諸写本等への氏独自の配慮はなされていない。

③ 鴨志田昌夫「常陸国弘安二年「作田惣勘文」の一考察」[17]（一九七一年）

「弘安田文」に関する本格的な考察である。作成目的、作成過程、記載内容といった「田文」検証の全体に及ぶ点で種々の問題を提起している。史料名については『茨城県史料　中世編Ⅰ』の「常陸国作田惣勘文案」を是認した上で「弘安田文」の略称を用いている。そして、同時に扱う嘉元四年（一三〇六）の「常州田文」を「嘉元田文」と略称し、出典を『佐竹古証文』『安得虎子　三』に置いている。

氏は、この「両田文」を意識しながら「弘安田文」についての史料的性格及び作成目的を石井進・宮田俊彦・島津久紀各氏の先行学説の吟味をも踏まえて、伊勢役夫工米賦課・大嘗会米賦課に限定されない広義の一国平均役賦課台帳との姿を予測した後に注目すべき指摘を行っている。それは、前述の『税所文書』所収延文六年（一三六一）五月三日付大掾詮国書状の再検討によってなされている。弘安二年（一二七九）をはるかに降った延文六年時点での「田文」の書写注進の事実を想起し、注進主体である大掾詮国の所為を軸にしたいわゆる現存田文の状況を明示している[18]。さらに氏の論は、記載様式の分析によっても「弘安田文」記載田数の実態が実は弘安二年当時のものではなく、かなり遡及した時期の国衙検注に依拠するとの見解を導き出している。

このように「弘安田文」についての魅力に富んだ論証であり、『楓軒文書纂』にみられる小宮山楓軒の私注とも併せて、大掾詮国による書写の事実を改めて注目した姿勢は正しい。ただ、この現存の書写本（注進状案）を以て安易に現存「弘安田文」ないし「作田惣勘文そのもの」と表現することについては、後述の如く問題が残る。

④ 錦織勤「大田文の重層型記載と並列型記載について」[19]（一九七八年）

田文の記載内容、型式についての分析である。常陸国田文を例にとっての論証であることから二種の「田文」が相応に駆使されているが、「弘安田文」については「常陸国作田惣勘文」（弘安大田文と略称）として『茨城県史料　中世編Ⅰ』に、「嘉元田文」については「常陸国田文」（嘉元大田文と略称）として『安得虎子　三』に出典を置いている。既に鴨志田論文を踏まえての立論であることから、「弘安田文—嘉元田文—現存弘安田文」の関係もかなり実情に迫り得る程の推測が試みられ、例えば「…この問題は、鴨志田昌夫氏が明らかにされた、現在の弘安大田文は延文六年（一三六一）に大掾詮国によって書写注進されたものであるという推定によって解決することが可能である。まず時間的には延文六年は嘉元四年の五五年以後であるし、大田文もしくはその基礎になる土地台帳は国衙に保存され、種々の収取の基礎台帳として利用されたと考えられているから、国衙の中心人物である大掾氏が弘安大田文を書写する際に嘉元大田文を参照することは容易であったといってよいのである」とか、「現存弘安大田文に記されている田数は、それが延文六年に大掾詮国によって書写注進された際に、嘉元大田文に記載されている田数をそのまま借用して書き入れたものと推測されるのである[20]」との帰結を導いている。しかるに、『税所文書』所収のいわゆる現存「弘安田文」から得られる史料的性格はこの限りではないし、やはり刊本史料集にのみ出典を求めた解釈の限界を認めなければならないのである。

⑤　内田実「東国における在地領主制の成立—中世的郡郷の成立と在地領主制の展開—[21]」（一九六三年）「弘安田文」については、「弘安二年作田惣勘文」（弘安勘文と略称）として『茨城県古文書集成　第一　税所文書』に、「嘉元田文」については「嘉元田文」として『佐竹古証文』にそれぞれ出典を置いて、文言のみの利用である。

以上、各氏の諸論があり、この他にも、

⑥　網野善彦「常陸国における荘園・公領と諸勢力の消長（上）（下）[22]」（一九七二年）

⑦　山崎勇「鎌倉時代の東国における公田[23]」（一九七四年）

⑧　中野栄夫「荘園制支配と中世国家[24]」（一九七五年）

などを始めとして、この「弘安田文」を引用した論考は多い。このような研究状況の中からも、「弘安田文」を『茨城県古文書集成』『茨城県史料』『鎌倉遺文』といった刊本史料集にその出典を求め、且つ、史料そのものの便宜的な呼称とはいえ、各者間に微妙な認識上の差異を生ぜしめていることは否定できない。

従って、これまで一覧した「弘安田文」をとりまく実情を総合的に判断し、その上で以下の如き新たな視点をもつことが必要かと思われる。

3 呼称（史料名）をめぐって

それはやはり呼称（史料名）についてである。弘安二年（一二七九）当時の田文原本（あるいはその案文、つまり延文六年〔一三六一〕に書写注進した時の底本となった「原田文」）の今日への伝存はなく、『税所文書』所収の延文六年五月三日付大掾詮国書状によって確実にその関係が想定される同文書所収の「注進状案」を通して、「原田文」がかなり復原され得るのが現状である。これまで「弘安田文」「弘安大田文」「弘安二年作田惣勘文」「弘安二年作田惣勘文案」などと命名されてきたが、これはあくまでも便宜的命名と言わざるを得ず、「注進状案」末尾文言の「右弘安二年作田惣勘文大略注進如件」を勘案するとしても、「大略注進」とあることや、後述の私見をも併せ考えて、まずは「弘安二年作田惣勘文注進状」などとすべきではなかろうか。さらに『税所文書』所収の現存注進状は明らかに案文であることから、許されるならば「弘安二年作田惣勘文注進状案」とでも命名する方がこの文書の実情にむしろ最適かと思われる。

このように私が執拗に名称にこだわる理由は、後述のようないささかの疑問点を持っているからであって、「大略」の文言からこの注進は「原田文」の抄出であるとか、あるいは「原田文」の二重写しではないと断言しているのではない。つまり、ここで小宮山楓軒によって既に指摘されている如く、大掾詮国書状を浮上させればさせる程、あるいは鴨志田氏も説くように、書写注進によってかろうじて副次的に残存したともいえる「作田惣勘文」なのであるが、「常陸国太田文事、任被仰下候之旨、一巻写進覧之候」の文言は、この間の事情を微妙に示唆しているとも思われる。[25]文言の意味することとして例えば、「常陸国太田文」なる実体を意識したのはこの時点で誰か、そして何を以ての把握であったのか。仮に「一巻」を「一巻を」と訓めば「弘安二年作田惣勘文(案)」一巻を写した意ととれるが、「一巻に」と訓めば国衙内部にあったかとも思われる「作田惣勘文(案)」を用いて、この時点での下命に叶った「常陸国太田文」に代替せるものにしようとした詮国らの判断とも受け取られ、必ずしも「常陸国太田文」=「弘安二年作田惣勘文」と断定できる状況ではなかろうと思う。

この点については、かなり慎重な論証を必要とし、現状では問題点の提起のみで速断はできない。そして同時に、延文六年段階で「嘉元田文」[26]ではなく、むしろ「弘安田文」が詮国によって選択された理由も問われなければならないが、これも今は鴨志田氏の説を現状唯一の重視すべき説として確認するにとどめておきたい。

ともかく、この「注進状案文」(これこそが『税所文書』として現存し、且つ一般に「弘安田文」と認識されているものの実体である)を以て疑念なく「弘安二年作田惣勘文」とする態度を是正して、その上で伝存しないながらも「弘安二年作田惣勘文」の実像に迫り、[27]さらには、「田文」とも称し得るものなのかどうかなどといった初歩的、且つ基本的作業に及ぶべきと考える。

さて、結論は以上に尽きるが、このような視点をもつに至った動機とささやかな疑問点を述べておかなければならない。それは、実際にこの「注進状案文」に接して得られた印象に起因するものであり、活字本では判別し難い所感である。そして、この印象は、少なからず前述の基本的作業とも密接に関係するのではないかと思われる。

疑問とすべきは、まず「注進状案文」中の異筆（追筆）[28]部分についてである。現存部分第三八行目「下妻庄　三百七十町」の一行は、全体に墨色が他より薄く、「庄」の書体も他に異なり明らかに異筆とみられる（他にも、「一、奥郡」「同南条粟野廿四丁五段大」「竹原」の傍点を付した書体は異筆である）。また、この行のみ「丁」とせずに「町」と書いていることも、気になるところである。そして、次には、「下妻庄」の記載位置が鹿島郡と東郡（新治東郡）の間にあって、「嘉元田文」および中世常陸の行政単位の位置関係との比較からもかなり記載順序が不自然といえる。これに比して「嘉元田文」は、注進の動機からしても伊勢御厨である小栗保を末尾に置くことは理解され、その他は概して自然に常陸国内の郡庄を地理的にも順序立てて記載している。「田文」二本の相違は上掲の表のごとくである。

さらに、この一行は前後の各行の共通した筆致と合わず、いかにも行間への後補と察せられる。後補とすれば、それは大掾詮国自身によるものなのか、そして単なる記載漏れなのか、あるいは書写の底本、即ち「作田惣勘文」などには記載がなく、例えば錦織氏説のように「嘉元田文」からの補入なのか。にわかに結論は出し難いが、「案文」であることを理由にして、全ての文言がそれなりに底本の枠内であると許されるものではない。即ちこの「下妻庄三百七十町」をも含めて、ごく自然に全体をそのまま「弘安二年作田惣勘文」と認定するにはやはり困惑を感じるのである。

以上、いわゆる「弘安田文」について、当該史料の現状、利用研究の状況を点検した上でその実態に想いを馳せてみた。そして結果として、実はその呼称に象徴されるところの書写本（実は注進

表　大田文　記載順序

嘉元田文	弘安田文
奥郡	（鹿島郡）
鹿島郡	下妻庄
吉田郡	東郡（新治）
東郡	中郡庄（新治）
中郡庄	真壁郡
真壁郡	小栗保
西郡	西郡（新治）
筑波北条	筑波郡
南条方穂庄	河内郡
下妻庄	南条方穂庄
田中庄	村田庄
村田庄	田中庄
河内郡	大井庄
大井庄	信太郡（庄）
信太郡（庄）	（茨城）北郡
小鶴庄	小鶴庄
南庄	南野牧
北郡	（茨城）南郡
南郡	（在庁名）
（在庁名）	奥郡
行方郡	
小栗保	

状案)をめぐっての認識が、意外にも現実離れをしていることがわかった。

この認識の整合こそが、今日通用しているいわゆる「弘安田文」にとっては、欠かすことのできない史料的性格を判断する際の前提条件なのである。

しかし同時に、これまで「弘安田文」として広く利用されてきた『税所文書』所収の当該文書を、かかる側面でのみその性格を主張するあまり、土地台帳としての重要性を後退減少させてはならないし、そのためのなお一層の論証が望まれよう。本論は当該史料に関わる必須の基本的条件を、改めて原本に則して指摘したわけである。最後に、この作業から、新たな「弘安田文」論が続出することを望むばかりである。

二　「嘉元田文」について

この「田文」も「常州田文」「常陸国田文」などと命名されて、前述のようにかなり利用度の高い史料である。「弘安田文」作成よりは二七年後の嘉元四年(一三〇六)八月十日に成立、造伊勢□(神カ)宮役夫工米の賦課を目的とした収取基礎台帳として、税所・大掾・目代等、国衙在庁によって注進されていることが文言より確実である。この限りでは「弘安田文」ほどに問題とすべき理由はないようであるが、やはり底本に関する点検を行ってみると伝存についての意外な帰結を得ることになるのである[29]。前節でも述べたように、この「嘉元田文」を利用する場合、『安得虎子　三』と『佐竹古証文』からの引用が多い。未だ定本としては活字化されておらず、また底本とみられるものも判然としていない。ただ、近年、中野栄夫氏によって活字化の試みがなされ[30]、ようやく底本への言及が開始されたことは特筆すべきである。そこで、この中野氏の労作にも範を置きつつ「嘉元田文」の史料的性格について再考してみよう。

「嘉元田文」の原本（正文および案文）[31]は、これまでその所在は確認されていない。従って、伝存する数本の写本を底本として利用している現状である。これら写本の特色と伝存状況は左の通りである。

①『所三男氏持参文書』[32]所収本

中野氏により初めて当該写本の活字化が試みられ、『安得虎子　三』[33]所収本との対校の結果、氏がこの写本の底本を『安得虎子』編纂時の原本ではないかと想定したものである。底本となった当該古文書群（総計一八点）は、全て佐竹氏本家襲蔵のものであり、昭和二十五年（一九五〇）五月、諸般の事情により新出佐竹氏蔵本の一部として、所三男氏の仲介で史料編纂所での影写が実現した由である。従って、底本は影写後に再度所氏を経て佐竹家に返却されたが[34]、その後の所蔵経緯については現在未確認である。影写本でみる限りでも、『安得虎子　三』のみならず、他のどの写本からも殆ど把握できない中世史料としての条件を具備している善本であるといえる。

中野氏が当本底本をもって『安得虎子』本の底本とみたこと[35]もあるいは故なくはない。ともかく、他の江戸期の写本のみを以て「嘉元田文」として利用し来った現状は、当本への着眼によってより確実な底本を得るに至ったといえよう。しかるに、影写本作成の後も、六〇数年間にわたって当本が等閑に付されてきたことは驚きである[36]。当本についての伝存事情は後述する。

②『佐竹家蔵文書』[37]所収本

『佐竹七冊』との内題（原題）を有する。謄写本奥書として「明治十二年十月以徳川昭武蔵本謄写」とあり、底本は水戸藩彰考館採集文書の『佐竹七冊』である。そして、さらに本文を抄出すると、

覚

一、佐竹義篤譲状写一冊
一、佐竹義宣所授佐竹中務大輔義久知行目録写一冊
一、常陸国田文写一冊
一、奥州常州検地高目録写一冊
一、文禄五年蔵納帳写一冊
一、常州真壁郡麦田検地帳写一冊
一、常州奥州野州所々知行目録写一冊
　以上七冊
元禄十四年三月廿九日
（中略）
此七冊故有りて御勘定所之真書を彰考館にて写し取り給ひし真跡〔蹟〕を以て、文政十丁亥年十二月七日、武江小石川邸内の入角ミなる御長屋におひて、筆ミへゐ（ママ）同廿日功を終ふ、後世戸外に出すへからす、
八十四叟
逸斎高倉胤明誌

とあって、元禄年間（一六八八〜一七〇四）に水戸藩彰考館が秋田藩勘定所蔵の諸本原本を書写採訪した経緯が判明する。この中に「常陸国田文」（「嘉元田文」）が所在したことに留意したい。また、『安得虎子　三』所収「常州田文」(38)がこの『佐竹七冊』所収本を写したことは、両本の対照により明白となる。故に、前記中野氏の想定は成立しない。

③『古文書抄田制部』(39)（全二冊）所収本

『田制部二』の謄写奥書に「明治二十年五月常陸国土浦色川三郎兵衛蔵本ヲ写ス」とあり、底本は土浦の国学者色川三中（一八〇一〜五五）の書写本である。本文には、

　目録
一、吉田薬王院文書之内
　（中略）
一、当国鹿島郡鹿島社所蔵文書之内
一、吉田薬王院神宮寺文書之内
一、茨城郡府中税所家文書之内
　弘安作田勘文　延文六年写之模
　（中略）
一、佐竹殿所蔵　常州田文一本
　（中略）
　常州田文　佐竹侯所蔵
　　税所殿よりの田文案文
　（後略）

の記事がみられる。色川が、この「常州田文」を何本を底本として採訪したのかは不明だが、彰考館採集本（『佐竹七冊』カ）を大幅に出ることはないであろう。「佐竹殿（侯）所蔵」との認識は②の影響下にあるといえる。

④『佐竹古文書』[40]（上中下　全合綴一冊）所収本

請求カード登録名は『佐竹古文書』であるが、表題（外題）は『佐竹古証文』、料紙に「茨城県」用箋を用い、「税所殿ヨリノ田文案文」下方に「茨城県史編纂係印」の方印を捺してある。下の部奥書には、

右ハ前年御国中新知政之節、佐竹殿へ御頼御取寄セノ古書、只今御勘定所御土蔵ニ秘シ置候由也、以一本校合了、
十一年六月二十四日　始（明治）
同　　七月十六日　抄録了
同　　　十九日　校合済

とあり、新生茨城県によって作られた書写本のようである。「嘉元田文」は、

税所殿ヨリノ田文案文
（後略）

の如く全体が収録されており、明治初年のこの時点で、他の諸本とともに秋田藩勘定所に「田文案文」の底本が襲蔵されている由の伝聞を明記している。前掲『佐竹古証文』とは本書である。

⑤『安得虎子　三』（全六冊）所収本
②の解説の通りである。但し文頭より三行の文言は、

常州田文
税所殿よりの田文案文
注進　常陸国造伊勢□宮役夫工米田数事

の如くで、「常州田文」[41]も本文文言のうちに入れている。写本ならではの誤写である。

⑥『秋田藩家蔵文書』（家別「真壁」）所収本

真壁甚太夫安幹所蔵文書中の一本として、秋田史館(文書所)で書写されたものである。宝永七年(一七一〇)六月に秋田藩士真壁安幹に対して出された「秋田史館極書」[42](真壁甚太夫相伝文書目録)には、

(前略)

一、常州田文　壱通

一、常州真壁郡田文　壱通

一、同検地目録　壱通

(後略)

の如く登載されており、秋田藩士真壁氏伝来文書中にも「常州田文」(「嘉元田文」)が伝来した事例が判明する。家蔵文書の書写もこの目録順になされており、底本となった現存の他の『真壁文書』の伝来状況とも併せて興味深い。つまり、現存『真壁文書』中には、この「常州田文　壱通」は伝来していないという事実を踏まえての興味深さである。現在、石川武美記念図書館蔵となっている『真壁文書』(原本)のうちには見当らず、さらに、明治三二年(一八九九)五月に史料編纂掛の採訪対象となった旧蔵者小田部助左衛門氏(当時、茨城県真壁郡田村村在住)の手許にもなかったらしく、東京大学史料編纂所蔵影写本『真壁文書』中にも欠落している。宝永七年時、真壁家相伝文書としてその所在が認められた「常州田文　壱通」の行方が不明なのである。

以上、「嘉元田文」として利用可能な主たる写本について伝存状況を紹介してみた[43]。およその帰結は既に想像し得たかと思われるが、さらに二、三の所見を加えて、「嘉元田文」の伝存過程に脈絡をつけてみたい。

全写本より得られる「嘉元田文」としての本文・田数等文言には若干の異同がみられるが、それはともかくとして

文頭の「税所殿よりの田文案文」なる文言に注意する必要がある。この文言から、本書が元来「案文」であること、そして、常陸国府在庁官人税所氏(44)より某氏へ送付されたものとの理解を可能にさせる。文言の意をできる限り多様に解釈しようとしても他に適切な解釈が浮かばない。つまり、この文言は「田文案文」についての税所氏と某氏間の授受関係を示す語句なのである。そして、この文言こそは、「田文案文」の受取人である某氏の注記とみることで、「田文」本文とみては釈然としなかった関係が氷解する。写本が①を除き、全て「田文」本文の事書きの直前にこの文言を置き、底本(原本)の実態を完全に無視していることがそもそもの誤りであった。そして、この文言の記載位置もまた見逃し得ない点なのである。さらには、「田文案文」本文の書体とこの文言の書体の異同も留意されるべきであるが、①を除く写本では望むべくもなかった。

以上、問題点をこのように列挙したことで、本論で行おうとしている「嘉元田文」への予測の条件は満たされたかと思う。実は、前掲数種写本中に、意外にも底本として厳然たる性格を有するものの写本があるのである。即ち①がそれである。①をみると、前述の授受文言が「田文案文」の端裏書であることを如実に影写しており、本文と書体を異にしている二点がかろうじて判別される。残る疑問は受取人と端裏書および本文の書体の時期如何ということになる。この影写本が、かなり底本を忠実に書写していることを認めるとき、端裏書と本文の書体は異筆ながらも、ともに鎌倉様と思われる。底本(佐竹氏襲蔵本)との照合は叶わずにいるが、この①の写本はすこぶる良質な、且つ古様の「田文案文」を底本にしているとの感が深い。

さて、写本のうちで成立の古いものは②⑥のようであるが、②は文政十年(一八二七)の書写本で伝存した次第である。(45)⑥は正確な書写年次こそ明らかではないが、宝永七年(一七一〇)までには書写をおえていたことになる。しかも、唯一、この写本群のみが、中世以来の底本の所蔵者を明記し、家わけとして分類している。「常州田文　壱通」は前述の如く家わけでは「真壁甚太夫安幹家蔵文書」の一本であった。②の奥書にみえる「(秋田藩)御勘定所之真書」中の「常陸国田文」とこの「常州田文　壱通」は同一ではなかろうか。そして、秋田藩佐竹氏にあっては、家臣伝来の文書群の中から、佐竹家譜編纂という大名目の所為か、秋田史館を媒介として、古文書・古記録を採訪書写し[46]、その過程で一部それらの召上げを行っている事実も見逃せない。『秋田藩家蔵文書』作成後、大概は『真壁文書』の如く返却するのを例としたが、同時に『真壁文書』でさえもその中から召し上げられた例は一、二ではない[47]。

こうして、江戸期の佐竹家には、常陸時代以来の純然たる佐竹氏伝来文書の他に、慶長七年(一六〇二)の秋田国替以降、特に文書所設置後に家臣各家よりの召上げによって襲蔵されるに至った文書群があることを改めて確認しなければならない。①の影写本所収文書にも、朱筆端裏書として「……差上之」とあるものが一点含まれており、千秋文庫蔵佐竹氏襲蔵文書中にも同様の文書があるという[48]。

真壁氏伝来文書として少なくとも宝永七年時点では確認された「常州田文　壱通」は、かかる佐竹氏の策によってある時期に召し上げられた公算は大である[49]。従って、明治維新後、『真壁文書』が一括して真壁氏の本貫である茨城県真壁郡田村の小田部氏に移管されても一群の『真壁文書』中には、かつて召し上げられた文書は当然のことながら含まれてはいなかったのである。「常州田文」は、こうして真壁氏の手を離れたと考えられる。一方、佐竹氏が『秋田藩家蔵文書』の一本として書写した底本「常州田文」でもあるこの文書は、以後藩の勘定所に襲蔵されたと考えて不思議ではない。水戸藩彰考館が採訪した「常陸国田文」も実はこの勘定所襲蔵本であったわけで、このことから、各写本の成立の経緯とその性格は自ずと明らかになる。

驚くべきことには、写本例の①として掲げた『所三男氏持参文書』の出所が佐竹氏本家であることと、良好な影写本によって推定される「田文」底本の状況が、まさに鎌倉様の中世文書であることを勘案した場合、真壁氏伝来の

「常州田文」(「田文案文」)そのものの今日への伝存を思わずにはいられないのである。嘉元四年(一三〇六)八月十日付で注進されたいわゆる「常州田文」の案文の一通が、税所氏によって真壁氏に送付されたと考えたい。[50] 即ち、案文であることより正文とほぼ同時作成とみても支障はなく、案文受領に際して真壁氏は端裏に「税所殿よりの田文案文」と備忘文言を記したのである。『真壁文書』中に現存する「真壁郡内田数目録案」(宝永目録では「検地目録」とする)は、この「田文案文」より真壁郡のみを抄出したものであり、書体・紙質よりこれも案文受領直後の書写抄出覚えとみられる。

以上、写本として利用し得る「嘉元田文」について、底本の来歴中にみられる佐竹氏伝来譚の共通性と、写本間に一致する文頭文言「税所殿よりの田文案文」(実は端裏書)の語義、そして①に掲げた写本の底本への注目等々の検証から「田文案文」の伝来過程を辿ってみた。この「田文案文」を『佐竹七冊』は「常陸国田文」、『安得虎子』は「常州田文」、『古文書抄』は「常州田文」と命名しているが、『秋田藩家蔵文書』では無名(宝永目録では「常州田文」)であり一様ではない。写本①でみる限り、文頭第一行目に「注進」とあることから「注進状案」と呼称してもよいようであるが、既に論じた「弘安田文」とは異なり、今となっては正文とも呼び得る程の価値を有するいわゆる「嘉元田文」の案文そのものであることから、この点については他日の論証に譲ることにしたい。[51]

「嘉元田文」の底本をめぐる検証から得られた意外な帰結とは、「田文案文」の現存を確認できたことである。この案文が、昭和二十五年(一九五〇)に影写された後、現在までの伝存事情については未確認で、あるいは論旨に背く怠慢な状況ともなりかねないが、今後も意を尽くして探査照合してみたいと思う。ともかく、①に示した影写本は案文原本と同等に利用されなければならないし、中野氏の試みた活字化は、『安得虎子』本との対校を不要のものとしてみれば相応に利用検討されてよいであろう。

おわりに

本章で論じた常陸国田文の史料的性格とは、まさしく「個別大田文それ自体の史料的性格」に尽きる。多くの田文論、もしくは土地制度史、中世所領論などからみると誠に面映ゆい本論である。そして、常陸のこの事例が必ずしも他国の場合には懸念するに及ばないかもしれず、史料操作上の一般論からすると特殊であるかもしれない。それよりも、「常陸国田文」として、その本質を取り上げ、田文の社会経済史的意義を掘り下げるべきであるとの批評も免れ得ないであろう。論旨を限定した本論の枠内においても、「弘安田文」原文の措定は皆無であり、また、「嘉元田文」案文の真壁氏入手の背景、あるいは「(康永二年正月九日)鹿島神宮領田数注文案」[52]との関係などから生じる案文作成の実態など、残された課題は重大である。真壁氏が単独で例外的に、且つ特殊な事情で「田文案文」を受領したとの断定は慎重にならざるを得ないが、江戸期の佐竹氏が勘定所の備品として、当時の藩政には無縁と思われる「常州田文」を襲蔵固守した以上に、中世常陸の在地領主間にあっては課税賦課の基準台帳は必備の様相であった筈である。

しかるに、真壁氏を除く他の氏族の関係文書中には、かかる書類の写本の片鱗すらも見当らない。散佚したといえばそれまでだが、真壁氏内では重書ともみられる程に扱われて伝存したことを考えると、佐竹氏が召し上げた動機も一理あるような気がする。それ程に、当時の在庁税所氏と真壁氏の関係で、特に真壁氏の側の動きに在地領主としての所領経営に臨んでの積極的姿勢があったのであろうか。今は、本論の論旨に従い、両田文の現状への再点検と、特に「嘉元田文」の伝存経路の確認にとどめておきたい。なお、今後特に、この「田文案文」(「嘉元田文」)の原本に接し得た諸賢は、本論を十分に検討しつつ誤認を指摘し、より正確な位置付けをされるよう切望するばかりである。

註

(1) 本論で「常陸国田文」と総称し、個別には先行説に従って「弘安田文」「嘉元田文」などと呼称はしているが、命名については論述の過程で指摘してある。ただ、解説の都合上、一般に汎称されている「田文」概念を精密に区分けせず使用していることを断っておきたい。「　」を付したり、「いわゆる」と付言してあるのは一応の留意を示した意味である。

(2) 中野栄夫「大田文研究の現状と課題」(『信濃』三三―七、一九八一年)。

(3) 註(2)前掲中野論文。

(4) 平安末期以来、常陸国衙税所職を世襲した本姓百済氏(のち税所氏を称す)に伝来した文書群。後述の如く、文化四年に立原翠軒によって三帖に表装され、今日では山本家(石岡市)、山戸家(大洗町)の二家に分蔵されている。『茨城県史料　中世編　Ⅰ・Ⅱ』(茨城県、一九七〇年、一九七四年)に解説とともに所載されている。

(5) つまり、裏打ち料紙に裏花押部分の窓がなく、表側よりわずかに花押墨影が確認される状態である。

(6) 『常陸大掾系図』(『続群書類従』巻一三九)にみえる大掾詮国は左の通りである。

(前略)―資幹(馬場小次郎)―朝幹(馬場太郎)―教幹―光幹―時幹―盛幹―高幹―詮国―秀幹―(後略)

(7) 宮田俊彦編『茨城県古文書集成　第二　税所文書』(茨城大学文理学部史学第一研究室、一九六二年)の「はしがき」参照。なお、本書には「弘安田文」が全部写真で紹介されている。

(8) 国立公文書館(旧内閣文庫)蔵『楓軒文書纂』では、編者小宮山楓軒の書写として「大掾詮国押字」と「押字」の二字を追加しているが、原本では「大掾詮国」の四文字である。

（9）『国書総目録　六』（岩波書店、一九六九年）の「常陸太田文」の項で写本の所在と成立年次がわかる。しかし、本論では、これら写本の唯一の底本『税所文書』を考察の対象としているのであるから、写本を紹介・解説する必要はない。

（10）この文書は山戸家蔵『税所文書』に所収され、立原翠軒表装になる第二帖に入っているものである。『茨城県史料　中世編Ⅱ』では八号、『茨城県古文書集成　第二　税所文書』で三五（第二帖三五号文書の意）としている。後者では、「常陸国太田文奥書」と命名しているが、文書としては「弘安田文」とは別個のものであり、『茨城県史料』の扱い方が適切である。書状本文は左の通りである。

常陸国太田文事、任被仰下之旨、一巻写進覧之候、以此旨可有御披露候、恐惶謹言、

延文六年五月三日　（異筆）「大掾」散位詮国（花押）

進上　御奉行所

（11）この奥書は、註（8）前掲の『楓軒文書纂』の当該田文写本奥に付した小宮山楓軒の私注であり、類従本は校合時にこれら私注を全て転記補入している。言うまでもなく本文の注も全て小宮山の私注である。

（12）この『群書類従』本には、『税所文書』原本を底本とした旨の注記はなく、底本は不明である。校合に使用した『楓軒文書纂』抄出本以外の底本については『群書解題』でも言及されていない。なお、『群書解題』で「「秀按」という按文を附け加えている写本」といっているものは明らかに『楓軒文書纂』である。

（13）異筆部分がこの限りでないことは後述の如くである。

（14）石井進「鎌倉幕府と律令制度地方行政機関との関係―諸国大田文の作成を中心として―」（『史学雑誌』六六―一一、一九五七年）。この論文は、同『日本中世国家史の研究』（岩波書店、一九七〇年）の第二章として改訂再録されている。本論では、この改訂版を利用している。

(15)　この注も改訂版の注である。即ち、『日本中世国家史の研究』第二章第一節「諸国大田文の作成」の注(8)である。
(16)　島津久紀「中世常陸の国衙」(『歴史』三二、一九六六年)。
(17)　鴨志田昌夫「常陸国弘安二年「作田惣勘文」の一考察」(『茨城県史研究』一九、一九七一年)。
(18)　氏によれば、「このことは南北朝時代延文六年に大掾詮国によって書写注進された大田文が、実はこれまで検討し来った現存弘安田文、すなわち『常陸国作田惣勘文案』そのものであることを示唆していると思う」として、「弘安田文における大掾詮国の花押の存在」の矛盾なき理解を導いている。確かに研究史的には卓見である、十全でないことは後述のごとくである。
(19)　錦織勤「大田文の重層型記載と並列型記載について」(『広島大学文学部紀要』三八―二、一九七八年)。
(20)　現存弘安田文への嘉元大田文からの田数転載をこのようにきわめて短絡的に解釈してよいかどうかは、今後大いに論証すべきである。可能性としては高いが、唯一の事実とするには躊躇せざるを得ない。
(21)　内田実「東国における在地領主制の成立―中世的郡郷の成立と在地領主制の展開―」(東京教育大学昭史会編『日本史論究』二宮書店、一九六三年)。
(22)　網野善彦「常陸国における荘園・公領と諸勢力の消長(上)(下)」(『茨城県史研究』二三・二四、一九七二年)。
(23)　山﨑勇「鎌倉時代の東国における公田」(『慶応義塾志木高校研究紀要』四、一九七四年)。
(24)　中野栄夫「荘園制支配と中世国家」(『歴史学研究』別冊特集号、一九七五年)。
(25)　『群書解題　二二』(続群書類従完成会、一九六二年)「常陸太田文」の項でも、大掾詮国書状中の「常陸国太田文」とは、即ち『税所文書』所収のいわゆる「注進状案」であるとしている。そして、「少なくとも延文ごろ本文書が『常陸国太田文』と呼ばれていたことは確かである(中略)文書自体に即して言うなら『常陸国作田惣勘文』とでも呼ぶ方がより正確かも知れない」とも付言している。「注進状案」とする本論との間に生じる認識の差異は消し難いと言わざるを得ない。末尾文言より「作田惣勘文」とするにしても、あくまで『税所文書』所収本は延文六年の書写本であることだけは動かし難い。

(26) 註(17)前掲鴨志田論文。

(27) 前欠ながらも、また、延文六年時の書写本であっても、現存注進状案が結果として文言そのものは弘安二年の作田惣勘文のそれであるとするには、くどいようであるが本論で試みたような論証を経た後でなければならないと思われる。

(28) 異筆とする以上、それは追筆(後筆)の意であることは当然だが、この時間的隔たりを明示することはできない。しかし、注進状そのものの成立を延文六年とすることから、案文もほぼ同時と考えると追筆の書風からみても延文六年をそれほど降るとも思われない。なお、これまで本文中でも、自明のこととして当該文書を古文書学上の「案文」とみてきたが、この点は問題ないと思う。

例えば、これを「草案」とか「土代」とみては、正文の体裁が本論で説く難点を含んだものとして、ますます危ぶまれてしまうであろう。従って、全休を正当な「案文」と位置付ける結果として異筆部分が問題となり、「下妻庄　三百七十町」の一行全体や、「一　奥郡」の「一」などは正文には記載されていないと断定してもよく、さらには、書写注進の底本ではどうであったのかとも疑問視したくなる。あるいは、税所氏にあっては、延文六年の下命とは別に、その後、他の所要を得て、手許の「延文六年注進状案」に改めて補筆し、これこそ「草案」として用いた可能性も想像できる。現存『税所文書』所収の「注進状案」は、多様に解釈できる余地を残しているのである。この点では石井進氏の説く如くであろう。

(29) 帰結は明快な一語に尽きるが、これまで底本として利用されてきた諸写本を尊重しつつ、同時にこれら諸写本の一本一本にも帰結を導く重要な要因があるので、少々迂遠ながらも順序立てて論証しておく。

(30) 中野栄夫「嘉元四年常陸国田文のテキストについて」(『岡山大学教育学部研究集録』五二、一九七八年)。

(31) 結論として、この「案文」が現存しているわけであるが、論証の都合上、結論は後に述べる。

(32) 東京大学史料編纂所蔵影写本(三〇七一・三六―一八六)。

(33) 東京大学史料編纂所蔵本(二〇七一・三二―四)。当本の成立事情などは現状では全く不明である。江戸末期の編纂と思われるが、収載史料の質、量ともに常陸中世史にとっては必備の善本である。

(34) 所三男氏の御教示による。従って、当該古文書群は、元来佐竹氏蔵であって所氏の所蔵ではない。東京大学史料編纂所の処理の誤りである。請求カードも外題も、そして奥書も訂正が必要で、現在ではその処置がされている。本論では『所三男氏持参文書』として使用することにする。

(35) 同氏、註(2)(30)前掲論文。

(36) 中野氏以外に「嘉元田文」についてこの写本に着目し、かつ紹介した人は見当らない。

(37) 東京大学史料編纂所蔵謄写本(二〇七一・三二―二七)。底本は水戸彰考館蔵。

(38) 氏は、註(2)前掲論文では、註(30)論文での『安得虎子』所収のものの原本」なる表現を「『所三男氏所蔵(持参)文書』の藍本からの写本」として、より明確に位置付けたが、本論の如くこの解釈は当らない。

(39) 東京大学史料編纂所蔵謄写本(二〇七一・〇二―一三)。底本が現在、土浦市立博物館色川文庫所蔵か静嘉堂文庫所蔵かは未調査のため、書名からだけでは判断しかねる。色川氏旧蔵本はこの両文庫に多く分蔵されている。

(40) 東京大学史料編纂所蔵本(四一七一・三二―一六)。なお静嘉堂文庫蔵色川三中旧蔵書中にも三冊本の『佐竹古証文』(三―七五―一〇)がある。両本の関係については今後の調査に期したい。当本の成立事情自体が未解決である。

(41) 秋田県立公文書館蔵。

(42) 『真壁町史料　中世編Ⅰ』(真壁町、一九八三年)所収一一六号。本文書の原本は現在、石川武美記念図書館蔵『真壁文書』中には確認されない。しかし、辻善之助監修『成簣堂古文書目録』(明治書院、一九三六年)の「第十　真壁文書一函」には、一一四号「真壁甚太夫相伝証文目録宝永七年六月日」としてその所在が確認されている。
私は、『真壁町史料』編纂のため度々この文書群を調査する機会を得ているが、未だに披見することができないでいる。保管上の都合とも思われず、他にも右目録にあって原本の見当らないものもあるので、あるいは戦後になり散佚したかと想像される。

(43) この他にも「嘉元田文」を写しおく写本類はあるが、本論の趣旨には殆ど特別な影響を及ぼさないので省略する。それぞれがここに掲げた写本からの転写本としての位置にとどまるものである。

(44) 常陸の税所氏については註(4)で示したが、念のため『税所氏系図』を掲げておく(出典は『茨城県古文書集成　第二　税所文書』解説による)。
ここで、系図中に「田文案文」を真壁氏に送付した嘉元四年頃の税所氏を比定すると宗成(忠成の子)、親幹が考えられる。『税所文書』所収正安四年六月十三日付税所宗成和与状(『茨城県史料　中世編Ⅰ』所収『税所文書』七号)によると、正安元年には、税所忠成(実は大掾流石川資幹の子)の遺領相伝をめぐり、子息宗成と甥の親幹の間に相論が生じている。この時までに、親幹の父広幹は死去していたのであろうか(『茨城県史料　中世編Ⅰ』所収『税所文書』四号に税所新左ヱ門尉平広幹とある)。実は広幹の出自も常陸大掾流石川氏で、前述忠成の兄忠幹の孫という(『税所文書』所収「税所氏系図草稿」参照〈前掲『茨城県古文書集成』〉所載〉)。

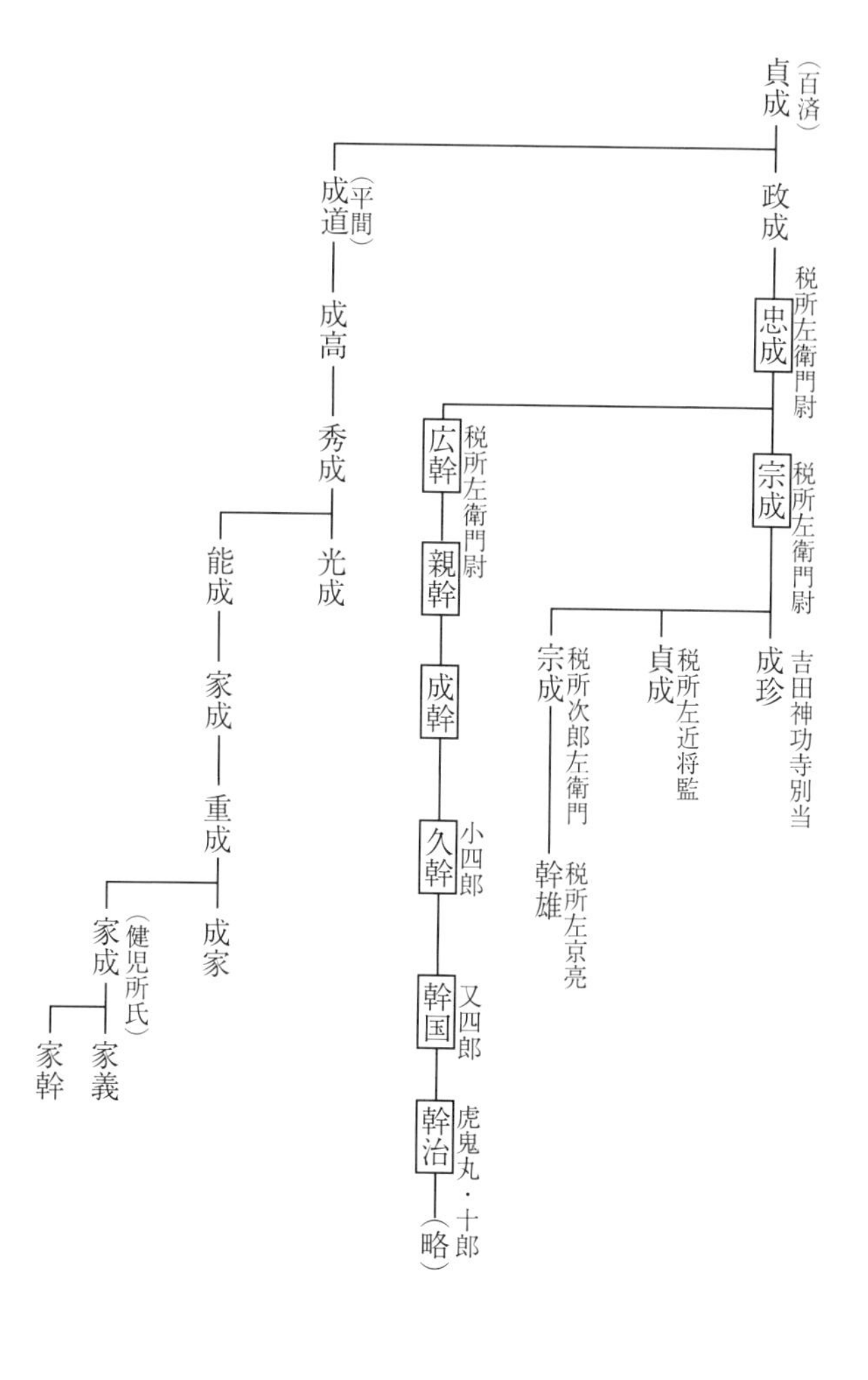

本系図は『税所文書』『新編常陸国誌』『吉田薬王院文書』『石川系図』などを勘案して作成した由である。□で囲んだ人物は『税所文書』に確認され得る。

ともかく、正安年間（一二九九～一三〇二）の税所氏にあっては税所宗成と同親幹が並立していた。従って、嘉元四年に至ってもこの両人の存在は、在庁官人として充分に想定されよう。この後、税所氏の本宗は親幹流へと移ることから、税所職の相承も宗成→親幹へと行われたかもしれない。田文注進主体として宗成、親幹は、まさに税所氏の当事者であったと思われる。

(45)　高倉胤明（一七四九～一八三一）は下級水戸藩士で学者、逸斎と号す。『水府地理温故録』などの編者として知られる。

(46)　この間の推移は、市村高男「いわゆる『秋田藩家蔵文書』についての覚書」（『小山市史研究』三、一九八一年）に詳しい。

(47)　真壁博氏旧蔵『文書之写　全』（元禄十年真壁充幹編、家伝文書の写しである）によっても、後代補書として、例えば「此本書元禄十五年八月御前へ被召上候」などとみえる。

(48)　茨城県史編纂室・堤禎子氏（当時）の御教示による。

(49)　註(47)に紹介した『文書之写　全』には「常州田文」は書写されていないが、『秋田藩家蔵文書』には出所を明記して書写されている以上、編者真壁充幹の省略としか考えられず、理由はわからない。後述の「真壁郡内田数目録案」は書写されている。

(50)　受領者は真壁幹重と思われる。『真壁文書』所収乾元二年二月五日付関東下知状（『真壁町史料　中世編Ⅰ』六号）によると、この時幕府は、正安元年十一月二十三日付沙弥浄敬（真壁盛時）譲状（同五号）の意に任せて、盛時嫡孫幹重への所領相伝を認めているのである。幹重の父行幹は既に弘安六年に早逝し、そして盛時は正安元年十二月に没している（真壁博氏旧蔵『当家大系図　全』）。
従って、想定される「田文案文」の授受者とは、税所宗成（あるいは親幹）と真壁幹重に比定される。しかし、端裏書の注記者を幹重自身とする自信はない。尤も、この想定は註(44)とともに案文授受を少なくとも嘉元四年当時と前提した場合のことである。今は影写本から受ける印象を以て案文の作成、授受を嘉元四年当時と考えておきたい。

(51)　あるいは①を除く写本で、文頭文言のうちに共通して「伊勢□宮役夫工米」と判読不明文字を伴っているのも、底本がそもそも①底本(原本)に限定されていることの結果である。

(52)　『鹿島神宮文書』九九号(『茨城県史料　中世編Ⅰ』茨城県、一九七〇年)。

第三章　『真壁文書』と真壁氏

はじめに

『真壁文書』が本格的に中世史研究の対象となって四〇年以上が経過した。そしてこの研究は在地領主真壁氏のそれであり、常陸国真壁郡・真壁荘に対する歴史地理学的考察の広がりをもみせている。

特に、一九九四年に真壁城跡（桜川市真壁町古城）の大半が、国指定史跡となったことは、戦国期真壁氏に至るその氏族的歴史性が改めて問われる重要契機となっている。史跡公園化をも含めたこの史跡の総合調査は緒についたばかりであるが、四〇年来の『真壁文書』の学術研究の成果が大いに注目される[1]。

四〇数年前、小山靖憲氏は「真壁地方の中世的（中世の真壁地方に）支配者として君臨した真壁氏とは、一体いかなる一族なのか。また、その在地領主制は、いかなる規模と構造をもっていたのであろうか。かかる真壁一族の存在形態そのものを追究したいのであるが、真壁氏に関するまとまった研究が皆無であるという事情を考慮して、やや詳細な分析を試みる必要があろう」と前置きして、〈真壁一族の所領について〉〈中世村落をめぐる領主と農民〉に論究した[2]。

そして右の引用文にかけての注言では、「真壁氏が典型的な鎌倉幕府御家人であったにもかかわらず、今日まで領主制研究の対象とならず、全く忘れられた存在であったところに研究史上の盲点がある。というのは、従来東国の御家人研究ないし領主制研究の主要な対象とされてきたのは、千葉・三浦・新田・小山氏など幕府権力の要職にあったか、注目すべき政治行動をとった有力御家人層に限られており、幕府権力の根底を支えた一般御家人（典型的な領主層）の存在形態の究明が必要視されたにもかかわらず、かかる階層を積極的に農村構造とのかかわりにおいて発掘する努力に欠けていたと考えるからである。もちろん史料的な制約が東国の領主制研究を限界づけてきたことは否定すべくもないが、有力御家人層以外にみるべき成果がないのは幕府成立期の政治過程史に追随して領主制研究が進められたところにも原因があろう。有力御家人層の分析のみをもってしては幕府権力の基盤を究明しえないのであり、東国の中世的秩序の中核であった一般的な在地領主制を農村構造と有機的に連関づけることによって構造的把握を試みることが幕府体制の究明を一層進化させることになると考える。かかる意味において、以下の分析は鎌倉幕府の権力基盤に迫るための基礎作業という意味をも具有している」とも説明している。そして、この研究の目的こそ、「在地領主制がいかに村落とかかわり、また逆にかかわっていないかを具体的に追求することが必要であり、かかる視点に基づく個別研究の積み重ねによってのみ、中世的支配の本質がより明確になると考えるのである」と明示している。

つまり、小山氏が真壁氏の研究に期待したのは、鎌倉幕府開設に結集した御家人、いわゆる〝在地領主層〟の（自己）権力基盤解明であり、しかもどちらかといえば無名の武家のそれであった。『真壁文書』の利用はこうして始まり、そして四〇数年が経過したのである。

右の小山氏の研究成果が、その後の研究を左右し続け、真壁氏自体、否、中世真壁郡（荘）が東国武家の典型的な研究フィールドとなった点は否定できない。加えて、自治体史編纂の本格的取り組みが進む中で、『真壁町史料　中世編Ⅰ』[3]に『真壁文書』[4]が写真掲載された意義は大きい（一三九点全てが伝来文書群でないことは残念であるが）。そして右書のⅡ・Ⅲでは『真壁長岡古宇田文書』の他、町内外に伝来所在する文書群（聖教奥書・金石文等を含む）が収録され、

『真壁文書』と併せて総計四四五点が把握されている（『真壁町史料　中世編Ⅲ』巻末付載「編年文書目録」参照）。

かかる作業の常として未確認史料の存在もあり、また古記録類からの関連史料の検出があるが、これは『同Ⅳ』[5]に結実した。こと古文書に関してはその大容が紹介されたと思われる。従って、この段階で改めて『真壁文書』がその利用上、いかに有用であるか、そして限定的伝来史料であることを超えて関連文書とともに何を示し得るかを再点検してみたい。

一　真壁幹重をめぐって

既述のように『真壁文書』は『真壁町史料　中世編Ⅰ』において網羅的に紹介されたが、総計一三九点のうち半数以上が種々の事情によって写本写真の掲載となった。つまり、東京大学史料編纂所蔵影写本『真壁文書』（三冊）・真壁博氏所蔵写本（現在は真壁氏より桜川市に寄贈されている。元禄年間秋田藩士真壁充幹写『文書之写　全』〈一冊〉および秋田県公文書館所蔵『秋田藩家蔵文書』に依っているが、一三九点のうち一一三点は石川文化事業財団・お茶の水図書館（成簣堂文庫、現在、同館は石川武美記念図書館となっている）に保管されている。当初『真壁町史料　中世編Ⅰ』で果せなかった現存『真壁文書』の全点写真版紹介が芥川龍男編『お茶の水図書館蔵成簣堂文庫　武家文書の研究と目録（上）』[6]において実現されたことは喜ばしい。一点ごとの文書所見（改行通りの釈文、料紙寸法、形状、花押寸法、包紙・礼紙・端裏文言、（後補）上包文言・墨引など）とともに全体写真・包紙写真・花押写真が文書利用の便を図っている。

この二書を併せ用いることで『真壁文書』の形態（一一三点）と文書等は一応把握できるし、さらに授受関係の基本も理解できる状況である。藤原頼経袖判下文二点（『真壁』一、二号）（以下、『真壁文書』の引用は、註（3）前掲書からとするが、煩を避けるため原則として『真壁』〇〇号のように略す）はともに地頭職補任状の原本であり、真壁時幹・真壁盛時譲状（『真壁』三、五号）はその前提となる真壁氏族内部の所領譲与の実態を示している。

他に、真壁時幹譲状に基づいて所職を安堵した関東下知状（将軍下交の代替か）（『真壁』四号）、真壁盛時遺領相論を裁許した関東下知状（『真壁』六号）など、鎌倉期真壁氏嫡系氏族の所領・所職相伝の次第を伝えている。このこと自体、御家人・在地領主としての平氏流真壁氏の権力基盤を決定して余りある。さらに田畠散田目録と田数目録案（『真壁』八・七号）を各一点ずつ加えても『真壁文書』として鎌倉期の文書群は計八点である。

確かに、鎌倉期の列島規模で動いた政局に対応した真壁氏族の姿は知り得ず、幕府内に要職を得た徴証もなく、一般御家人としか言い様がない。ここで『真壁町史料　中世編Ⅱ・Ⅲ』を通覧すると、鎌倉期に関わる史料群は三〇点を超え、総点数で四〇点程になる。(7)この編年史料群の中で、例えば真壁盛時は正応三年（一二九〇）に那珂氏とともに幕府両使を勤めたり、(8)正安元年（一二九九）十一月には年貢未進の咎によって真壁郡竹来郷地頭職を没収されたことが判明する。

盛時自身、同年十一月二十三日に譲状（『真壁』五号）を嫡孫幹重に発給して、しかも「竹来郷」を含めて譲与しているので、「竹来郷地頭職」没収はこの直後のことと思われる。『当家大系図　全』(9)には、盛時の没年を正安元年十二月四日（根拠不明）とし、乾元二年（一三〇三）二月五日関東下知状（『真壁』六号）は、浄敬（盛時）の「遺領」をめぐる嫡孫幹重と一族間の相論に対する幕府裁許（嫡孫幹重の相伝を是とする）である。このように十三世紀末から十四世紀初頭の真壁氏嫡系をめぐる相続問題と幕府による真壁氏への保護と圧力（「竹来郷」への北条氏族江馬氏の進出）が微妙に浮上する。

あるいは、この真壁幹重について『真壁文書』の他にその実態を求めると次の通りである（説明の関係上、順不同とする）。

① 興国元年（一三四〇）七月日・長岡妙幹外題安堵申請言上状案（『真壁町史料　中世編Ⅱ』所収『真壁長岡古宇田文書』二一号、以下『同文書』の引用は『長岡』〇〇号と示す）

長岡妙幹は嫡子平慶虎丸に「長岡郷惣地頭職」を譲与するに際し、自己への所領相伝の由緒に言及している。つまり、「惣郡（＝真壁郡）」は平国香以来の相伝であり、曾祖父真壁実幹（長岡）が「当郷（＝長岡郷〔桜川市真壁町長岡〕）」を伝領した（『真壁文書』にこのような真壁氏族の系譜と所領相伝に関わる認識を知る文言はないが、この文言により、平国香流真壁氏族長岡氏の家系が一挙に理解され、鎌倉幕府も仁治三年（一二四二）十二月十四日下文（現存せず）で認知したという）。

さて、妙幹親父政光は、元徳元年（一三二九）九月二十九日（カ）に置文を「惣領」である「真壁入道殿法超」へ預けて同年十月五日に死去したという（『長岡』一八号）。この「真壁法超」こそ真壁幹重であり、惣領として真壁氏族を統轄した真壁盛時嫡孫とみてよい。

② （年月日未詳）・妙心譲状案（『長岡』一二号）

①にいう「置文」とは、男女子息らに個別に与えたものではなく、個別譲状の「しんたい（進退）」権を妻妙心に預け置く趣旨を記した意の置文で、しかもこの置文には「そうりやう（惣領）まかへのひこ二郎入道とのほうてう（法超）」が証判を加えたという。本文書は、政光死去後、後家妙心が子息らの個別立場を勘案して（嫡子幹政は死去、次男宣政は足利方、三男処久も足利方（カ））妙幹への譲与を断行したものである。この時期（康永三年〔一三四四〕七月以前）、真壁幹重が南朝方に立っていたことが窺える。政光の意志と妙心・妙幹の存念を一致させることには慎重にならざるを得ないが、内乱期の武家の去就が緊張したものであることがわかる。

③（年月日未詳）・長岡郷田在家以下相論文書目録断簡（『長岡』一〇号）

長岡政光後家妙心と長岡幹政（政光嫡子）後家本照の間の相論に際し、妙心側で作成された文書目録と思われるが、この中に「道法（長岡政光）置文案」と「入道法超（真壁幹重）預状」がともに元徳二年（一三三〇）九月二十九日付の文書として列記されている（①では元徳元年文書としている点、異同がある）。

④ 延元二年（一三三七）十一月日・妙心目安状案（『長岡』一一号）。

妙心は、実は本主道法（長岡政光）の置文案文を道法から給与されており、正文は「真壁入道法超（幹重）」に預け置くと主張する（ここでも元徳元年置文とする）。この事実関係を傍証することはできないが、妙心の努力の結果であろうか、政光→妙幹の長岡郷伝領は実現したようである。つまり、真壁幹重は惣領としてこの長岡郷の所領相伝を支援したとみてよい。

⑤ 興国四年（一三四三）四月五日・沙弥法超〈真壁幹重〉書状[10]

白川（陸奥国）の結城親朝に宛て常陸国内の内乱の様子を報じつつ、南朝方に立った軍功を促している。興国四年四月五日発給であり、既に北畠親房は関城（茨城県筑西市〔旧関城町〕）に、春日顕国（時）は大宝城（茨城県下妻市）に移り、真壁城の近辺はきわめて緊張した状況下に置かれていた（この年十一月に関・大宝両城が陥落したことを考えれば、真壁幹重の南朝方に立っての結城親朝への求援は必死であった筈である）。幹重は、

○貴方（親朝）に面識はないが、故尊父入道殿（結城宗広、一三三八年死去）には昔鎌倉で面会し、特に失礼はなかった。

○この両三年のうちに「御敵（北朝勢）」が関城（北畠親房在城）に迫り、南朝勢としては難儀の体である。

○しかし、現在はその北朝勢も手薄である。従って、南朝勢結集の好機であり、わが真壁氏族も、北朝に転じる者もいるが大勢は南朝勢で問題はない。伊佐城（茨城県筑西市）・中郡城（茨城県桜川市〔旧岩瀬町〕）・西明寺城（栃木県益子

町）・当城（真壁城）の各城をめがけて来援して欲しい。
○この両三年の合戦で各城は弱体化が進み、当城（真壁城）とて落城寸前である。落城すれば中郡城・伊佐城の各城も落ち、関・大宝両城が孤立してしまう。
○ともかく貴方にあっては急ぎ当方へ来援して欲しい。とりあえず六、七百騎の出馬を急いで欲しい。
等々、結城親朝の挙兵を強く促している。この幹重書状に北畠親房御教書[11]を併せてみると、真壁城（城主真壁幹重）の南朝方に立つ様相が明らかである。

二　内乱期の真壁氏

以上が、『真壁文書』では把握できない真壁幹重の素描であり、十四世紀初頭に真壁盛時嫡孫として家督を継いだ後の実像である。とすれば、『当家大系図　全』所伝の真壁幹重（元徳元年（一三二九）十月十四日卒とする）の履歴は事実に反し、法名「西念道安」も合致しない[12]。

それよりも、『真壁文書』には、南朝方に立ち、惣領として君臨したとされる（『真壁長岡古宇田文書』）真壁幹重に関わる譲状などの関係文書の伝来はない。興国四年（一三四三）に極度の危機を感じた真壁城主真壁幹重であるが、翌康永三年（一三四四）七月二日、真壁高幹は足利尊氏によって真壁郡内九ヶ郷の地頭職を安堵されている（『真壁』九号）。

伊佐々郷を除き、他の八ヶ郷は全て真壁幹重が祖父盛時から譲与された所領に相当し、この高幹も真壁氏惣領の地位にある人物である。「参御方、依軍忠抜群、所宛行也」とある如く、高幹の足利尊氏軍への参陣は、幹重の南朝勢としての参陣とほぼ並行して推移したとしか考えられない。

内乱期真壁氏の南北両党に分立しての軍事行動は興味深い。『真壁文書』にはこの関係文書はなく、真壁高幹系氏族の足利政権よりの受給文書二点が存在するのみである。ここでは幹重と高幹の間に惣領家としての順当な父子関係は認め難く、南朝方真壁幹重の没落、別系同族真壁高幹の惣領への台頭が想定される[13]。また、この時期の真壁氏の家系については山田邦明「常陸真壁氏の系図に関する一考察」[14]に詳しい。本論も基本的にはこの山田氏の理解を支持する。その理解によれば、

①「幹重から高幹への代替わりの事情は明らかではないが、幹重が長年南朝方にあったにもかかわらず、高幹が本領をそのまま安堵されているところをみると、あるいは高幹は幹重とは別に足利方に属していたのでは、と想定もできる。…高幹あての幹重の譲状がないのは以上のような事情によるのかもしれない。ただ系図にみられる高幹は幹重の子であるという記載は今のところ信じてよいと思われる。…」として両人間に父子関係を認めている。

②「真壁広幹が政幹の子ではなく孫であり、かつ政幹は高幹の子ではなく、小木曽真壁氏とも称すべき真壁の庶子家の人物である、ということをこれまでの考察によって推定した。…これが正しいとすると、真壁本宗家の家系は高幹の代で絶え、高幹のあと(おそらくその死後)、山田郷を領して常陸にいた小木曽流の広幹が真壁本宗の家督を継承したことになる」として真壁高幹死後、庶流の本宗継承を指摘する。さらに「確証はないが、真壁広幹が高幹のあとをついで真壁惣領家の家督を継承したことはほぼ明らかであろう」とも重ねて付言している。

本論で幹重と高幹を父子と認め難いとする立場からすれば、山田氏の理解のうち、高幹の代に真壁本宗家が絶える背景が不明である。やはり、南朝方に立った幹重で始祖以来の本宗家が絶え、足利政権下にあって別系同族の台頭がみられたのではなかろうか。

『真壁文書』には前述の足利尊氏袖判下文以下、室町幕府執事高師直施行状(『真壁』一〇号)とともに、北朝方に立っ

て軍忠を重ねた真壁政幹代官の着到状・軍忠状計四点（『真壁』一二～一五号）が含まれている。薄国幹・森国幹・薄景教と名乗る真壁氏族と思われる人物が陸奥・出羽二国で北朝方に立って転戦している（貞和三年〔一三四七〕～観応三年〔一三五二〕）。そしてその主人真壁政幹は「奥州会津蜷河庄勝方村地頭」（『真壁』一二号他）であるのみならず、美濃国小木曽荘地頭を兼帯し（『真壁』一六号）、さらには「常陸国真壁郡内山田郷」を「譜代相伝所領」としていた（『真壁』一七号）。

前掲山田論文は、この真壁政幹を同一人物とみて、三ヶ所の散在所領（「山田郷」に関しても地頭職保有とみられる）のうち、政幹が小木曽荘（長野県木曽郡）から真壁郡山田郷へ居を移しつつ、しかも観応三年十二月十三日には孫の広幹へ山田郷を譲与（『真壁』一六号）し、同月二十三日に至りこの広幹と光幹（政幹の子息の一人か、あるいは兄弟か。広幹の父は南朝方に就いて「不忠」者とされ、しかも光幹の「檀那那智山師職」なる立場が正和五年〔一三一六〕段階で認められるので兄弟〔弟か〕の公算が強い）との間に山田郷・小木曽荘内所領の相伝を実現させていると説く。つまり、光幹系小木曽真壁氏と広幹系常陸真壁氏（山田郷真壁氏）が峻別されるというものである。この間の経緯を論述した山田氏の叙述は複雑であるが新鮮である。[15]

残余の注目すべき理解を要約すると、次の二点があげられる。

①政幹・光幹・広幹らは、真壁友幹子息薬王丸（『真壁』一号）の子孫と考えられる。但し、この氏族の小木曽荘への分立時期は不明。

②真壁高幹の所有した真壁氏惣領の地位は真壁広幹に継承された。

以上の理解は、南北朝内乱期に、真壁氏の家系が大きく交替したことを示すものであり、同時に真壁氏研究（特に中世後期史）に新局面を生み出すこととなる。こうして足利尊氏袖判下文以下の『真壁文書』の、関連文書を加えての検討からは、ますますその伝来の状態がそれ以前とは異なるとの思いが深くなる。薄国幹着到状等四点・真壁光幹置文等の『真壁文書』としての伝来理由が改めて判明し、「藤原氏（真壁友幹妻）」に宛てられた例の寛喜元年七月十九日藤原頼経袖判下文（『真壁』一号）の伝来理由も納得がいく。恐らく『真壁文書』は、二系統の氏族が伝来したものなのである[16]。

真壁広幹は山田郷を祖父政幹同様に「譜代相伝所領」と認識しつつ、その税所氏による押領を排しながら（『真壁』一八号）、やがて高幹を襲った惣領の立場で、子息顕幹に本宗家所管の郡内九ヶ郷を譲与する（山田郷は含まれず、顕幹兄弟の子息に譲与したか、譲状は残存せず。しかし山田郷ではこの後もこの系の氏族が庶子家として存続したと考えられる。『安得虎子　四』[17]所収『鹿島大使役記写』によれば、鎌倉期に既に山田氏が確認され真壁氏族と認められるが、同じ政幹系であろう）。こうして傍流真壁氏（庶子家）の真壁郡での領主的基盤（本宗）の継承が実現し、室町幕府・鎌倉府への対応が展開する。『真壁文書』は、かろうじてその経緯を示唆している。しかし、さらに残存する文書群への然るべき検討が必要であり、その結果がもたらす真壁氏の実像は予断を許さない。

既に観察した『真壁文書』も、関連文書（含記録）の一層の発掘と文言内容の理解の進捗如何で再々考察の対象となる。前に寸言した『能野那智大社文書』にみえる真壁光幹を小木曽真壁氏とする観点からは、やはり真壁政幹の周辺[18]が気になる。この政幹の小木曽荘への関わりを一層明らかにする史料として美濃国小木曽荘雑掌地頭代連署和与状がある。

和与

美濃国小木曽庄雑掌定祐与地頭真壁平太郎宗幹法師（法名来阿 今去死去）子息小太郎政幹等代顕性相論当庄検注事、

右、雑掌定祐者、則当庄検注者、三箇年一度令遵行者、先例也、而地頭抑留之間、任延慶・正和検注役請取、三箇年一度可遵行之由訴之、地頭代顕性者、亦捧文暦御式目并所々傍例御下知等、可為未検注地之由、雖番訴陳、所詮以和与之儀、止両方訴訟、自当年（元徳元）始之、向後者、七箇年（中六年）壱度可被遂検注也、云検注、云検注役、不可違延慶・正和検注之例、地頭若令違変者、如雑掌所存、三ヶ年一度可被遵行、雑掌亦背此状者、十箇年壱度可被遂検注也、仍和与之状如件、

元徳元年十一月廿六日　　地頭代顕性（花押）

雑掌定祐（花押）

（裏書）
「為後証所加判也、

元徳二年正月七日

英連（花押）

親連（花押）」

地頭真壁政幹の検注勘料・年貢の抑留を伝える貞和二年三月七日足利直義下知状(19)をさらに踏み込んだ形で、真壁政幹の実像が迫り来る。本文書から、政幹の父を「宗幹」といい、同じく「小木曽庄地頭」の立場は明瞭である。これで鎌倉期における小木曽真壁氏の動向を改めて検討する視点が得られた（『真壁文書』中の真壁光幹置文と『熊野那智大社文書』中の真壁光幹もこの観点からその系譜と居所を再考してみる必要がある）。

山田邦明氏も想定するように、真壁山田氏とも呼称し得る真壁氏族が、いつ小木曽荘地頭職を得たかは急がれる検討課題である（真壁宗幹は元徳元年段階で既に死去していることから、あるいは宗幹祖父某〈真壁山田氏〉の頃に、承久の乱の論功行賞として小木曽荘地頭職に補任されたものであろうか）。

このような手法を続行する中で、『真壁文書』の周縁にはかなり注目すべき歴史理解が集積されるとの見通しが立

てられる。

おわりに

本章で示した内容は特に目新しいものではない。それどころか、主要先行研究に多大の刺戟をうけ、それらを自分なりにまとめただけである。誤解・曲解を恐れながら列記しておくと、前記山田論文の他に、小森正明[20]・海津一朗[21]両氏のものがある。そして、齋藤慎一[22]・市村高男[23]両氏の論文は室町・戦国期の真壁氏研究にさらに新たな視点を投じている。

加えて前掲の『真壁氏と真壁城―中世武家の拠点―』が総合的に真壁氏研究の現状と展望を示しているし、目下進行中の真壁城跡（国指定史跡）発掘（史跡真壁城跡整備計画）は、まさしく現地での地道な証明作業である。本章冒頭で、〝歴史地理学的ひろがり〟と言ったのもこの謂である。

さて、〝『真壁文書』の周縁〟は史料的にも歴史地理学的にも多様であり、その解釈上でも然りである[24]。本論では鎌倉～南北朝内乱期に終始したが、これだけでも豊かな研究フィールド像が明らかである。かつて小山靖憲氏が指摘した「幕府権力の根底を支えた一般御家人（典型的な領主層）の存在形態の究明」（〝はじめに〟でも引用）は、今も確かに「真壁氏」の場合を通して展開持続している。

それにしても、本稿を作成してみて、文書群の在り様とその伝来の整序を考えることを怠っては一点ごとの理解に恐るべき誤解を招きかねないと悟った。当り前のことではあるが、しかしこのことは体験を通して現実となる。中世古文書の多面的研究が盛況である（花押論・形態論・機能論など）が、伝来論も相応に日本史料学（古文書学・古記録学）

上の基軸であるべきと考える。

註

（1）その成果の一端は、石井進監修『真壁氏と真壁城―中世武家の拠点―』（河出書房新杜、一九九六年）として結実している。
（2）小山靖憲「鎌倉時代の東国農村と在地領主制―常陸国真壁郡を中心に―」（『日本史研究』九九、一九六八年）。のち同『中世村落と荘園制』（東京大学出版会、一九八八年）に補訂の上、再所収。
（3）『真壁町史料　中世編Ⅰ』（真壁町、一九八三年）。のち『真壁文書』の原本写真を大幅に増補し、補訂の上、二〇〇二年に改訂版として再刊。
（4）『真壁町史料　中世編Ⅱ』（真壁町、一九八六年）。『真壁町史料　中世編Ⅲ』（真壁町、一九九四年）。
（5）『真壁町史料　中世編Ⅳ』（真壁町、二〇〇三年）。
（6）芥川龍男編『お茶の水図書館蔵成簣堂文庫　武家文書の研究と目録（上）』（石川文化事業財団・お茶の水図書館、一九八八年）。
（7）正安元年十二月二十七日・関東下知状写（『鹿島神宮文書』三三七号〔『茨城県史料　中世編Ⅰ』茨城県、一九七〇年〕所収）。
（8）正和元年七月二十三日・関東下知状写（『鹿島神宮文書』四一八号〔註（7）前掲書〕所収）。
（9）真壁博氏旧蔵。全文写真・翻刻が、註（5）前掲書に所収されている。
（10）註（4）前掲書所収『白川結城文書』。

（11）興国二年正月十四日、同二十六日付（註（4）前掲書所収『相楽結城文書』）。
（12）同系図は『真壁文書』を参照し、その他酒寄要庵作の系図や家伝口承をもとに作成されたと思われる系図であり、過大な期待をする必要はないと思われる。
（13）小森正明「真壁氏について」（註（1）前掲書所収）。
（14）山田邦明「常陸真壁氏の系図に関する一考察」（『中世東国史の研究』東京大学出版会、一九八八年）所収。この論文は、同『鎌倉府と地域社会』（同成社、二〇一四年）に再所収。
（15）註（4）前掲書所収『熊野那智大社文書』一・二号。
（16）註（3）前掲書所収『真壁文書』のうち、少なくとも二・三・四・五・七・八号は、真壁幹重に至る本宗家文書、九号以下は真壁高幹（幹重の兄弟ヵ）および真壁政幹・同広幹系の庶子家文書（結果的には本宗家文書となり、鎌倉期までの本宗家文書との合体が図られた）と思われる。
（17）東京大学史料編纂所蔵。全六冊。
（18）註（4）前掲書所収『冷泉家文書』。
（19）貞和二年三月七日・足利直義下知状（註（4）前掲書所収『前田育徳会尊経閣文庫所蔵文書』）。
（20）小森正明「中世後期東国における国人領主の一考察―常陸国真壁氏を中心として―」（『茨城県史研究』六二、一九八九年）。
（21）海津一朗「南北朝内乱と美濃真壁氏の本宗家放逐―観応三年真壁光幹相博状（置文）の再検討―」（『生活と文化』四、一九九〇年）。
（22）齋藤慎一「本拠の景観―十四・十五世紀の常陸国真壁氏と亀熊郷―」（『中世の風景を読む　2』新人物往来社、一九九四年）。この論文は、同『中世東国の領域と城館』（吉川弘文館、二〇〇二年）に再所収。

（23）　市村高男『戦国期東国の都市と権力』（思文閣出版、一九九四年）。

（24）　服部英雄「地名による中世常陸国真壁郡長岡郷一帯の景観復元」（『景観にさぐる中世』新人物往来社、一九九五年）は、中世地名を微細に追求しつつ、文書・記録の利用にも一石を投じている。

第四章　中世棟札と武士団

はじめに

地域史（自治体史）の編纂過程で利用される史・資料は多様であるが、考古資料を除けばその大半は文献として一括される古文書・古記録が主要である（近・現代史の場合にはさらに統計資料なども加わっていささか様相を異にする）。かかる既知の文献に加えて改めて確認・発見されるものの数量も夥しく、今後の地域史叙述、否、研究に耐え得る史料の入手こそが貴重でもある。夥しい史・資料をベースにしての歴史叙述も、結局はその概要としてのみ公表される場合が多いことからすれば、より以上に蒐集・蓄積された史・資料の全てこそが宝自体である。この宝物が将来に研究の余地を残すわけであり、不断の地域史構築の努力を定着させることが必要である。

さて、以下では『新修　日立市史』[1]編纂の過程で収集した中世棟札の紹介を行い、そこに姿をみせる中世の領主層（武士団）について言及し、棟札研究の有効性を提示したい。

棟札とは、建造物の棟上げに際して工事の名目と時期・願主・施工者などを記した木札であるが、中世の寺社等についてては外護者（檀那）名が特に注目に値し、日立市域のように当該時期（中世）の古文書・古記録が極少の地域ではその価値はすこぶる高いのである。中世棟札の残存例を確認した今でこそ言える評価であるが、幸いにして日立地方にはまとまった中世棟札群が残っていたのである。

金石文・絵画・過去帳等も含めて、この棟札は古文書・古記録とともに有用な中世史研究の材料である。当然のことながら棟札に相応する建造物が残存していれば申し分はない。近年、金石文が写真・拓本・釈文・図解などを伴って史料集として公表されている例は多くなりつつあるが、近世〜近代まで含めるとかなりの数量に上る筈の棟札集成報告書は少ない(2)。歴史研究・地域史叙述にとってかけがえのない程に豊かな情報を提供可能な棟札への注目を今さらながら喚起したい。

一　日立地域の中世棟札

【泉神社（水木町）蔵棟札】

日立市郷土博物館には以前から一枚の中世棟札が展示されている。これは泉神社（水木町）所蔵で「享禄三年九月吉日」の年記をもつものである。記載文言から左記のような情報が得られる。
(1)享禄三年（一五三〇）九日吉日付
①享禄三年に「泉大明神社」殿が造立された（「造立」の意が新規再建か部分的修理かは不明。以下同じ）。
②「造立」に際して佐竹義篤（常陸国守護家）が「大旦那」として筆頭外護者となっている。
③青山延久（佐竹氏被官か）が神馬一疋を献納した。
④長照院宥喜（泉神社別当寺住僧）が本工事の発願者（発注主体）である。
⑤大工職として石橋・葦原両氏が工事を請け負った。

⑥鍛冶職人として次郎衛門・弥五郎の名がみえる。

深い詮索を省略しても以上の事実が確認できる。②③からは佐竹氏の当地域（常陸国佐都東郡内）への支配実現を、⑤⑥からは中世後期の常陸国内の職人の在り様の一端を知り得る。

以下同様にして市内の他の中世棟札から得られる情報に迫ってみる（写真・文言等についての公表は目下、博物館等で考慮中と聞く。(3) 従って、本論では筆者が検分入手しているデータの枠内での紹介となることを断っておく）。

【吉田神社（森山町）蔵棟札】

(2)応永二十年（一四一三）九月十日付

①この年、八幡宮（徳川光圀による社寺改革によって吉田神社と改称される）が造立（再建か）された。

②造立に際して平氏幹・同智幹・源茂幹・□山八郎らが「大擅那」として外護にあたった。

③「藤原氏貞」…社家（神官）として造営発願の主体とみられるか。

④大工衛門□□□□・同助□郎、同本山彦七・小工左衛門三郎・鍛冶平六らが工事を請け負った。

⑤七十六歳の某が棟札を執筆した。

「大檀那」平氏（常陸平氏と思われる）の系統は未詳である。源茂幹も「幹」のつく名前より同系の人物とみられるが比定は難しい。しかし、佐竹氏とも断定し難く、むしろこの時期の当社の外護が常陸平氏族によって行われていることを重視すべきである。

(3)延徳四年（一四九二）十月二十日付

①この年、「常陸国佐都東郡大窪郷内守山村」の「神宮堂入（ママ）」が修造された。

②治部少輔源通光が大檀那として別当宥憲の発願を支えている。

③大工五郎兵衛・鍛冶黒須五郎小沢(ママ)等が工事を請け負う。

この時期の日立地方の国―郡―郷―村という行政単位が注目される。また、大檀那源通光の氏族的系譜は未詳であるが、佐竹氏族ではなさそうである。

(4)大永二年(一五二二)四月一日付

①この年、「常州佐都東郡大窪郷守山村」の正八幡宮が造立される。

②「当国守護源朝臣義篤」(大檀那とは明記されていない)の関与下で源光延・西野六郎が大檀(旦)那として諸旦那とともに造立を外護している。

③大工左衛門五郎・同四郎衛門・小工新四郎・鍛冶太道孫太郎らが銭九貫五百文で工事を請け負った。

佐竹氏本宗の当社への関わりの初例であり、泉神社より八年早いこととなる。日立地方での佐竹氏による支配が改めて再考されなくてはなるまい。

(5)天文十八年(一五四九)十一月十五日付

①この年、社殿が造立された。

②佐竹義昭が大旦那として、藤原隣藤(氏族系統未詳)が小旦那として、浦野越後守(未詳)が小屋奉行として、大僧都秀尊の発願を外護している。

③小屋大工吉原修理亮・大工黒沢四郎左衛門・鍛冶大工島田助衛門・同関山新兵衛門・同森山産二郎らが工事を請け負った。

佐竹義昭・藤原隣藤ともに花押を据えている点が貴重である(前掲の泉神社棟札にも佐竹義篤のみごとな花押がみえる)。

(6)天正十四年(一五八六)十一月十二日付

①この年、社殿が造立された。
②佐竹義重が大旦那として、藤原久光（未詳）が小旦那として宮本神主が小屋奉行として、西野清衛門の発願を外護している。
③小屋大工鈴木雅楽助・鍛冶大工赤須主殿助が工事を請け負っている。

【鹿島神社（大久保町）蔵棟札】

⑺慶長九年（一六〇四）三月二十二日付
①この年、「遷宮」があったとも、「日光月光弥陀如来」を新たに造像したとも読みとれるが、ともかく社殿の造営があったことは間違いなかろう。
②大窪修理助（大窪郷領主として当地方有数の中世武家大窪氏の存在は深く注目されて然るべきだが、その系譜的実像については目下考察が進行中である）以下同族・他氏族併せて一五人が大檀那として名を連ねている。
③棟札裏面には大窪郷住人と限定できるかどうかわからないが、一〇〇余人の交名がある。造営に賛助した人々であろうが、棟札に表記される情報が一段と委細になったといえよう。
慶長九年は佐竹義宣の出羽国移封後二年、江戸幕府成立の翌年であり、本棟札も中世的社会構造の所産とみることが好ましいと思われる。むしろ中～近世移行期の史料として貴重である。

【艫（とも）神社（旧十王町友部）蔵棟札】

⑻明応四年（一四九五）四月十九日付
①この年、遷宮があった。
②「当地頭」小野崎親通、「当政所」赤須通家・中郡助五郎らが檀那か（大檀那・檀那の文言はないが、そのような立場

とみるのが妥当であろう）。

③大工四郎左衛門宗安・同大夫三郎・鍛冶右馬次郎らが工事を請け負った。

佐竹氏重臣小野崎氏（藤原氏族）が多珂荘内友部櫛形城（山尾城）を拠点とするのは南北朝内乱期であるという（『図説日立市史』）。この親通の系譜は目下検討中であるが、(4)この時期、分流赤須氏とともに鱸神社遷宮を外護したことは自然である。「地頭」「政所」なる在地支配の立場は検討を要するが、本庶関係の複雑なこの氏族の佐竹氏領内での分立状況解明が急務である。

(9)永正十年（一五一三）三月十日付

①この年、遷宮があった。

②「当地頭」小野崎親通・同息通載、「当政所」赤須通家・中郡助五郎らが外護したと思われる。

③僧栄日（神宮寺別当カ）が遷宮の発願主体である。

④大工外記俊成・鍛冶右馬次郎が工事を請け負った。

(10)大永三年（一五二三）十一月二十四日付

①この年、「友宮神宮寺十一面堂」が造立された。

②小野崎親通・同息通載が大旦那である。

③赤須通家および妻女が造立願主である。

④大工宮田河内載元が工事を請け負った。

(11)天文三年（一五三四）三月三日付

①この年、社殿が再興（遷宮）された。

②小野崎禅俊（親通の出家名カ）・同通載・同三郎（政通カ）、「当政所」赤須通家・中郡主計助らが大檀那あるいは檀那（カ）として外護した。
③本願聖は道海太夫である。
④大工宮田河内守・鍛冶赤須縫殿助が工事を請け負った。

以上一一点が中世棟札として注目すべきものである（上限が応永二十年〔一四一三〕、下限が慶長九年〔一六〇四〕）。約二〇〇年間にこれほど集中して棟札が残存する例は県内にはなく、しかも、いわゆる中世後期の佐竹氏研究上きわめて重要な史料と評価できるのである。

久慈川以北の常陸国は平安末期以来、多珂郡・佐都東郡・同西郡・久慈東郡などに分立して中世的行政体制に移行した。このうち現日立地方が一部、佐都東郡域に比定されることは吉田神社蔵棟札⑶⑷からも明瞭であり、また一連の棟札中に散見する檀（旦）那が佐竹氏本宗・小野崎氏・大窪氏であることを併せ考えるとき、これらの棟札から得られる史的情報は、結果として佐竹氏領となる中世後期常陸国「奥七郡」の、特に東辺部（太平洋沿岸部）の中世史解明に大きく貢献するものである。多珂荘（多珂郡）から佐都東郡、そして那珂東郡に広汎に分立して国人領主として優勢を誇った藤原秀郷流小野崎氏の場合、佐都西郡小野崎を名字の地としつつも佐竹氏被官として奥七郡内の各所に庶流を分立させている。南北朝期には本宗も多珂荘内山尾城主（山尾小野崎氏）となり、他に石神城（東海村）・額田城（那珂市）・相賀城（日立市）などに支族を配している。

この小野崎氏がいわゆる十五世紀末の「佐竹の乱」において反本宗派に属して佐竹義舜に抗しつつ、佐竹氏領を侵犯したことは著名であるが、右の艫神社所蔵棟札中にこの時期の本宗小野崎親通らの在地支配の一端が窺えることは注目すべきである。

総じて、残存の棟札にみる限りではあるが、大永二年(一五二二)の佐竹義篤による佐都東郡所在八幡宮への外護に先行して、明らかに非佐竹氏系領主の確実な自立した在地支配が確認されるのである。小野崎氏も含めてその諸領主の実像究明は今後の課題であるが、以下若干の参考とすべき観点を付言指摘しておきたい。

二　考察

一群の棟札を、日立地方の歴史叙述のために利用する上で必要な傍証の一つに『久慈郡薩都宮奉加帳』(5)がある。これは永正十四年(一五一七)二月吉日付で佐竹義舜以下一門、小野崎親通以下一門、そして社掌・番匠らが願主藤原(小野崎分流赤須氏)勝通を支援して薩都宮(常陸太田市里野宮町)に奉加した折の交名帳である。交名中の小野崎氏族の部分は艫神社蔵棟札四点とも深く関係する。その部分を抄出すると、

(前略)

(小野崎)山城守親通
同　藤原通載
同下野守善通
同　藤原千代房
藤原女

常園寺淳統
同越前守通老（ママ）（石神）
同　藤原通長
赤須信濃守常通　同名彦大郎
同母儀　同内方亀子　本願娘
同名治部少輔勝通　当任、若狭守、神主于時本願
同内方　犬子　次男曇伴
同子息武通当任、主殿助、車小六
同内方　妙慶禅尼
同隼人祐　河内方申子　神主娘
同内匠助　同修理進勝広　同内方増子名彦太郎
同右京進　同内蔵助　同彦五郎
内方市子
同又三郎　同彦五郎　真壁
同源左衛門　同刑部　同弥次郎
同弥三郎　同社彦次郎　茅根助次郎
（後略）

の如くである。

鱸神社蔵棟札四点とほぼ同時期の史料であることも幸いして小野崎氏（山尾系）・赤須氏ともに共通した人物が見出せる。棟札にみえる「当地頭小野崎藤原親通」「大旦那藤原朝臣親通」は奉加帳中の「山城守親通」であり、「通載」「息男通載」は同じく「同　藤原通載」に相違ない。さらに「当政所赤須内匠助通家」も奉加帳中の「同内匠助」と考えられよう。前述の「佐竹の乱」後の所為か、佐竹氏本宗義舜とともに奉加の列に加わった小野崎一門の健在を示す好史料といえるが、人物比定にとどまらず、さらにこれらの史料分析が、中世後期の領主による在地支配の実態把握に一石を投じることを願うものである。特に棟札中の「地頭」「政所」なる文言には再度その注目を望みたい。

さらに小野崎氏に関わる基本史料として『小野崎権大夫通貞家蔵文書』[6]が知られる。正長二年（一四二九）を上限として計四〇点余の中世文書が確認され、この中には文亀三年（一五〇三）正月十一日付の小野崎親通名字状も含まれており、小野崎氏研究の基本となるものである。[7]

おわりに

以上、日立地方の中世棟札を紹介し、且つ若干の解説・所見を述べてみた。そして付言したように棟札の情報を完全に受容するための基本作業の要を痛感しているのが目下の状況であり、中世における武士団研究の一端に資することが、今後の課題である。簡略な紹介の労に免じて棟札の基本的解説を後日に委ねることを許して頂きたい。また『茨城県神社誌』（茨城県神社庁、一九七三年）・『茨城県の近世社寺建築―茨城県近世社寺建築緊急調査報告書―』（茨城県教育委員会、一九八二年）などの調査成果も考慮して、より一層棟札史料が広く公開確認されることを期待する次第である。

註

（1）『新修　日立市史』は、『日立市史』（一九五九年）、『図説日立市史』（一九八九年）に次いで、第三次の市史編纂事業であり、市史という体裁をとる地域史研究の態度としてはかなり積極的なものと評価できる。この姿勢に影響されつつ、同時に現今の高度な地域史編纂の類例をも考慮して、編纂委員会の中世史部会では改めて市内外に文献の採訪を試みている。ここでの紹介は、そうした活動成果の一端である。

（2）『下田市社寺棟札調査報告書Ⅰ』（下田市教育委員会、一九八六年）は、「概観」の中で貴重な棟札への解説を行っている。大いに参照すべき報告といえる。また近年、国立歴史民俗博物館によって『社寺の国宝・重文建造物等棟札銘文集成』（全五冊、一九九五〜七年）が刊行されており、棟札による様々な研究が可能となりつつある。

（3）今回の調査で確認された棟札は近世・近代に及んで多数残存する。従って註（1）の如き棟札調査報告がなされ、既知の文献史料と相俟って利用される状況が望ましいと考える。

（4）『茨城県史　中世編』（茨城県、一九八六年）所載の「小野崎氏略系図」は章末に示す通りである。

（5）『続群書類従　巻七二』（続群書類従完成会）所収。

（6）『秋田藩家蔵文書』巻二一。同文書群は、秋田県立公文書館所蔵。この文書群の翻刻は『茨城県史料　中世編Ⅳ・Ⅴ』（茨城県、一九九一、一九九四年）で行われ、利便性が高くなった。

（7）堤禎子「石神小野崎氏家伝の文書について―秋田藩家蔵文書と阿保文書―」（『溯源東海』四、一九九〇年）によって文書の内容・性格・伝来が明らかとなった。

〔小野崎氏略系図〕

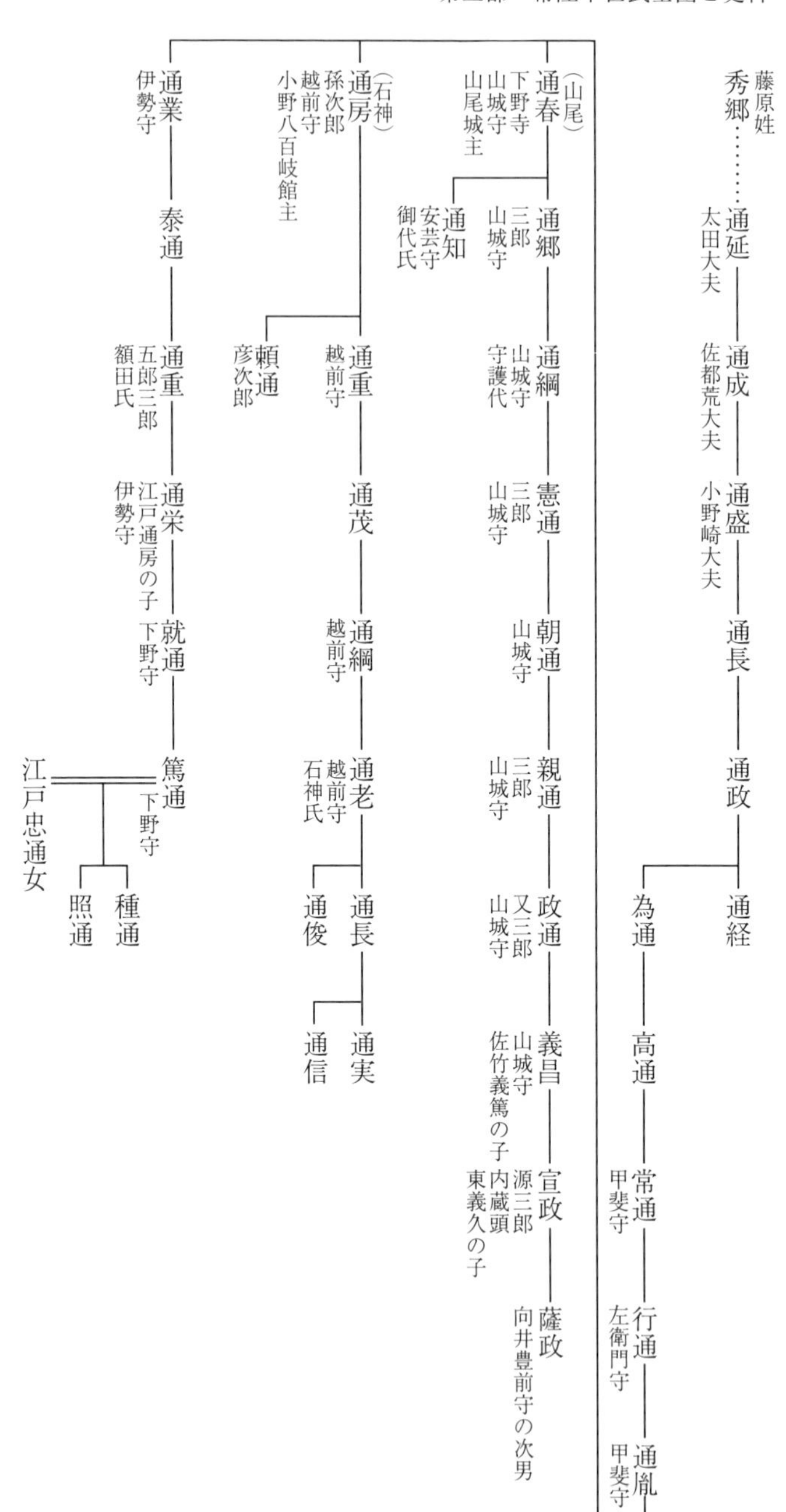
藤原姓
秀郷
通延
太田大夫
通成
佐都荒大夫
通盛
小野崎大夫
通長
通政
通経
為通
高通
常通
甲斐守
行通
左衛門守
通胤
甲斐守
（山尾）
通春
下野寺
山城守
山尾城主
通郷
三郎
山城守
通知
安芸守
御代氏
通綱
山城守
守護代
憲通
三郎
山城守
朝通
山城守
親通
三郎
山城守
政通
又三郎
山城守
義昌
山城守
佐竹義篤の子
宣政
源三郎
内蔵頭
東義久の子
薩政
向井豊前守の次男
（石神）
通房
孫次郎
越前守
小野八百岐館主
通重
越前守
頼通
彦次郎
通茂
通綱
越前守
通老
越前守
石神氏
通長
通俊
通実
通信
通業
伊勢守
泰通
通重
五郎三郎
額田氏
通栄
江戸通房の子
伊勢守
就通
下野守
篤通
下野守
江戸忠通女
種通
照通

終　章

以上、三部に分けて、古代末〜中世の常陸国において成立・展開したいわゆる中世武士団について縷々述べ来たったが、おわりにあたり四つの視点からまとめを行いたい。

1　常陸中世武士団の成長

律令なる輸入法を以て列島の統一を図ろうとしたいわゆる政都中心の政府（皇族・貴族）の構想は、平将門の乱に代表されるような民族的反抗に遭遇した。これは政権の崩壊には至らなかったものの、国内平均に新たな階級の登場を促すことになった。この新たな階級こそ「武士」と呼ばれ、以後一〇〇〇年に及ぶ国政の主導的立場となる人々である。

事実、『将門記』[1]には東国社会の最大特徴として「武士」と同義の「兵（つわもの）」の用語が多くみられる。「良正并に因縁・伴類は兵の恥を他堺に下し、敵の名を自然に上ぐ」、「兵は名を以て先となす」、「兵の名を畿内に振るひ、面目を京中に施す」、「将門偏へに兵の名を後代に揚げんと欲し」、「介経基は未だ兵の道に練れずして」、「将門苟も兵の名を坂東に揚げ」という具合である。

天慶元年（九三八）当時、清和源氏流の経基（武蔵国介）が、平将門に比べて兵の道に練達していないとの酷評は興味深いが、「兵」であるか否かがこの時期の新たな階級であるか否かの試金石であった。

将門は没落するが、この一族が関東の地に在住し続けてその「兵」ぶりを強力に発展させていることは、十一～十二世紀の彼らの動向が物語っている。将門の従兄平貞盛の甥維幹は筑波山麓に居館を構え、国司に対しても一家言を以て対峙する人物であった。

十一世紀初頭のこと、時の常陸守（介が正しい）源頼信（経基の孫）が猛悪な平忠常（下総・上総の豪族）を制圧しようと国府軍二〇〇〇人を引率して下総に出兵するが、維幹は三〇〇〇騎を動員してこの国府軍を側面援助したという。(2) また、この維幹はかつて花山上皇から五位の官位を買い取った。そして、その官位購入に際しては藤原実資の「僕（しもべ）」としての立場が有利にはたらいたのである。(3) かの将門が藤原忠平に仕え、従兄貞盛も京洛に上り、貞盛舎弟繁盛も藤原師輔に仕えたように、彼ら東国の「兵（つわもの）」たちは、政都の有力者に繋がりながら、それでいて私領形成に余念がなく、維幹のように国司からも重視される程に軍事編成も可能であった。

この維幹には次のような話も残っている。多気大夫とも呼ばれた平維幹は、常陸国筑波山麓に住んでいたが、ある時、訴訟のために上洛した。そこである日、高階成順の家の法会に参会し、僧の説法を聞いた折、その家の姫君大姫に懸想し無理に常陸国に連行し妻にした。時がたち、大姫は二人の娘を残して死去するが、常陸守某妻として常陸国府に下った大姫の姉妹の一人が、この二人の姪と国府で出会った。守の妻はやがて帰京の時を迎えるが、挨拶にも参上しない維幹一家を非難した直後、名馬二〇匹と皮子をつけた馬二〇〇匹が進物として届けられたという。(4) 大夫（五位の位をもつ者）と呼ばれ、三〇〇〇騎の軍事編成を可能とし、京下りの国司を驚かせたこの平維幹こそ、「水守の営所」「多気の営所」を拠点（私宅）とし、国政・郡政に対して一家言をもって応えることのできた典型である。十一～十二世紀にこの維幹のような武士（兵）が列島各地で台頭し、新たな階級として国制の基本を担い始めていたといえる。

2　常陸中世武士団の系譜

平維幹に始まる武士の系譜を、常陸平氏と呼ぶ。現在のつくば市北条地内に小字「多気太郎」が残り、その北方の小山を「多気山」という。ここが本宗（本家）の拠点で、この氏族は多気氏を名乗る。多気権守平致幹、多気太郎平直幹、多気太郎平義幹らは維幹の子孫として、いずれもこの地を名字の地としたのである。致幹は「六郡の主」ともいわれ、常陸国内南半分の郡政を全て掌握したようであり、その勢力は天台教線の受容と外護という形で精神世界にも及んでいる。

保安三年（一一二二）・天治元年（一一二四）の両度、致幹は大檀那として如法経（法華経）の書写・埋納を行っている。(5) そして致幹の娘は源頼義に嫁して一女を儲け、その女子は清原真衡の養子海道小太郎成衡の妻になったという。(6) 常陸国内で自己の政治的・経済的・精神的世界を強力に形成した常陸平氏が、清和源氏・羽州清原氏とも姻族になった背景がいっそう問われなくてはならない。

また致幹の舎弟は、清幹が吉田氏（常陸国吉田郡〈那珂郡の一部〉）、政幹が豊田氏（下総国豊田郡）、重家が小栗氏（小栗保、のちに伊勢神宮領として御厨となる）を立てて分立している。いずれも郡司職・保司職という立場を得ていたようである。さらに清幹の子忠幹は行方氏（常陸国行方郡）、同成幹は鹿島氏（同国鹿島郡）として郡内に不動の武家基盤を築いている。一方、本宗は致幹―直幹―義幹と続き、義幹の舎弟広幹が下妻氏（同国下妻荘）、忠幹が東条氏（同国信太郡東条）、長幹が真壁氏（同国真壁郡）を立てている。このうち下妻広幹は、下妻四郎・悪権守とも称し、承安四年（一一七四）には下津真荘（八条院領）下司として松岡荘（蓮華王院領、下妻市）に乱行したという。(7) 真壁長幹は下妻荘に隣接する真壁郡に入部して、この地に武家真壁氏を後続させる。

以上常陸平氏の系譜に対して、十二世紀末期までに那珂川以北一帯に勢力を扶植した佐竹氏の立場が注目される。この佐竹氏を常陸源氏と位置付けて、南半域の常陸平氏と比較することが常陸武士団の系譜上の基本である。常陸源氏は河内源氏系氏族であり、その祖頼信から頼義―義光―義業―昌義と継承される中で、佐竹氏の成立をみる。この氏族は遠祖経基以来、武蔵介・常陸介・武蔵権守・下野守・上野介・美濃守・甲斐守・鎮守府将軍等を歴任して政都の征夷策を体現する、いわゆる軍事貴族であり、その氏族的性格は常陸平氏と同様である。特に、源義家による東国行政への深い関与は、舎弟義光・子息義国らが常陸・下野・上野各国に留住する契機となった。

嘉承元年(一一〇六)の常陸国合戦では、義光は常陸平氏の平重幹と「結党」していたという[8]。この状況は義光対義国という点では河内源氏の東国での内紛であるが、他面では河内源氏が先行勢力と結んで留住条件を確保する過程ともみられる。義国系からは下野足利氏(足利荘)と上野新田氏(新田荘)が成立するが、義光の子義業は平重幹の子清幹(吉田氏)の娘を妻として常陸平氏の姻族になっている[9]。

このように十二世紀半ばには、常陸国域を折半するかたちで、北半に常陸源氏、南半に常陸平氏が並立する「常陸武士団」の成立がみられたのである。この二大武士団の他にも、伊佐郡(常陸国新治西郡北条、筑西市)の藤原氏系伊佐氏、下総国下河辺荘(古河市・坂東市ほか)の秀郷流藤原氏下河辺氏、久慈郡(常陸太田市)の秀郷流藤原氏小野崎氏など個別研究の余地を残す武士団がいる。

また、鎌倉期には常陸平氏一族から陸奥平氏が、同族の真壁氏から美濃真壁氏・会津真壁氏が、八田氏一族から陸奥高野氏や陸奥小田氏が、宍戸氏から播磨岩間氏が、それぞれ地頭職獲得を契機として他国に分出するなど、常陸国にとどまらない広がりをみせるようになることは注目されよう。

3　常陸中世武士団と鎌倉幕府

源頼朝による鎌倉幕府創設以降の常陸国支配の基本は、下野国宇都宮氏族八田知家の守護職への起用である。文治五年（一一八九）の陸奥国藤原泰衡追討に際して、伊佐為宗・同為重・同資綱・同為家・小栗重成・多気義幹・鹿島頼幹・真壁長幹らを配下に従えた東海道大将軍知家の立場は言うまでもなく常陸国守護のそれである。この時、佐竹秀義も従軍し、かつて頼朝の挙兵に傍観的立場をとった常陸の武士たちは、今や完全に頼朝の家人として再編されたのである。この頼朝家人への急速な転身は、一方で新政権との基本的矛盾も免れ得なかった。

建久四年（一一九三）五月には、曽我兄弟の仇討ちがあり、同六月、富士野への急行を拒んだ多気義幹（常陸平氏本宗）を、守護八田知家は謀叛人として頼朝に報じた。即刻、義幹の所領（筑波郡・茨城南郡・茨城北郡）は頼朝によって没収され、同族の馬場資幹（常陸平氏流吉田氏）に与えられたという。[10]八田知家が頼朝側に立つ仕掛け人として何の恩典も与えられないのは不可解であり、事実、後年に知家系の人々の筑波郡入部（のち小田氏となる）が実現しており、義幹所領の処分はかなり複雑に推移したと思われる。

ともかく、これで常陸平氏本宗多気義幹の没落は明白である。加えて、義幹の弟下妻広幹も、この十二月、反北条氏的立場を理由に八田知家によって殺害された。多気・下妻両氏の没落は、頼朝政権による常陸平氏に対する厳格な処断であり、総じて常陸国の武士団への統制がきわめて注目度の高い状況下にあったことを示している。

こうして、茨城・筑波両郡が八田氏勢力下に入り、下妻荘一帯にも下野国の小山朝政が勢力を伸ばしたのである。

4　常陸中世武士団の本拠

現在、小字地名の中に、「御正作（ミショウサク・ミソサク・ミソザク・ミゾサク）」「堀之内（ホリノウチ・ホンノウチ）」「竹之内（タケノウチ）」「館之内（タテノウチ）」などと呼ばれる区域が注目される。「御正作」は領主直営田であるが、特に「堀之内」「竹之内」「館之内」とは一定の方形に近い土地の周囲を堀割が廻らされた地形を共通の条件としていることが多い。堀割は地形と築造年代によって差はあるが、低湿地に突き出した微高台地上にあっては水堀（水田として残存）を主とし、舌状台地上や山地内では空堀（水を溜めるのが目的ではなく、主に防御中心）として造作された。このような遺構は、村落に居住して農民とともに共同体を運営・維持する宿命をもった指導者、つまり在地領主（武士団）の居館であることが多く、全国的にみられる中世社会の貴重な歴史的所産である。遺構自体が必ずしも鎌倉期のものとは限らず、中世を通して重層的に利用されている場合が多い。いかに有力な農民でも、その居住形態を知る遺構は極少で、ましてや鎌倉期に遡及してその痕跡を見出すことはできない。そこで領主館の確認は、その立地・景観などから水系・古道の条件をも考慮しつつ、土地の開発状況も勘案して、領主にとっての「所領」、農民にとっての「村」を復元する際の重要な状況証拠である。

平安末期以来、筑波山麓真壁郡に江戸初期まで根強く領主支配を展開させた常陸平氏族真壁氏の場合、真壁郷を本宗が支配しつつ、周辺諸郷に庶子族を入部させ、郷々を名字の地としながら郷地頭（郷領主・村落領主）の立場を世襲した。この一家に長岡郷（桜川市真壁町長岡）を所領として長岡氏が知られ、一族古宇田氏伝来の『真壁長岡古宇田文書』[11]は、鎌倉〜室町期の村落内の詳細な状況を伝える史料群として有名である。この史料群の中に、「長岡郷内田三町、在家三宇并びに堀内」[12]「長岡郷内田在家、堀内」[13]「こうたのほりのうち（古宇田の堀内）」[14]などの文言が確認され、長岡地区内に残る小字名のうち「ミソザク」を「御正作」と理解すれば、明らかにここでは「堀之内」と「御正作」の併存を知り得る。

一方、笠間市岩間上郷地内における小字「堀之内」「御正作」も注目される（遺構自体は昭和四十年代の県営圃場整備事業で消滅した）。遺構所在地が小鶴荘（宍戸荘）の故地であることを考えれば、この遺構が中世のある段階で宍戸氏関係の居館であった可能性は高い。この地の立地は、難台山の東麓を東流して涸沼川に注ぎ込む桜川と随光寺川に沿って形成された緩やかな扇状地帯である。そして、北側には愛宕山が相対している。西側と南北両側を山に囲まれ、東方にのみ開けた東西一・五キロメートル、南北一・〇キロメートルの盆地状の地域空間である。難台山東麓で、この盆地西端には式内社と思われる羽梨山神社が鎮座する。さらに近くには別当寺普賢院、安国寺などがあり、難台山は南北朝末期の小山若犬丸・小田五郎の挙兵地として知られ、館岸山の城跡および西麓一帯の古代寺院跡の残存など、古代・中世的世界が検証される一帯である。

前述した長岡郷は、この岩間上郷ほどの盆地形状ではないが、桜川に流入する二神川に沿って形成された扇状地形で、「堀之内」「御正作」を併せもつことは共通している。加えて、「堀之内」の北方加波山麓には加波山三枝祇神社が鎮座し、その周辺には安楽寺ほかの寺院群が所在した。

このような条件を具備した場こそ、中世武士団の拠点にふさわしい。少なくとも平安～鎌倉期に「堀之内」を中心に在地領主権力を保有し、権力の肥大化によってそこが城館化していった。八田・小田・宍戸氏の場合は同時に「守護所」でもあり、国内の多くの武家にあっては「地頭館」であった。

右の二例によっても、「堀之内」「御正作」遺構が際立って中世前期（鎌倉期）の領主館を想定させるに足るものである点は重要である。

建長三年（一二五一）十一月、平望幹なる人物が所有地の一部の田一町を僧修挙房に売り与えたが、修挙房自身、殺害の科で「守護所」に召し籠められたという[15]。宍戸家周の守護在任中か小田時知在任中かわからないが、常陸国守護所の実在を知り得るし、この守護所こそ武家の拠点として最大規模の「堀之内」といえるのである。

註

（1）『将門記』の引用は、梶原正昭訳注『将門記　1・2』（東洋文庫、平凡社、一九七五年）による。
（2）『今昔物語集』巻二五（山田孝雄他校注『日本古典文学大系　今昔物語集　四』岩波書店、一九六二年）による。
（3）『小右記』長保元年十二月九日、同十一日条（『大日本古記録　小右記　二』岩波書店、一九六一年）。
（4）『古本説話集』（三木紀人他校注『新日本古典文学大系　宇治拾遺物語・古本説話集』岩波書店、一九九〇年）他による。
（5）東城寺（土浦市東城寺六五〇）出土経筒銘文による。銘文は、竹内理三編『平安遺文　金石文編』二〇八・二一五号（東京堂出版、一九六〇年）に所収。
（6）『奥州後三年記』（『群書類従　巻三六九』続群書類従完成会）。
（7）『吉記』承安四年三月十四日条（『増補史料大成　吉記　一』臨川書店、一九六五年）。
（8）『永昌記』嘉承元年六月十日条（『増補史料大成　水左記・永昌記』臨川書店、一九六五年）。
（9）『尊卑分脈』（『新訂増補国史大系』吉川弘文館）による。
（10）『吾妻鏡』建保二年九月十九日条（『新訂増補国史大系』吉川弘文館）。
（11）『真壁町史料　中世編Ⅱ』（真壁町、一九八六年）所収。
（12）同右書所収、七号（元徳三年八月二十八日・結城朝高遵行状案）。
（13）同右書所収、八号（元徳三年十二月十三日・八木岡高政遵行状案）。
（14）同右書所収、三四号（応永二十八年六月十八日・古宇田幹秀譲状案）。
（15）建長三年十一月二日・平忠幹注進状写（『吉田神社文書』八四号〔『茨城県史料　中世編Ⅱ』茨城県、一九七四年〕所収）。

あとがき

本書の概要は「序章」「終章」において述べた通りである。しかも本書は御覧の如き古証文の括りで、いずれも一九八〇～一九九八年の一八年間に作成したものである（三二歳～五〇歳に相当する）。

文学部に入学（一九六八年）した私は、「学生運動」による大学なるものの異様さに驚きつつ、いわゆる〝浪人〟体験のある友人たちと暗い青春の日々の連続を託ちながら、ささやかな「文集」発刊に興じてもみた。その間、思い切って宿願の学問に向って自らその扉を開こうとして、国文学者池田彌三郎先生（故人）の研究室をたずねた。

出身地のこと、同郷の大先輩今宮新先生（故人、古代史）のこと、そして、国文学（古典）の民俗学的解釈のこと、など終始にこやかに話される先生であった。そして言われた。「君は歴史を学びなさい。歴史を知らないで国文学者の顔をしている私の苦渋は味わう必要はない。〝文学〟はいつでも考えられます」と。

結果、史学科国史学専攻へ進むが、テーマ設定は迷わず今宮先生も所論の一（「将門記に現れたる戦闘について」〈『史学』22―2・3、一九三四年〉）とした『将門記』であった。この動機に従って、卒業論文を提出し、そして修士論文（大学院文学研究科修士課程）も一貫して九・十世紀の東国史をいわゆる「平将門の乱」を意識して作成した。その視点は、「常陸平氏」へとつながり、さらに「常陸中世武士団」論へと結節している。

この状況は池田先生の御教示を今もって忠実に励行しているといえるが、私にとって果して「国文学」との邂逅はいつの日やら、と思う昨今でもある。しかし、現在、人前（学生・社会人）で歴史の話をする時、その話しぶりは多分に「歴史物語」であり、この事で一座はしばし過去世界に浸っている、と感じる時がある。〝歴史〟は究極、語られるもの、と思う。この姿勢と理解が、「三田史学」を通過した私にどのような評価をもたらすか、ある種の覚悟はある。

翻って、今、人文科学の自然科学化が強い。あるいは、無意味なグローバル化も強調されて久しい。その基調は史論の統計学的成果の多さからも知り得る。〝過去との対話〟(E・H・カー)とも、〝政治史そのもの〟(石母田正)とも言われた歴史学であるが、ここで確認したいのは、〝人間の可能性と限界〟ではないのか。そしてこの命題こそ「文学」と通底しているのではないか。

こう考えて私は今、自分の日常活動を納得しようとしている。そして、時折、自宅の窓から筑波山を眺めつつ愚考を反芻すること頻りである。

本書を刊行するに当り、私にとって最も怖い人は富澤清人氏(故人、一九九五年没、享年四八歳)である(一学年先輩、『中世荘園と検注』〈吉川弘文館、一九九六年〉の著者)。研究フィールドを持つことの重要性を説いて頂き、足繁く東京神田神保町の暗い喫茶店で教えを受けた。故兄の著書(遺稿集)の比ではないが、本書への厳しい批評が聞きたい。怖いながらもとても会いたい、との思いで一杯である。

そして末筆ながら、本書刊行の最大の労苦は小森正明氏(宮内庁書陵部)が負っていることを明記しておく。同郷の学徒でもある氏は、怠惰な私を長年にわたって叱咤され、所論のまとめを督促・激励してくれた。構成・編集・校止、そして書院との交渉など、すべて氏の御支援の中にある。また佐々木倫朗氏(大正大学)にも原稿入力や索引点検などで貴重な時間を割かせてしまった。御二人には御礼の申し様もなく、紙面に記して感謝の意を留めておく。

さらにこの五〇年間、多くの人々と出会い、それぞれに御世話になった。記憶の彼方に消え去った事柄、否、ありありとその場面を復原可能な事態、いずれも私にとっては有難く尊い道程である。ただただ感謝あるのみである。

なお、本書刊行は、岩田書院社長岩田博氏の特段の御配慮で実現した。かかる地域限定の史書を刊行書目に加えて頂いたことに、深甚なる謝意を表する。

二〇一六年五月

糸賀　茂男

索　引

※諸表・系図等からの採録はしなかった。

事項（含地名）

あ行

か行

さ行

た行

な行

は行

ま行

や行

ら・わ行

人　名

あ行

か行

さ行

た行

な行

は行

ま行

や行

ら・わ行

研究者名

あ行

か行

さ行

た行

な行

は行

ま行

や行

わ行

著者紹介

糸賀　茂男（いとが・しげお）

1948年　茨城県筑波郡田井村大貫（つくば市大貫）に生まれる
1972年　慶應義塾大学文学部（史学科国史学専攻）卒業
1980年　慶應義塾大学大学院文学研究科（国史学専攻）
　　　　博士課程単位取得満期退学
常磐大学人間科学部教授を経て、現在同大学名誉教授

主要論著

『平安遺文　索引編』（上下、共編、東京堂出版、1978･1980）
『日本歴史地名大系　茨城県』（共著、平凡社、1982）
『図説茨城県の歴史』（共著、河出書房新社、1995）
『常府石岡の歴史』（共著、石岡市、1997）
『茨城県の歴史』（共著、山川出版社、1997･2012〈第２版〉）
『茨城の歴史　県西編』（共著、茨城新聞社、2002）
自治体史編纂（共編・共著、1977～2008、茨城県筑波町・真壁町・八千代町・明野町・石下町・友部町・協和町・岩井市・下妻市・日立市・茎崎町・八郷町・岩間町、栃木県喜連川町）

常陸(ひたち)中世武士団の史的考察　中世史研究叢書29

2016年（平成28年）5月　第1刷　350部発行　定価［本体7,400円＋税］

著　者　糸賀 茂男

発行所　有限会社岩田書院　代表：岩田　博　http://www.iwata-shoin.co.jp

〒157-0062 東京都世田谷区南烏山4-25-6-103　電話03-3326-3757 FAX03-3326-6788

組版・印刷・製本：新日本印刷

ISBN978-4-86602-959-7 C3321 ¥7400E